U0964726

股权激励

风险预防与实操指引

RISK PREVENTION AND
PRACTICE GUIDANCE OF
EQUITY INCENTIVE

郑雪莲◎编著

新 华 出 版 社

图书在版编目（CIP）数据

股权激励风险预防与实操指引 / 郑雪莲编著．—北京：新华出版社，2020.1

ISBN 978-7-5166-4819-3

Ⅰ.①股… Ⅱ.①郑… Ⅲ.①企业-股权激励-风险管理-研究-中国 Ⅳ.①F279.246

中国版本图书馆CIP数据核字（2019）第179657号

股权激励风险预防与实操指引

编　著：郑雪莲

责任编辑：蒋小云　　**封面设计**：中尚图

出版发行：新华出版社

地　址：北京石景山区京原路8号　　**邮编**：100040

网　址：http://www.xinhuapub.com

经　销：新华书店

购书热线：010-63077122　　**中国新闻书店购书热线**：010-63072012

照　排：中尚图

印　刷：河北盛世彩捷印刷有限公司

成品尺寸：240mm×170mm

印　张：26.5　　**字　数**：318千字

版　次：2020年1月第一版　　**印　次**：2020年1月第一次印刷

书　号：ISBN 978-7-5166-4819-3

定　价：69.00元

版权所有，侵权必究。如有印装问题，请联系：010-59603187

序　言

如何才能设计一份“最安全”的股权激励方案？

阿里巴巴、新东方和富安娜等企业离职高管的股权激励之战，暴露了诸多企业在股权激励设计中的疏漏之处，由此引起了企业及创始人对股权激励制度的深度思考。

一、股权激励方案的设计如何趋向零风险？

二、如何避免股权激励的诉讼风险？

三、股权激励的核心争议是什么？

四、股权激励方案的主要风险点在哪里？

五、股权激励的出资风险存在哪几个步骤中？

六、如何应对激励对象离职引起的股权架构动荡？

七、如何避免股权激励回购制度中的诉讼风险？

八、……

笔者在本书的写作中，首创“股权激励—诉讼风险评估体系”，为企业打造“安全”的股权激励制度提供思路，从股权激励常见的七大风险出发，以最高院最近几年的司法案例大数据为基础，挖掘股权激励的潜在风险并进行风险分析，并提出与每个风险相对应的应对策略，防范股权激励的诉讼风险，进而助力企业达到股权激励诉讼风险趋向零的目标。

鉴于司法案例的复杂性，以及个案的特殊性，本书所整理的案例解析等仅在于为类似案件提供参考思路，本书内容以学理研究为主，并非作为对具体案件的法律意见或建议。另外，本书案例部分来源于该案判决书主文，限于篇幅略做删减，读者可自行查阅判决书全文以全面了解案情。

另外，在本书写作中，笔者参考和引用了法学界专家学者、法官的著述，较多裁判者的判决书，在此一并表示感谢。由于作者水平有限，如有任何疏漏，还望读者批评、指正。

最后，感谢我的研究生导师韩强教授（华东政法大学国际金融法学院院长）在本书写作过程中给予的指导和鼓励，正是由于导师这么多年来对我的热忱支持和不吝赐教，才使我有着继续写下去的勇气和动力，在此表示深深的感恩！

郑雪莲

2019 年 11 月于上海北外滩白玉兰广场

缩略语说明及对照表

全　称	简　称
《中华人民共和国公司法》	《公司法》
《中华人民共和国合同法》	《合同法》
《最高人民法院关于适用〈中华人民共和国公司法〉若干问题的规定（一）》	《公司法解释一》
《最高人民法院关于适用〈中华人民共和国公司法〉若干问题的规定（二）》	《公司法解释二》
《最高人民法院关于适用〈中华人民共和国公司法〉若干问题的规定（三）》	《公司法解释三》
《最高人民法院关于适用〈中华人民共和国公司法〉若干问题的规定（四）》	《公司法解释四》
《中华人民共和国民法通则》	《民法通则》
《中华人民共和国劳动法》	《劳动法》
《中华人民共和国企业破产法》	《破产法》
《中华人民共和国物权法》	《物权法》
《中华人民共和国信托法》	《信托法》
《中华人民共和国公司登记管理条例》	《公司登记管理条例》

目 录
Contents

序 篇

股权激励诉讼风险评估体系

为什么要对“股权激励方案”做诉讼风险评估？

在回答这个问题之前，首先需要回答：怎样的股权激励方案，才可以被评价为一份好的股权激励方案？或者，可从这两个维度进行评价：第一，这份股权激励方案，是否起到了“激励”效果？第二，这份股权激励方案，是否是安全的，是否有诉讼风险？对于第一点，在股权激励领域不乏研究者，实践中亦有着众多的成功案例，本书不再赘述。而在第二点上，引发的思考在于：股权激励方案的设计如何趋向零风险？如何避免股权激励的诉讼风险？

为此，笔者首创提出了“股权激励—诉讼风险评估体系”，该体系是笔者多年来致力于股权激励诉讼风险研究的成果，以期实现《股权激励方案》的设计趋向于零风险的目标，并希望能为股权激励的风险防范起到抛砖引玉的作用。

一、为什么提出“股权激励—诉讼风险评估体系”

1. 股权激励诉讼的数量激增

笔者以 Alpha 案例库为来源，对最高人民法院 2011—2018 近 8 年的时间里，以关键词“股权激励”进行检索，得到 2342 余份司法文书，具体案件数量趋势如图 0–1：

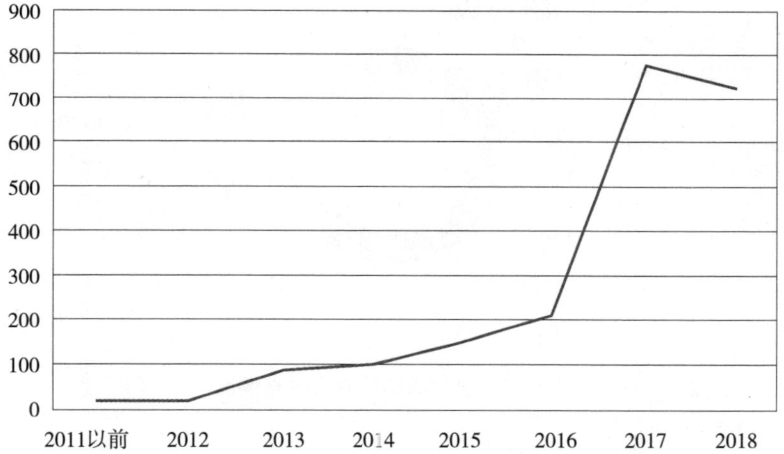

图 0–1　最高人民法院与“股权激励”相关的案件数量趋势图（2011—2018）

通过上述数据可知，与股权激励有关的案件数量在 2017 年和 2018 年这两年开始呈爆发式增长，主要原因在于：

（1）由于实施股权激励的企业逐年增加，因而股权激励纠纷的数量亦随之增加；

（2）从股权激励争议发生的时间段来看，最容易发生争议的是签署协议后 2~7 年左右，如此一来，逐年增加的股权激励数量在 2017 年达到了一个爆发的临界点；

（3）大量中小企业加入股权激励的大军后，因为过于简单或者不规范的法律协议，亦直接导致了股权激励纠纷的多发。

另外，考虑到统计时间为 2019 年 8 月，有部分 2019 年的司法文书仍在整理上传中，预计 2019 年的股权激励诉讼案件数量仍将居高不下。

通过以上司法大数据分析，我们预计，在未来几年，股权激励诉讼纠纷将依然保持高发状态。

2. 股权激励的案由分布杂乱

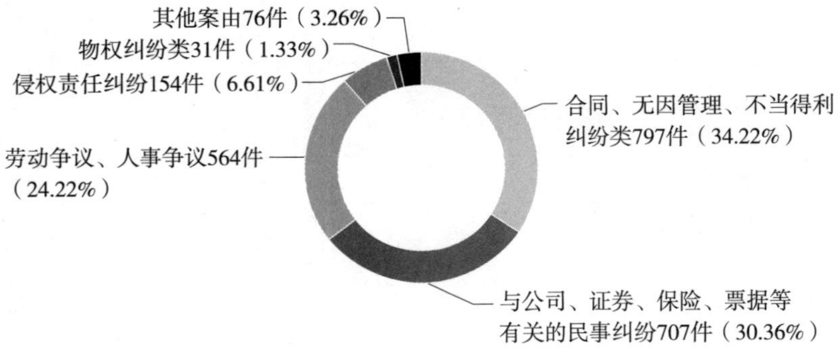

图 0–2 股权激励的案由分布情况

从图 0–2 可以看出股权激励的案由相当杂乱，劳动争议、股权转让纠纷、股东出资纠纷、损害公司利益纠纷、股东资格确认纠纷、公司决议效力确认纠纷、变更公司登记纠纷等等，不一而足，令人眼花缭乱。

股权激励案件涉及案由众多（超过 10 个以上），从另外一个角度折射出股权激励案件的复杂性，意味着公司法、合同法、劳动法在股权激励案件中几乎达到了全面覆盖的程度。

3. 股权激励案件诉讼请求纷乱

经过笔者对诉讼请求的归纳，可以看到股权激励中的诉讼请求较为纷乱，主要集中在以下几种诉讼请求：

（1）占比最高的诉讼请求为要求兑现股权激励。大部分表现为要求确认自己为股权激励的对象；要求确认自己为公司股东；要求公司支付股权激励对应的分红等。

（2）要求离职员工返还激励股权。主要表现为当高管和核心员工离开公司后，公司向法院起诉要求离职员工依约将激励股权返还给公司。

（3）要求确认或恢复劳动关系。主要以劳动纠纷的诉请提起，其目的主要是为了确认劳动关系后以享有股权激励资格。

（4）要求确认股权激励的股权是无偿赠与。该类纠纷主要发生在大股东以无偿转让股份作为股权激励的场合。

（5）要求确认股东会或者董事会决议无效或可撤销。

（6）对股权激励协议提出合同无效、可撤销、解除合同的诉请。

以上纷乱复杂、类型多样的诉请请求，足以反映出股权激励案件的复杂性，不可简单对待之。

4. 股权激励案件所涉企业行业分布广

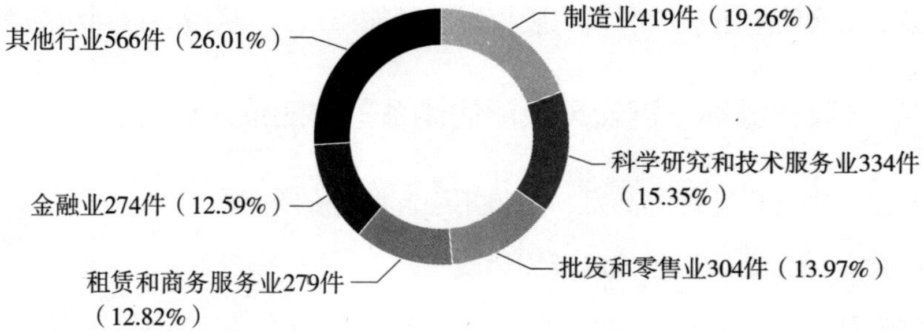

图 0-3 股权激励案件所涉企业行业分布情况

通过图 0-3 可以看出，当前的股权激励纠纷案件主要集中在制造业、科学研究和技术服务业、批发和零售业、租赁和商务服务业、金融业。

值得注意的是，排在首位的并不是知识驱动型的高新技术产业，而是属于传统行业的制造业。笔者认为可能存在的原因在于：除了高新技术领域为了留住人才，对高级管理人员、核心技术员工实施股权激励外，越来越多的传统行业出现了人才流失的困境，因此，相当一部分传统企业开始重新思考人才的定位，并选择股权激励的方式寻求高端人才，以谋求企业积极转型和迅猛发展。

5. 股权激励案件高发的地域分布

通过对司法大数据分析得出，北京、上海、广东、浙江和江苏是股权激励纠纷发生比例最高的五个城市。这与五个城市的经济发展程度是相符合的，经济越发达的地区，公司治理越成熟，相比其他城市会更多采用股权激励的方式引进人才，从而引发的纠纷数量也会居高不下。

6. 股权激励协议的名目紊乱

相比上市公司所签署的规范化的股权激励文件，大量的中小企业在股权激励过程中所签的文件可谓是五花八门，《技术股认购协议》《赠与合同》《股权转让协议》《人才引进协议》《技术入股协议》《技术人员认购权协议》《股票权证协议》，其背后原因在于股权激励方案设计得纷繁混乱，一些企业甚至直接使用网络上下载的所谓“股权激励万能模板”，从而导致纠纷的多发。

二、“股权激励—诉讼风险评估体系”的四位一体

股权激励诉讼案件的高发，不得不引起我们的深思。

股权激励方案如何才能趋近零风险？

笔者认为，股权激励领域急需一套行之有效的“风险评估体系”，以帮助企业进行股权激励的风险防范，为引进人才、发展企业保驾护航。

因此，笔者在股权激励领域第一个提出了“股权激励—诉讼风险评估体系”。具体而言，“股权激励—诉讼风险评估体系”分成四步进行：

第一步，股权激励诉讼风险识别。

在股权激励的诉讼风险评估体系中，风险识别是指查找股权激励方案设计和落地文件，及实施过程中有无风险、有哪些风险，以及在哪几个步骤容易发生风险。

第二步，股权激励诉讼风险分析。

即在股权激励风险评估过程中，将辨识出的风险进行分析并描述该风险在股权激励过程中发生可能性的高低、风险发生的条件。

第三步，股权激励风险系数评价。

股权激励的风险评价是指，对股权激励方案进行风险分析后，把该类风险，即将给企业在实施股权激励方案中，可能对公司治理、股权架构变动、控制权旁落等各个方面造成的影响和损失进行评估的工作。

第四步，股权激励诉讼风险应对。

在对一个股权激励方案进行诉讼风险识别、风险分析、风险评估之后，接下来，我们需要找到与每个风险相对应的应对策略，以防范股权激励的诉讼风险，进而达到股权激励诉讼风险趋向零的最终目标。

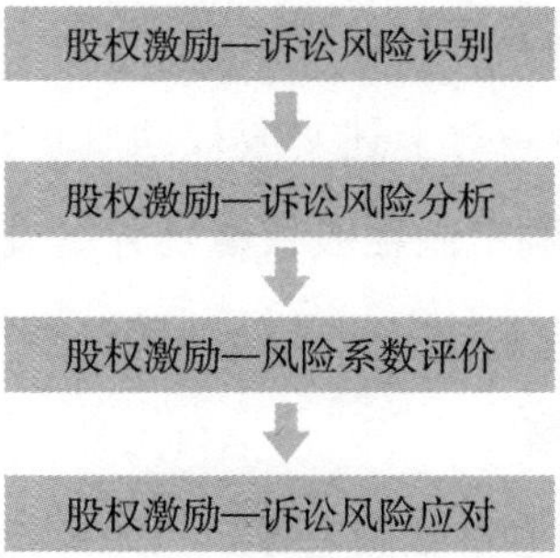

图 0–4　“股权激励—诉讼风险评估体系”的四位一体模式

接下来，笔者对“股权激励—诉讼风险评估体系”的四位一体模式进行详细阐述：

第一步：股权激励—诉讼风险识别

根据笔者多年在股权激励方案设计中的经验，再结合司法大数据的筛查可以得出，在企业股权激励中，股权激励纠纷在以下 7 个阶段最为多发。因此，笔者将股权激励的诉讼风险直接锁定在这 7 个方面，作为“股权激励—

诉讼风险识别”部分，具体见表 0–1：

表 0–1　股权激励诉讼风险识别汇总表

序号	股权激励诉讼风险识别（七大风险）
1	股权激励方案的效力风险
2	激励股权无偿赠与的风险
3	股权激励争议是否属于劳动纠纷
4	股权激励中授予条件的约定风险
5	股权激励预留池的设计风险
6	激励股权出资的风险
7	股权激励回购机制的设计风险

第二步：股权激励—诉讼风险分析

限于篇幅，笔者不逐一对上述“股权激励诉讼七大风险”进行进一步的诉讼风险分析。鉴于回购机制在股权激励方案设计中的重要性，笔者仅以“股权激励回购机制”为基础进行“诉讼风险分析”，具体如下：

（1）回购主体是否清晰

在企业设计股权激励方案的过程中，“退出机制”是设计中的重点，而“回购制度”则是“退出机制”中不可或缺的环节。可以说，股权激励的回购制度直接决定了退出机制设计的成功与否。

而在股权激励回购制度中，回购主体则是整个回购制度的关键一步。如果回购主体不清晰，将直接导致整个回购陷入困境。笔者通过分析大量股权激励的司法案例，发现大量诉讼主体模糊的案件主因在于预留激励池的主体不清晰，而导致纠纷产生。

因此，回购主体不清晰的诉讼风险分析为：可导致在诉讼中因诉讼主体不适格，而被法院判决驳回起诉，则公司无法收回激励股权。

（2）激励股权的回购条件是否明确

在股权激励的回购案件中，法院首要审查的是“员工是否符合回购条件”，因此，回购条件是否被满足将直接影响股权激励回购案件的胜败。

如果企业在股权激励方案的设计中，对于激励股权的回购条件约定模糊，则有可能在诉讼中因无法证明员工已满足回购条件而败诉。

另外，笔者在日常审查股权激励方案中，发现中小企业在股权激励方案设计中，因为照搬、照抄网络文本，或者治理不规范，对于退出条件的约定过于宽泛和简单。例如只约定“人走股留”“公司授予员工的激励股权为身股”“员工离开公司则应将激励股权交还给公司”等，为今后产生纠纷埋下了隐患。

因此，回购条件不明确的诉讼风险分析为：可导致在诉讼中因员工不满足回购条件而败诉，进而导致离职员工在离职后依然持有公司股权。

（3）回购价格是否明确

股权激励方案设计中，回购价格一般取决于激励股权的授予价格、员工的工作年限、业绩表现等因素，其中，激励股权授予价格的不同将直接影响回购价格的定价。而如果在股权激励协议中未明确约定激励股权的回购价格，或者对于约定的价格有歧义，则法院有可能按照公平的原则，以较高的交易价格来确定激励股权的回购。

因此，回购价格不明确的诉讼风险分析为：可导致在诉讼中按照较高价格回购员工的激励股权，增加企业股权激励实施的成本。

（4）激励股权回购的时间节点是否明确约定

在约定回购条件的同时，须明确约定退出回购的时间节点。例如约定在激励股权回购中款项应在何时支付，激励对象应在何时配合公司办理工商变更登记。

如果在股权激励中对于激励股权的回购时间节点未做明确约定，则可能面临激励股权回购时间拖延的风险。

因此，回购时间点不明确的诉讼风险分析为：可能对企业造成诉累，并在诉讼中对于时间节点的确定纠缠不休。

（5）激励股权回购中的违约责任是否约定清晰

笔者在处理股权激励纠纷案件的过程中，注意到很多企业的《股权激励协议》中并没有约定违约责任。如此一来，当离职员工无故拒绝返还激励股权时，就可能会采取“久拖不决”的策略，以此作为与企业谈判的筹码，而企业为了快速回购激励股权，往往不得不忍痛做出让步。

因此，在股权激励中，未约定回购违约责任面临的诉讼风险分析为：未约定违约责任对离职员工进行约束，可导致企业在诉讼中处于不利的位置。

表 0–2　股权激励诉讼风险分析表

风险存在阶段	诉讼风险分析	风险要点解析
股权激励回购机制	回购主体是否清晰	回购主体不清晰可导致在诉讼中因诉讼主体不适格，而被法院判决驳回起诉，导致败诉
	激励股权的回购条件是否明确	回购条件不明确可导致在诉讼中因员工不满足回购条件而败诉，进而导致离职员工在离职后依然持有公司股权
	回购价格是否确定	回购价格不确定可导致在诉讼中按照较高价格回购员工的激励股权，增加企业股权激励实施的成本
	激励股权回购的时间节点是否约定清晰	时间节点未约定可能对企业造成诉累，并在诉讼中对于时间节点的确定纠缠不休
	激励股权回购中的违约责任是否约定	未约定违约责任对离职员工进行约束，可导致企业在诉讼中处于不利的位置

第三步：股权激励—风险系数评估

在“股权激励—风险系数评估”阶段，可将股权激励的诉讼风险分成三个层级：

第一层级：低风险，可以后期补救；

第二层级：中风险，诉讼成本较高，股权回购将增加难度；

第三层级：高风险，直接导致败诉，企业无法对激励股权进行回购。

例如，以“股权激励回购机制”为基础，可对回购阶段的风险系数评估整理成表 0–3：

表 0–3 股权激励风险系数评估表

风险存在阶段	诉讼风险分析	低风险	中风险	高风险
股权激励回购机制	回购主体的设置			
	激励股权的回购条件			
	回购价格的设计			
	激励股权回购的时间节点			
	激励股权回购中的违约责任约定事项			

第四步：股权激励—诉讼风险应对

在对一个具体的《股权激励方案》进行诉讼风险识别、风险分析、风险评估之后，接下来，就进入“股权激励—诉讼风险评估体系”最关键的一个环节——“股权激励—诉讼风险应对”阶段。在该阶段，我们需要找到应对策略，以防范股权激励的诉讼风险。

1. **回购主体**

风险识别：回购主体设置不清晰

风险应对策略：重视预留“激励池”的架构设计

通过对司法大数据的排查和分析，笔者注意到在回购主体设置不清晰导致的纠纷中，大部分案件都存在预留“激励池”架构设计不合理的问题，因此，有必要进一步探讨预留“激励池”对激励股权回购的影响。

在股权激励的实操中，企业预留“激励池”的方式主要有以下几种：

（1）创始股东或大股东让渡后代持预留“激励池”

创始股东或者大股东让渡持有的一部分公司股权，放入股权激励的预留

“激励池”，在未授予激励员工之前，约定该部分预留的股权依旧由创始股东或者大股东代为持有。例如，王某作为A公司的创始股东，持有公司58%的股份，王某让渡出8%的股份作为预留“激励池”，用于对核心员工进行股权激励，但是在8%的股份未授予激励员工之前，这8%的预留股份由王某代为持有。当然，需要注意的是，实践中也不乏几个股东同时让渡一部分股权作为预留“激励池”的情况存在。

需要注意的是，在该模式下，对于股权代持本身的风险应引起足够的重视，以避免因股权代持引发权利主体纠纷的发生。

（2）持股平台持有预留“激励池”

实践中最常见的是将一家独立存在的有限公司或者有限合伙企业作为持股平台，其中又以“有限合伙企业持股平台”最受企业青睐。即先成立一家由大股东实际控制的有限合伙作为持股平台，然后由持股平台通过股权转让或者增资等方式获得公司的激励股权，持有预留“激励池”，之后安排激励对象进入持股平台，激励对象通过成为有限合伙的合伙人，进而间接持有公司股份。

“有限合伙企业持股平台”模式下，该有限合伙企业成为预留激励股权的权利主体。

（3）由公司回购本公司股份作为预留“激励池”

依据《公司法》第一百四十二的规定：公司不得收购本公司股份。但是，有下列情形之一的除外：

（一）减少公司注册资本；

（二）与持有本公司股份的其他公司合并；

（三）将股份用于员工持股计划或者股权激励；

（四）股东因对股东大会作出的公司合并、分立决议持异议，要求公司收购其股份；

（五）将股份用于转换上市公司发行的可转换为股票的公司债券；

（六）上市公司为维护公司价值及股东权益所必需。

股份公司可以根据《公司法》第一百四十二条的规定，回购公司股份后设立预留“激励池”，并将这部分预留股份授予股权激励对象。这种模式下，预留“激励池”的权利主体是公司本身。

因此，企业在设计股权激励中，应重视预留“激励池”的架构设计，明确预留“激励池”的权利主体，才能既达到股权激励的激励效果，又避免相应的诉讼风险。

表 0–4　激励股权的回购主体分析表

风险识别	回购主体设置不清晰
风险应对策略	重视预留“激励池”的架构设计
预留“激励池”	1. 创始股东或大股东让渡后代持预留“激励池”
	2. 持股平台持有预留“激励池”
	3. 由公司回购本公司股份作为预留“激励池”

2. 激励股权的回购条件

风险识别：激励股权的回购条件模糊

风险应对策略：制定完善的激励股权回购条件

在股权激励纠纷中，一旦公司在激励股权回购中败诉，就意味着激励股权将脱离公司的控制，从而对公司的股权架构造成极大的冲击，可能影响公司未来股权激励的框架和公司的发展。因而，一份优秀的《股权激励方案》须包含完善的激励股权回购条件。

一般而言，激励股权的回购区分三种情形：正常退出、负面退出、特殊退出。

正常退出，主要指激励员工与公司之间正常的解除劳动关系，例如员工主动要求离职、劳动合同期满不再续约等情况；

负面退出，主要是指因激励对象严重违反公司规章制度，或者激励对象未达到激励协议的业绩指标等原因而与公司结束劳动关系；

特殊退出，则指激励对象死亡、丧失劳动能力、成为无行为能力人等情形。

因此，公司在设计股权激励方案时，应针对公司和激励对象的具体情况，设置完善的激励股权回购条件。

表 0–5　激励股权回购条件分析表

风险识别	激励股权的回购条件模糊
风险应对策略	制定完善的激励股权回购条件
区分不同情况	正常退出
	负面退出
	特殊退出

3. 回购价格问题

风险识别：回购价格不确定

风险应对策略：依据具体情况制定“组合定价模式”

激励股权回购中的定价环节，关乎退出的激励员工利益的多少，作为一个吸引员工努力奋斗的股权激励计划，必然包含着激励对象退出时的利益设计。

激励股权回购价格的计算方式，常见的主要有以下几种：

（1）按照激励股权的入股原价计算；

（2）按照公司的注册资本或者一定比例溢价计算；

（3）按照激励股权上一年度末的对应净资产值计算；

（4）按照第三方中介机构的评估价格；

（5）按照激励股权的入股原价 × 双方约定的比例或者固定价格。

综合以上五种计算方式的分析，激励股权的回购中没有绝对优势的股权定价方式，公司应根据公司发展阶段的具体情况，根据激励员工的不同、离职原因的不同，制定“组合定价模式”。

4. 激励股权回购的时间节点

风险识别：激励股权回购时间节点未约定

风险应对策略：对于激励股权的回购时间节点进行明确化的约定

在员工离职后，为了保证激励股权的顺利回购，我们需要把握以下三个时间节点：

第一个时间点：确认激励对象离职的具体时间。即在对离职员工的激励股权回购中，相当重要的一步就是先行确定员工离职的时间，因为只有确定了激励对象的离职时间，才能启动激励股权回购流程。

第二个时间点：激励股权回购中，款项应在何时支付进行明确约定。即在股权激励的回购中，当员工离职等原因触发股权回购时，回购人应在何时支付股权转让款给离职员工，需要进行预先约定。

第三个时间点：对激励对象应配合公司办理工商变更登记的时间，进行明确的约定。一般可以约定，当公司要求激励对象配合办理工商登记时，激励对象应在几日内无条件进行配合。

表 0–6　激励股权回购的时间节点分析表

风险识别	激励股权回购时间节点未约定
风险应对策略	对于激励股权的回购时间节点进行明确化的约定
时间节点一	确认激励对象离职的具体时间
时间节点二	激励股权回购中，对款项应在何时支付进行明确约定
时间节点三	对激励对象应配合公司办理工商变更登记的时间，进行明确的约定

5. 激励股权回购中的违约责任是否约定

风险识别：激励股权回购中未约定违约责任

风险应对策略：对离职员工不配合激励股权回购进行违约责任的约定

笔者注意到，许多股权激励方案设计中的一大疏忽，就是在激励股权的回购阶段没有约定违约责任，从而导致长时间的诉讼。如果激励对象在得到激励股权后不到一年，就跳槽去了竞争对手公司。但是在公司要求其按约返还激励股权时，却以各种理由百般推脱。公司虽然在经过漫长的一审、二审之后，终于胜诉，可在这漫长的两年左右的诉讼中，如果陆续又有其他激励对象离职，并拒绝返还激励股权，公司则会陷入连环的股权诉讼之中。投资人在尽职调查的时候如果关注到这些股权纠纷，有可能观望一段时间后就中断与公司的投资谈判，公司必然损失惨重。

因此，为了防止公司因为激励员工的离职而陷入被动局面，应在《股权激励方案》中预先对于违约责任进行明确约定。激励对象为了避免自己承担违约责任，往往愿意尽快配合公司办理激励股权的回购。

表 0–7　激励股权回购阶段的违约责任分析表

风险识别	激励股权回购中未约定违约责任
风险应对策略	对离职员工不配合激励股权回购，约定一定的违约责任
违约责任条款	1. 约定固定金额的违约金
	2. 以被回购激励股权的净值的一定比例作为违约金
	3. 以被回购的激励股权的市值为基础，计算每日违约金

三、如何使用“股权激励诉讼风险评估体系”

笔者通过对自己多年股权激励方案设计的经验总结，结合最高院司法大数据的研究，历时一年多的打磨，首创提出“股权激励—诉讼风险评估体系”，并已为诸多企业落地实践，取得了较好的效果，真正实现为企业激励人心，助力企业飞速发展。

具体而言，可从以下两个方面落实“股权激励诉讼风险评估体系”：

（1）用于公司已有《股权激励方案》的诊断

对于早期治理不规范的中小企业而言，其多年前设计的《股权激励方案》有必要用“股权激励—诉讼风险评估体系”进行一个全面的诊断，并出具一份《股权激励—诉讼风险评估诊断书》，发现潜在风险后再进行股权激励方案的修改和完善。

（2）在设计《股权激励方案》时使用

即在对企业进行《股权激励方案》时，需要从诉讼的视角倒逼股权激励方案的设计。我们的视线需要不停地在“股权激励方案”和“诉讼风险评估体系”之间来回穿梭，针对有可能发生风险的阶段，进行风险预防和应对策略的设计，从方案设计之初就做出风险防范安排，从而制作出一份趋向零风险的《股权激励方案》。

上　篇

股权激励案例篇

本篇立足于为广大企业家解决“股权激励”纠纷提供思路，以最高法院、公报案例，及各省市具有代表性的“股权激励案件”为基础，从案例来源、争议焦点、法院观点解读、败诉原因、风险提示五个层面进行分析解读，为公司解决“股权激励纠纷”提供实战指导，并且提示“股权激励”中隐藏的法律风险，从而为企业家在设计“股权激励方案”时提供思路。

第一章
股权激励退出机制之痛

股权激励，史上最贵离职案，最高院判离职高管赔偿 1233 万

股权激励—争议焦点

1．以股权赠与方式进行股权激励时，激励高管如果离职，受赠的股份是否应予以退还？

2．本案中，被激励的高管李某离职后，是否需要赔偿 1929 万余元？

案例来源

最高人民法院 柴某与李某股权转让纠纷上诉案民事判决书

法院观点解读

【最高人民法院】认为：李某在签署《股权受赠承诺书》时承诺，如其违约，对受赠股份以每股价值为单位计算向柴某进行经济赔偿，并载明了股权价值的两种计算方法。按照一般的经济生活习惯，在公司未上市时，公司

净资产价值是公司股权价格的最直接参考标准，在公司上市以后，公司股票市值是公司股权价格的最直接参考标准。李某在《股权受赠承诺书》中对股权价值的计算方法，符合通常情况下人们对公司股权价格的参考标准，因此，对《股权受赠承诺书》中约定的“受赠股份已经上市流通”解读为系针对公司股份是否上市流通，更为符合经济生活的常理。

柴某答辩主张“受赠股份已经上市流通”系指公司股份上市流通的观点，本院予以采纳。本案赠与关系涉及的公司在李某辞职时已经上市，原审法院对柴某向李某赠与的0.7%股份，以公司股票收盘价为依据判决确定赔偿具体数额正确，本院予以维持。

对当事人上诉争议的两个焦点问题，最高人民法院认为，柴某和李某之间关于3.8%和0.7%公司股份的约定及李某签署的《股权受赠承诺书》，建立了附条件的赠与民事法律关系，该民事法律关系是双方当事人的真实意思表示，不违反法律、法规的禁止性规定，合法有效。李某未完全履行赠与所附条件，应相应退还柴某所赠公司的股份及按其承诺对柴某作出经济赔偿。

最终，最高院判决李某退还的股份数为348,259股，应赔偿金额为19,294,014.7元。①

股权激励—败诉原因

本案中，离职高管最终败诉，导致被判决赔偿19,294,014.7元，可谓是“史上最贵离职案”。笔者将其败诉原因简要分析如下：

1. **股权激励中，高管离职应承担约定的违约赔偿责任。**

笔者注意到，在大部分公司实施的《股权激励方案中》，仅仅简单约定

① 本部分来源于本案判决书主文，限于篇幅，略做删减，读者可自行查阅判决书全文，以便全面了解案情。

了离职时须将被激励的股份退还公司，即“人走股留”的约定。但是，对于员工离职是否需要承担“赔偿责任”，大部分公司的股权激励方案中都未予以约定。从而导致了这样一个普遍的现象：高管往往在拿到股权激励的股份之后，不明原因突然离职。而很多时候，高管的突然离职对公司可能造成极大的损失，这些损失很多时候甚至是无法衡量的。

本案中，公司股权激励设计的一大“亮点”就是约定了赔偿责任，高管李某在接受股权激励的股份时做出了如下承诺：

自本人作出本承诺之日起五年内，本人如果以任何理由从公司主动离职，则本人应向柴先生给予经济赔偿，赔偿金额按以下方法计算：

（1）本人离职之日，如果受赠股份未上市流通，赔偿金额＝受赠股份数 × 公司最近一期经审计的每股净资产值；

（2）本人离职之日，如果受赠股份已上市流通，赔偿金额＝受赠股份数 × 离职之日公司股票交易收盘价。

笔者认为，李某接受股权激励股份的行为可以视作双方建立了附条件的赠与民事法律关系，而根据《中华人民共和国合同法》的相关规定，李某未完全履行赠与所附条件时，赠与股东可以要求其返还股份，并要求承担约定的赔偿责任。

2. **离职高管对于自己离职后的后果未予以重视**。

本案中，李某之所以轻率的予以离职，主要有两个认识上的误区：一个误区是认为既然公司已经通过股权激励把股份赠与自己，则意味着自己哪怕离开公司也可以带走这部分股份，无须返还；另一个误区是，李某认为即便自己离职，应赔偿的金额应该按照公司净资产计算为 167 万左右，而非 1929 万左右。可以说，如果李某早知道自己需要赔偿高达 1929 万的金额，或许他当初会谨慎考虑自己的离职。可惜，悔不当初！

股权激励—风险提示

笔者希望通过该案例提醒企业家们，在设计《股权激励方案》的时候，退出机制的设计必须是重中之重，丝毫不能马虎！

退出机制的设计是否完善，可能会出现两个截然相反的结果。在笔者撰稿的另外一篇文章《退出机制有漏洞，高管离职后股权无法收回》中，因为退出机制的不完善，高管在离职后将所有股份一并带走，不留下一片云彩。而在本案中，因为退出机制的合理设计，最高院最终判决离职高管赔偿 1929 万余元。

而在股权激励的设计中，相当一部分的公司会采取“无偿的股权激励”模式，一般由大股东将其持有的股份无偿赠与给激励员工或者高管。在采取该类“无偿的股权激励”时，笔者建议公司可以对激励员工规定一定的工作年限，比如约定“激励员工在接受被激励股份后承诺在公司工作满 5 年”。另外，对于激励员工中途离开公司的，应约定一定的赔偿金额以作约束。

典型案例

原审法院查明：2000 年 8 月 31 日，李某通过南海市人才交流服务中心调入广东某实业股份有限公司（以下均简称“公司”）工作。

2002 年 10 月 30 日，公司法定代表人柴某与李某签订一份《关于股份出让的有关规定》，内容为：“鉴于李某在公司工作的重要性及未来发展需要，公司董事长柴某自愿将名下股份 38 万股（占现时公司总股本的 3.8%）无偿转让给李某，股份的权益和责任规定如下：一、股份权益的享用从 2003 年 1 月 1 日生效。享受和其他股东同样的分配权益并承担相应风险责任。二、无论股票上市与否，李某从持有股票之日起，在公司服务时间不能少于5年，即2003年1月1日至2006年12月31日。若中途退出，无论公司市值多少，一律按原值38万元计算：以原值38万元除以服务年限支付股权。服务满5年后，其股票可按公司的实有资产（不包括无形资产）转让，或上市出售，公司有优先购买权。三、作为股东，必须以公司利益为最高利益，一旦出卖公司利益或违反保密条例，经董事会讨论，将丧失股权，并承担相应的经济、法律责任。四、作为股东，非公司允许，不得从事、兼职其他任何职业、职务；违反规定将承担由此造成的损失及赔偿。”

2003年1月14日，公司召开董事会通过决议，内容为：“吸收李某为该公司股东；由柴某拿出自己股份的3.8%给李某享有，作为李某2年多来的成绩肯定。李某参加了会议，并在会议决议上签字确认。”

2004年7月15日，柴某与李某又签订一份《股权赠与协议》，内容为：“一、截至本协议签署之时，甲方合法持有公司70.6%的股权。二、甲方将其合法持有的公司0.70%的股权赠与乙方，乙方接受该等股权赠与。三、本次股权赠与的相关手续，依据相关法律法规办理。四、本协议自甲、乙双方签署之日起生效。”

同一日，李某签署一份《股权受赠承诺书》给公司。内容为：“鉴于柴某拟将其合法持有的公司0.70%的股权赠与本人，本人接受该等赠与。为此，本人郑重承诺遵守如下义务：一、自本人作出本承诺之日起5年内，本人如果以任何理由从公司主动离职，则本人应向柴某先生给予经济赔偿，赔偿金额按以下方法计算：1.本人离职之日，如果受赠股份未上市流通，赔偿金额＝受赠股份数 × 公司最近一期经审计的每股净资产值；2.本人离职之日，如果受赠股份已上市流通，赔偿金额＝受

赠股份数 × 离职之日公司股票交易收盘价。以上‘受赠股份数’指本人接受柴先生赠与的股权在公司改制为股份公司后形成的股份数（含本人接受赠与至本人从公司主动离职之日期间送股及公积金转增股本）。以上‘离职之日’由公司人力资源部确定。二、本人自离职之日起3年内，不从事与公司相同或者相近的业务，以及其他与公司构成同业竞争的商业活动。如违反本承诺，则本人将向先生再给予经济赔偿，赔偿金额的计算方法与本承诺书‘一’相同。本条所列的赔偿金额与前条所列的赔偿金额可以同时使用，即如果本人同时存在本承诺书所列的主动离职行为和‘二’所列的同业竞争行为，则本人须向柴某先生作出双倍的赔偿。三、本人承诺严格遵守公司的各项规章制度。”

公司对上述柴某赠与李某0.70%股权事宜，办理了工商变更登记。

2007年7月25日，李某向公司领导、董事会递交一份《辞职报告》。2007年7月27日，公司董事会发布第一届董事会第十五次会议决议公告，内容为该公司董事会同日以通讯表决的方式通过《关于公司董事兼副总经理李某辞职的议案》；李某辞去董事自2007年8月25日向董事会递交辞职报告时生效；李某辞去副总经理自决议当日生效。

柴某向广东省高级人民法院提起诉讼，请求：“一、判令李某返还其持有的公司5,223,886股股票给予柴某（以2007年9月21日收盘价17.35元/股计算，价值90,634,422.1元）；二、判令李某赔偿柴某经济损失19,294,014.75元；三、李某承担全部诉讼费用。”

一审法院认为：原审法院认为本案为股权转让合同纠纷。根据查明的事实，柴某和李某之间先后发生涉及公司3.8%和0.7%股权的两次转让行为。双方诉争焦点问题为：一、李某所持有的公司3.8%的股权是柴某无偿赠与还是李某有偿受让取得。柴某请求返还公司3.8%的股权的请求能否得到依法支持。二、李某的辞职是否符合《股权赠与协议》约定的赔偿条件。

李某的辞职是否符合《股权赠与协议》约定的赔偿条件问题。《股权赠与协议》和《股权受赠承诺书》，均是柴某与李某双方的真实意思表示，内容未违反法律和行政法规的禁止性规定，应确认合法有效。公司亦按赠与关系办理了公司股权的变更登记手续。柴某对李某的赠与公司0.7%股权的行为已履行。李某并未否认受赠柴某的公司0.7%股权的事实。柴某与李某通过签订《股权赠与协议》和《股权受赠承诺书》设立了赠与合同关系，约定了李某受赠后要在公司服务5年的义务。李某对受赠该部分股权做了三点承诺："一、如5年之内从公司主动离职要向柴某作出赔偿；二、如受赠股份未上市流通，赔偿金额＝受赠股份数×公司最近一期经审计的每股净资产值；如受赠股份已上市流通，赔偿金额：受赠股份数×离职之日股票交易收盘价。三、离职之日由公司人力资源部确定。"这三点承诺是对受赠人李某违反赠与合同义务的赔偿责任约定。《中华人民共和国合同法》第一百九十条规定："赠与可以附义务。赠与附义务的，受赠人应当按照约定履行义务。"因此，李某违反赠与合同义务时，应当依约定对柴某承担赔偿责任。

李某对柴某赔偿请求的异议在于《股权受赠承诺书》所约定的"主动离职"的确认……因此，李某主动离职和于2007年8月28日离职的事实应予确认。至于李某与公司的劳动合同关系，不属于本案审理范围。李某未在公司服务满5年而主动辞职，是受让柴某赠与0.7%公司股权所附义务的违约行为。根据《中华人民共和国合同法》第一百一十四条第一款，"当事人可以约定一方违约时应当根据违约情况向对方支付一定数额的违约金，也可以约定因违约产生的损失赔偿额的计算方法"

的规定，李某应按《股权受赠承诺书》约定的违约赔偿办法，以0.7%公司股权所折合的股票962,295股和2007年8月28日的该股票收盘价20.05元/股为计赔依据，向柴某承担赔偿责任。柴某请求判令赔偿经济损失19,294,014.75元，理由成立，本院予以支持。

综上，该院判决：一、驳回柴某对李某返还其持有的公司股票5,223,886股的诉讼请求；二、李某赔偿柴某19,294,014.7元。限于该判决生效之日起10日内支付。逾期按中国人民银行规定的贷款利率双倍支付利息。

柴某、李某均不服原审法院上述民事判决，向本院提起上诉……

李某上诉请求：变更原审判决第二项，改判李某赔偿柴某1,678,669.12元，柴某承担本案全部诉讼费用。其理由如下：

一、《股权受赠承诺书》第一条第一款是对受赠股份未上市流通的赔偿约定，第二款是对受赠股份已上市流通的赔偿约定。是否已上市流通的界定对象均特指李某依受赠协议所获赠的公司原0.7%的股份。上市流通的含义是指李某持有的受赠股份可以在证券市场进行正常交易和转让，并非指公司公开发行的股票在证券交易所上市交易。该规定表述明确清晰，不存在歧义，是当事人的真实意思表示。柴某将“受赠股份已上市流通”曲解为公司公开发行的股票已上市。

二、受赠股份在李某离职时尚属于未上市流通股份。《中华人民共和国公司法》第一百四十二条明确规定：“公司公开发行股份前已发行的股份，自公司股票在证券交易所上市交易之日起一年内不得转让。”《中华人民共和国证券法》第三十八条亦明确规定：“依法发行的股票、公司债券及其他证券，法律对其转让期限有限制性规定的，在限定的期限内不得买卖。”《公司章程》第二十八条对股份转让做出同样的规定。

李某受赠的原0.7%股份属于公司公开发行股票前的发起人股份，因此，该受赠的股份在公司股票在证券交易所上市之日（2006年10月25日）起一年内依法不得转让，不得上市流通。柴某签署确认的《招股说明书》也明确：其他股东（含李某）承诺自首次公开发行并上市之日起12个月内不转让持有的公司股权。2007年10月24日发布的《公司（002076）关于发起人股东限售股份上市流通的提示性公告》进一步证实，李某所持有的股份在2006年8月份尚属于未上市流通股份，其可上市流通的时间起点为2007年10月25日。上述足以说明，李某所持的受赠股份在公司股票上市后满12个月前（2007年10月25日前）属于“未上市流通”。《公司2006年度报告》显示，2006年年末公司股票每股的净资产值为3.14元，李某受赠的0.7%的股份于该报告的基准日2006年12月31日时的股份数为534,608股（76,372,598股×0.7%，见前述招股说明书第1-1-15页。公司于2007年4月23日每10股送8股后，该部分股票总数变为962,294股）。即使李某的辞职申请被认定为主动离职，赔偿金额亦应当按照《股权受赠承诺书》第一条第一款的约定计算，赔偿金额为：534,608×3.14＝1,678,669.12元。

本院认为，根据当事人的上诉和答辩意见，本案当事人争议的焦点有两个：一、李某从柴某处获得公司3.8%股权的根据及柴某是否可以要求返还该部分股权；二、李某签署《股权受赠承诺书》中关于赔偿金额计算条件“受赠股份已经上市流通”的意义以及李某应向柴某赔偿的数额。

一、李某从柴某处获得公司3.8%股权的根据以及柴某是否可以要求返还该部分股权。

2002年10月30日，柴某和李某签订了《关于股份出让的有关规定》，约定柴某将股份无偿转让给李某，但李某应在公司服务5年，即双方通过签订合同建立了附条件的赠与关系。2003年1月14日，公司董事会决议载明，由柴某拿出自己股份3.8%给李某享有，作为李某2年多来成绩的肯定。上述事实表明，《关于股份出让的有关规定》是双方当事人的真实意思表示，该内容不违反法律法规的禁止性规定，并得到了公司的认可，应认定合法有效。

2003年4月1日，公司在向广东省工商行政管理局申请办理李某为该公司股东时提交了《股东会决议》《公司章程修正案》《股权转让协议》，其中《股权转让协议》载明，柴某3.8%的股权（股金106.4万元）由李某受让，李某必须于2003年4月30日前将购买股权的款项全部付清给柴某。李某在一审期间向法庭陈述其向柴某支付了股权转让款106.4万元，并主张该《股权转让协议》替代了原来的赠与关系，其受让股权是有偿的。由于李某在本案诉讼期间并未提交其支付股权转让款的直接证据，根据本案现有证据，其主张向柴某支付106.4万元款项的事实难以认定……

《关于股份出让的有关规定》载明李某自2003年1月1日起在公司服务时间需满5年，若中途退出，以原值除以服务年限支付股权。该内容系对李某违反赠与所附条件如何处理的约定。上述约定对李某提前退出公司应承担违约责任的意思表达是明确的，但“以原值除以服务年限支付股权”的文字表述不清楚，且无法结合协议其他内容推断该文字对违约如何处理的准确意思，而本案双方当事人对此又有不同的解释。上述案件事实表明，《关于股份出让的有关规定》中双方当事人对违反赠与所附条件应承担违约责任的约定明确，但对如何处理约定不明。对柴某和李某关于违约如何处理内容的解读，本院均不予采信。

《中华人民共和国合同法》第一百九十二条规定：“受赠人有不履行赠与合同约定义务情形的，赠与人可以撤销赠与。”本案中，公司决定于2007年8月28日与李某正式解除劳动关系时，李某依据《关于股份出让的有关规定》自2003年1月1日持股后在公司服务了近4年零9个月，尚有4个月的服务时间未满，按每月获赠股份的数额折合可撤销赠与的4个月股份数为348,259股（李某约定服务时间为5年60个月，平均每月获赠股份为5,223,886÷60＝87,064.77股，4个月对应的股份数额为87,064.77×4＝348,259股），李某应退还柴某。柴某上诉请求依据合同法可以行使撤销权的观点成立，但由于李某已经履行了赠与所附条件约定的大部分服务时间之义务，其请求撤销全部赠与的主张，本院不予支持，对李某服务时间未满足部分对应的股权，本院准许其撤销赠与。

二、李某签署《股权受赠承诺书》中关于赔偿金额计算条件“受赠股份已经上市流通”的意义以及李某应向柴某赔偿的具体数额。

2004年7月15日，柴某与李某签订《股权赠与协议》约定，柴某向李某赠送0.7%的股份，李某签署《股份受赠承诺书》承诺：“一、本人离职之日，如果受赠股份未上市流通，赔偿金额＝受赠股份数 × 公司最近一期经审计的每股净资产值；二、本人离职之日，如果受赠股份已上市流通，赔偿金额＝受赠股份数 × 离职之日公司股票交易收盘价。”

双方当事人对该《股权受赠承诺书》约定的其他内容没有异议，对其中关于“受赠股份已经上市流通”的意义以及李某应向柴某赔偿的具体数额存在意见分歧。柴某主张公司股份已经上市流通，应适用《股权受赠承诺书》第2项的约定，李某应赔偿柴某19,294,014.7元。李某主张应以离职为时点看待其持有的股份是否可以在证券交易所上市交易和转让，其为公司发起人股东，在离职时公司上市未满一年，依据公司法规定其股份不得转让流通，即使赔偿，也应适用《股权受赠承诺书》第1项的规定，具体赔偿金额为1,678,669.12元。

本院认为，李某在签署《股权受赠承诺书》时承诺，如其违约，对受赠股份以每股价值为单位计算向柴某进行经济赔偿，并载明了股权价值的两种计算方法。按照一般的经济生活习惯，在公司未上市时，公司净资产价值是公司股权价格的最直接参考标准，在公司上市以后，公司股票市值是公司股权价格的最直接参考标准。李某在《股权受赠承诺书》中对股权价值的计算方法，符合通常情况下人们对公司股权价格的参考标准，因此，对《股权受赠承诺书》中约定的“受赠股份已经上市流通”解读为系针对公司股份是否上市流通，更为符合经济生活的常理。李某上诉主张“受赠股份已经上市流通”系指其所持有的受赠股份可以在证券市场上正常交易和转让，并非指公司公开发行的股份在证券交易所上市交易的观点，本院不予采信。柴某答辩主张“受赠股份已经上市流通”系指公司股份上市流通的观点，本院予以采纳。本案赠与关系涉及的公司在李某辞职时已经上市，原审法院对柴某向李某赠与的0.7%股份，以公司股票收盘价为依据判决确定赔偿具体数额正确，本院予以维持。

综上，对当事人上诉争议的两个焦点问题，本院认为，柴某和李某之间关于3.8%和0.7%公司股份的约定及李某签署的《股权受赠承诺书》，建立了附条件的赠与民事法律关系，该民事法律关系是双方当事人的真实意思表示，不违反法律、法规的禁止性规定，合法有效。根据《中华人民共和国合同法》第一百九十二条和当事人之间的约定，李某未完全履行赠与所附条件，应相应退还柴某所赠公司的股份及按其承诺对柴某作出经济赔偿，应退还的股份数为348259股，应赔偿金额为19,294,014.7元。本院依照《中华人民共和国民事诉讼法》第一百五十三条第一款第（一）（二）项之规定，判决如下：

二审裁判如下：

一、维持广东省高级人民法院（200×）粤高法民二初字第 ×× 号民事判决书主文第二项；

二、变更上述判决书主文第一项为：李某向柴某退还公司股份348,259 股，并于本判决生效之日起十日内协助办理股权过户变更登记手续。

本判决为终审判决。①

① 本部分来源于相关判决书主文，限于篇幅，有所删减，读者可自行查阅判决书全文，以全面了解案情。案件若有后续上一级法院生效判决，则以最终的生效判决为准。

退出机制有漏洞，高管离职后股权无法收回

股权激励—争议焦点

1. 规划设计公司章程规定的“岗随股变”是否有效?

2. 彭某离职后，公司是否可以收回其股权?

案例来源

江苏省南京市中级人民法院 彭某和某规划设计有限公司盈余分配纠纷一案 二审民事判决书

法院观点解读

法院认为：规划设计公司章程仅规定了“和公司的正式劳动关系是股东的必要条件，和公司中止劳动合同关系的股东必须转让其出资”，但离职股东的股权如何转让，以什么价格转让并没有约定，且无“股东资格自然丧失”或“不再享有股东权利”等类似的约定，故仅凭规划设计公司章程，并不能构成一个完整的股权转让合同，不足以确定股东自离职之日起即已丧失了股东资格，应当认定双方就股权转让价格和股权转让方式并未达成意思表示一致。在该两项内容双方未能协商一致或通过诉讼以公允方式予以明确的情况下，该股权的强制转让无法实际履行，即不当然产生权利变动的法律后果，其对应的权利仍应属于原权利人即彭某。

本案经二审后，江苏省南京市中级人民法院判决，股权仍应属于离职高管彭某。

股权激励—败诉原因

本案中，规划设计公司一审、二审均败诉，导致无法收回离职高管的股权，其败诉原因简要分析如下：

1. 退出机制设计有漏洞

在本案中，规划设计公司虽然在其章程中规定了“股随岗变”的条款，及公司章程规定，与公司有正式劳动关系是股东的必要条件，和公司中止劳动关系的股东必须转让其出资。但事实上，劳动关系消灭了，仍存在非因股东自身原因而实际未转让股权的情形。《股权管理办法》虽然规定了离职时股权强制转让，但是《股权管理办法》做出时，彭某已离职，并对《股权管理办法》投反对票，故《股权管理办法》中关于强制转让指定的受让人及转让价格等规定不能直接约束彭某。在彭某离职后，规划设计公司法定代表人张某要求彭某按《股权管理办法》规定的价格向其转让股权的主张并未获得法院支持。

2. 章程对离职高管的股权回购价格未予以明确

本案中，在规划设计公司的章程中，虽然规定了离职员工须将股权进行转让，但是规划设计公司的《公司章程》中，对于离职高管的股权强制转让价格并未进行明确的规定。而在离职高管和公司未能就股权转让价格达成协议一致的情况下，公司要求强制回购彭某股权难以得到法院的支持。

股权激励—风险提示

本案中，规划设计公司败诉的结果不得不引起企业家们的重视。在《股权激励方案》的设计中，笔者归纳以下风险提示，仅供参考：

如果公司在实施股权激励方案时对于“退出机制”未能予以明确，特别是对于高管退出时的股权转让价格没有约定，则面临的最大风险在于：高管离职了，但是高管手中的股权却无法收回！

公司在设计《股权激励方案》时，未能明确约定高管违约离职须承担的违约责任，导致高管“想走就走”的想法容易实现。而高管一旦离职后，会出现股权无法收回的情况，对于公司而言，将会面临股权流失的后果，对于大股东的控制权而言，也是一大隐患。

典型案例

规划设计公司一审本诉诉称：彭某原为规划设计公司 1.8% 股权的股东，但规划设计公司章程第二十条规定：“与公司有正式劳动关系是股东的必要条件，和公司中止劳动关系的股东必须转让其出资。”规划设计公司《股权管理办法》第十四条也规定：“股东因为岗位发生变化、解除或终止劳动合同关系而导致其所持有的股份必须转让，其转让的股份所对应的权利和义务终止时间与岗位发生变化、解除或终止劳动合同关系时间相同。”2005 年 2 月 23 日，彭某向规划设计公司提出辞职申请，规划设计公司于 2005 年 3 月 11 日作出同意解除劳动合同的决定。彭某曾于 2005 年以《股权管理办法》违反法律规定为由提起诉讼，请求确认《股权管理办法》无效。经法院审理，生效判决认为：《股权管理办法》中有关以公司章程股随岗变为基础所形成的股份强制转让的内容，不违反法律、行政法规的禁止性规定，也不违反公司章程，应认定该部分内容有效，对全体股东（包括在表决时投同意票、不同意票、弃权票的股东）均有约束力。《股权管理办法》第十五条规定：“股东因为岗位发生变化、解除或终止劳动合同关系的，其股权转让手续必须在岗位发生变化、解除或终止劳动合同之日起30日内办结。”但彭某至今未按本规定办理转让手续，并坚持认为其至今仍然享有股东分红权，要求规划设计公司支付其分红款。规划设计公司认为，彭某在2005年3月11日与公司正式解除劳动合同关系之日起即不具有公司的股东资格及权利，同时，其分红权也截止于2005年3月11日。故诉至法院，请求确认彭某享有规划设计公司股东的分红权截止至2005年3月11日。

原审法院经审理查明：规划设计公司注册资本1272万元。其中，彭某持股比例为1.8%。公司章程第二十条规定：“与公司有正式劳动关系是股东的必要条件，和公司中止劳动关系的股东必须转让其出资；公司内部实行‘股随岗变’的原则，股东之间可以相互转让其出资，但须与岗位相一致，并须经董事会同意，股东一旦转让其出资，就不得要求增加出资。”

2005年2月23日，彭某向规划设计公司提出辞职申请。2005年3月11日，规划设计公司做出解除与彭某劳动合同关系的决定……

2005年8月23日，规划设计公司向彭某送达关于召开2005年9月11日股东大会（临时会议）的通知。2005年9月11日，规划设计公司的股东大会决议经三分之二以上股东同意通过《股权管理办法》。其中，彭某的委托代理人对该管理办法投了反对票，表示不同意该办法。《股权管理办法》第二条规定：“原始股持股资格：一、按照《改制转企方案》有资格持股的原规划设计研究院职工；二、在公司任职并与公司签订正式劳动合同。”第五条规定：“原始股股东如发生辞职、被公司辞退、开除等情况，从而导致与公司解除劳动关系，则丧失持股资格，其所持股份应当转让，由公司董事会代理受让后转入预留股；在本公司工作满一年的员工，其政府优惠折让部分的净值从2009年元月1日开始变现；原始股股东如发生退休、劳动合同到期不再续签、死亡等情况，从而导致与公司终止劳动合同，则丧失持股资格，其所持股份应当进行转让，由公司董事会代理受让后转入预留股。”第十条规定：“本公司股东的持股比例按其所任职的岗位确定……各岗位持股比例为本岗位的最高持股限额。”第十四条规定：“股东因为岗位发生变化、解除或终止劳动合同关系而导致其所持有的股份必须转让，其转让的股份所对应的权利和义务终止时间与岗位发生变化、解除或终止劳动合同关系时间相同。”第十五条规定：“股东因为岗位发生变化、解除或终止劳动合同关系的，其股权转让手续必须在岗位发生变化、解除或终止劳动合同之日起 30 日内办结。”第十六条规定：“股东任职岗位发生变化后，拒绝按规定转让股权的，视同放弃自由转让，其全部股权按强制转让规定办理。”第十七条关于强制转让原始股价格部分规定为：“原始股的强制转让行为如发生在 2004 年元月 1 日至 2008 年 12 月 31 日间，则股权转让价格为该部分股份所对应的公司上年度末经审计的净资产值，扣除改制时净资产作价折让部分所对应的净资产值；转让时上年度利润已进行分红的，则上述上年度净资产值须扣除已分红部分。”第十九条规定：“预留股由董事会统一筹集资金购买，并委托法定代表人代理持有。”

2005 年 11 月，张某诉至鼓楼法院，要求彭某按 176,299.26 元的价格将其持有的规划设计公司 1.8% 的股份转让给张某。鼓楼法院于 2006 年 6 月 17 日作出（200×）鼓民二初字第 ××× 号民事判决，认为 2005 年 4 月 15 日召开的股东大会未通知彭某，该股东大会作出的决议不能约束彭某，且《股权管理办法》就股东转让及明确受让人的约定与公司章程相冲突，故判决驳回了张某的诉讼请求。张某不服，上诉至本院。在该案二审期间，张某与彭某就计算股权价格的基数、折算比例、应否扣减改制时政府折让部分，应否溢价等持有分歧，无法协商一致，亦不申请法院对确定案涉股份转让价格的基数委托审计。本院于2008年1月4日作出民事判决，判决驳回上诉，维持原判。

2006年，彭某诉至鼓楼法院，要求确认《股权管理办法》无效。鼓楼法院于2007年7月17日作出号民事判决，判决驳回彭某的诉讼请求。彭某不服，上诉至本院。本院于2007年11月29日作出（200×）宁民二终字第×××号民事判决，判决驳回上诉，维持原判。该判决书中载明："公司章程是公司法律人格的集中体现。由股东共同制定的章程，由于股东订立的自愿性，体现了全体股东的共同意志，是公司独立法律人格的发生根据，是公司、股东的行为准则。规划设计公司章程中有关'股随岗变'的内容，对全体股东均有约束力。《股权管理办法》中有关以公司章程'股随岗变'为基础所形成股份强制转让的内容，不违反法律和行政法规的禁止性规定，也不违反公司章程，应认定该部分内容有效，对全体股东（包括在表决时投同意票、不同意票、弃权票的股东）均有约束力。《股权管理办法》确定的强制股份转让价格，涉及股东的自益权，规划设计公司以股东会决议的方式通过《股权管理办法》，直接确定强制股份转让的价格，其效力应区别对待。对在表决《股权管理办法》时投同意票的股东，《股权管理办法》确定的股份转让价格产生法律效力；对在表决《段权管理办法》时投不同意票、弃权票的股东，《股权管理办法》确定的股份转让价格不发生法律效力。在股东出现'股份强制转让'的情形时，规划设计公司不能直接依据《股权管理办法》中有关股份转让价格的内容，要求对《股权管理办法》投不同意票、弃权票的股东接受强制股份转让价格转让其股份……《股权管理办法》是落实'股随岗变'的细则，就股份转让价格问题，如不同意票、弃权票的股东认为强制股份转让价格不能接受，股东应当提出自己认为合理的价格；协商不成的，规划设计公司、股东均可诉讼解决……”

原审法院认为：规划设计公司章程虽规定“股随岗变”，与公司有正式劳动关系是股东的必要条件，和公司中止劳动关系的股东必须转让其出资。但事实上，劳动关系消灭了，仍存在非因股东自身原因而实际未转让股权的情形。股权以财产权为基本内容，股东投资的根本目的是为了从公司获取经济利益。公司可以对股东转让股权进行限制，但这种限制不能直接剥夺股东自身应享有的自益权，除非得到股东本人的同意。因此，股权转让前，原股东仍应享有分红的权利。本案中，《股权管理办法》作出时，彭某已离职，并对《股权管理办法》投反对票，故《股权管理办法》中关于强制转让指定的受让人及转让价格等规定不能直接约束彭某。在彭某离职后，规划设计公司法定代表人张某要求彭某按《股权管理办法》规定的价格向其转让股权的主张并未获得法院支持。就股权转让价格，如彭某认为强制股份转让价格不能接受，应当提出自己认为合理的价格；协商不成的，规划设计公司、彭某均可诉讼解决。但在彭某所持股权转让前，彭某仍是其所持股权的权利人，其所持股权产生的相应财产收益，仍应属彭某所有。规划设计公司应向彭某给付红利。故彭某主张规划设计公司给付2004年度至2011年度的红利共计938,898.72元，并自2012年12月25日起给付利息损失的诉讼请求，本院予以支持。据此，依照《中华人民共和国公司法》第三十五条，《中华人民共和国民事诉讼法》第六十四条、第一百四十二条的规定，判决：一、规划设计公司于判决生效之日起十日内一次性给付彭某分红938,898.72元，并自2012年12月25日起至判决确定给付之日止，按中国人民银行同期贷款基准利率给付利息损失；二、驳回规划设计公司的诉讼请求。

宣判后，规划设计公司不服，向本院提起上诉，请求撤销原判，依法改判驳回彭某的诉讼请求，并承担本案全部诉讼费用……

本院认为，股东的分红权是股东的一项重要权利。彭某离职后能否取得分红，应取决于彭某的股东资格是否丧失和何时丧失。

首先，股权具有财产性和身份性的双重属性，虽然股权中部分权能的行使会受限于公司的意思，但对于具有财产属性的自益权仍应遵循私有财产不受侵犯的民法基本原则，非经股东本人同意或法定的强制执行程序，不得以股东大会决议的方式予以强制处分。在规划设计公司未与彭某就股权转让协商一致的情况下，规划设计公司无权强制转让股东依法享有的股权。

其次，规划设计公司章程仅规定了“和公司的正式劳动关系是股东的必要条件，和公司中止劳动合同关系的股东必须转让其出资”，但离职股东的股权如何转让，以什么价格转让并没有约定，且无“股东资格自然丧失”或“不再享有股东权利”等类似的约定，故仅凭规划设计公司章程，并不能构成一个完整的股权转让合同，不足以确定股东自离职之日起即已丧失了股东资格。

其三，股权自由转让是《公司法》赋予股东的法定权利，股权的管理，特别是对于股权的处分，并非公司自治的范畴，除非股东自己作出同意转让的意思表示。虽然规划设计公司的股东均应受公司章程和《股权管理办法》中“股随岗变”规定的约束，但股东对其所有的股权仍享有议价权和股权转让方式的决定权。642号判决已明确认定了对《股权管理办法》确定强制股权转让的价格仅对投赞成票的股东有约束力，即投赞成票的股东，如19号案中的朱光某因认可《股权管理办法》中对于股权转让价格和股权交付方式的规定，实质上与规划设计公司之间已经就股权转让事宜达成了意思表示一致。对于投不同意票、弃权票的股东，《股权管理办法》中的股权转让价格条款和股权转让的方式对其不生法律效力，因此，应当认定双方就股权转让价格和股权转让方式并未达成意思表示一致。在该两项内容双方未能协商一致或通过诉讼以公允方式予以明确的情况下，该股权的强制转让无法实际履行，即不当然产生权利变动的法律后果，其对应的权利仍应属于原权利人，即彭某。

综上，规划设计公司的上诉请求缺乏事实依据和法律依据，本院不予支持。原审判决认定事实清楚，适用法律正确，处理并无不当，应予维持。据此，依据《中华人民共和国民事诉讼法》第一百七十条第一款第（一）项之规定，判决如下：

驳回上诉，维持原判。[①]

① 本部分来源于相关判决书主文，限于篇幅，有所删减，读者可自行查阅判决书全文，以全面了解案情。案件若有后续上一级法院生效判决，则以最终的生效判决为准。

总经理被调岗后，是否依旧可以享受股权激励

股权激励—争议焦点

1．在蒋某调岗后，如何理解“股随岗变”？

2．在蒋某离职后，公司是否应该支付其股权激励、每年利润的20%部分？

案例来源

上海市第一中级人民法院 蒋某诉上海某处理设备有限公司劳动合同纠纷一案

法院观点解读

【上海市第一中级人民法院】认为：本案中，双方合同约定蒋某的工作地点为公司及下属工厂，公司安排蒋某前往苏州协助总经理工作，蒋某仅以总经理无须前往苏州工作为由予以拒绝，其抗拒用人单位合理工作安排的行为，缺乏正当理由，公司因此认为蒋某不能胜任总经理助理岗位，对其调整岗位并无不当。而蒋某再次拒绝到新岗位报到，公司依据《劳动合同法》的相关规定，与蒋某解除劳动合同，并无不当。

至于蒋某要求按照《加盟协议》的约定享受十三薪、定量考核奖金、股权激励、每年利润的20%部分的上诉请求。本院认为，上述《加盟协议》中约定的待遇，系公司基于蒋某作为潜在经理人的特殊身份给予的特殊待遇，

而并非对蒋某作为自然人给付劳动的待遇。现已有生效判决对公司将蒋某调整至总经理助理的合理性作出确认，蒋某因此不能要求公司按照《加盟协议》给予其待遇，综上，蒋某要求给予股权激励、每年利润的 20% 部分等的请求缺乏依据，本院不予支持。

股权激励—败诉原因

本案中，蒋某最终二审败诉，其要求公司给予股权激励、每年利润的 20% 部分等的请求未被法院支持，其败诉原因简要分析如下：

1. 公司解除蒋某劳动合同的行为合法

首先，按照《劳动法》的相关规定，劳动者应当接受用人单位的安排，完成指定的工作任务，并取得劳动报酬。蒋某在公司的原工作岗位为总经理助理一职，该公司总经理需要往返于上海和苏州，因此，公司通知蒋某到苏州辅助总经理工作，待遇和岗位不变，但蒋某明确予以拒绝。公司再次将蒋某岗位调整为办公室文员，蒋某再次拒绝调岗。公司再次通知蒋某调整岗位为市场销售，但蒋某拒绝接受。公司据此解除了双方的劳动合同，并支付蒋某经济补偿金，因此，公司的解除行为合法。

2. 公司不应支付蒋某定量考核奖金、股权激励

关于蒋某要求的定量考核奖金、股权激励，蒋某的上述请求均基于公司、蒋某之间签订的《加盟协议》，而《加盟协议》中支付蒋某十三薪、定量考核奖金、股权激励等是基于蒋某作为公司统筹公司事务的高管而支付。2013 年，公司已将蒋某的工作岗位调整为总经理助理，总经理助理并非统筹公司业务的高管，故 2014 至 2015 年蒋某不应该再享受基于《加盟协议》而享有的十三薪、定量考核奖金、股权激励。

3. 蒋某要求的每年利润的 20% 部分条件未成就

对于每年利润的 20% 部分，约定于双方签订的《加盟协议》，是基于当时公司将蒋某作为潜在总经理人选的特殊身份所订立，后蒋某无法正常提供劳动，公司已经将其岗位调整为总经理助理，蒋某自然不能按照上述协议约定主张待遇。另外，《加盟协议》规定，“按照公司章程之规定，每年利润的20% 为不予分配部分，当符合特殊目的股权转为正常股权的条件时自动拨付给潜在经理人。”蒋某因为并无证据证明特殊目的股权转为正常股权的条件已成就，故对其要求公司支付 20% 利润部分的请求，法院未予以支持。

股权激励—风险提示

激励高管被调岗后，股权激励可能引发的隐患不得不引起企业家们的重视。在《股权激励方案》的设计中，笔者归纳以下风险提示，仅供参考：

在股权激励的实践中，企业家为了留住外聘的总经理、销售部总监、技术部总监等高管，往往会使用股权激励的方式。但是，在设计“高管股权激励方案”的时候，往往会遗漏高管“股随岗走”的条款设计。等到高薪聘请的总经理任职一段时间后，发觉总经理的能力让人大失所望，或者出现了其他总经理不能胜任其岗位的事由（例如本案中总经理发生交通事故后，无法胜任工作）。此时，企业如果未能提前设计“股随岗走”的条款，则企业和高管则会陷入无休止的诉累之中。

因此，如果公司在“高管股权激励方案”中未能设计“股随岗走”的条款，则很有可能会面临“高管不能胜任工作，股权无法安全收回”的尴尬境地。笔者建议，在“高管股权激励方案”中，应该特别增设“股随岗走”的条款，实行“股权对岗不对人，股随岗走非人走”的安排。如此一来，当总经理等高管因不能胜任工作时，公司可依法将高管进行调岗，那么，高管的激励股权则可相应调整。

典型案例

上诉人蒋某与被上诉人上海某处理设备有限公司（以下简称“公司”）因劳动合同纠纷一案，不服上海市松江区人民法院民事判决，向本院提起上诉。依法组成合议庭进行了审理。本案现已审理终结。

上诉人蒋某上诉请求撤销一审判决第二项、第三项、第四项、第五项、第六项、第七项，改判驳回公司的全部一审诉讼请求，并判决：一、恢复公司与蒋某之间的劳动合同，恢复蒋某总经理助理岗位及月薪25,000元；二、公司支付蒋某2016年7月29日至2016年9月20日期间工资42,241.37元；三、公司支付蒋某2015年第13个月工资25,000元；四、公司支付蒋某2014年至2015年定量考核奖金2,000,000元；五、公司支付蒋某2014年至2015年合同约定的股权激励2,406,848.66元；六、公司支付蒋某2010年至2015年每年利润20%部分650,052.76元。

一审法院经审理认定事实如下：2009年12月8日，公司法定代表人与蒋某签订《加盟协议》，约定蒋某薪酬类别包括固定薪酬、定量考核奖金与股权激励。其中年固定薪酬为5万元／月 ×13月。

2010年2月9日，双方签订期限自2010年1月4日起的无固定期限劳动合同。劳动合同约定蒋某在公司从事总经理工作、工作地点为公司及下属工厂、月工资5万元。劳动合同另约定《加盟协议》为合同之补充，具有同等法律效应。

2010年1月4日，蒋某进入公司工作，担任总经理职务，每月实发工资5万元。2010年9月6日，蒋某因交通事故受伤住院至同年10月中旬，后在家休养。2013年3月，公司以蒋某未达总经理岗位要求且身体条件不再适合参与工作量过大的工作为由，通知蒋某岗位调整为总经理助理，月薪调整为25,000元……

2016年7月1日，公司要求蒋某更换工作地点至苏州，岗位待遇不变，路费报销，蒋某拒绝。2016年7月12日，公司将蒋某工作岗位由总经理助理调整为办公室文员，工作地点在上海，待遇为新的岗位标准，蒋某拒绝。2016年7月18日，公司将蒋某工作岗位调整为市场销售，工作地点在上海，待遇为新的岗位标准，蒋某拒绝。2016年7月22日，公司向蒋某出具解除劳动合同通知书，通知蒋某于2016年7月28日解除其与公司的劳动关系，并将支付蒋某7个月工资的经济补偿金和1个月工资的代通金，共计142,536元及工伤7级的一次性伤残就业补助金71,268元。2016年8月10日，公司通过银行转账，向蒋某支付了上述款项。

2016年7月29日，蒋某向上海市松江区劳动人事争议仲裁委员会申请仲裁，该仲裁委员会以松劳人仲（201×）办字第××××号裁决书作出裁决：一、公司与蒋某2016年6月29日至2016年7月28日期间劳动关系确立；二、公司于裁决书生效后恢复与蒋某之间的劳动合同，恢复蒋某总经理助理岗位及月薪25,000元；三、公司支付蒋某2016年7月29日至2016年9月20日期间工资42,241.37元；四、公司支付蒋某2015年第13个月工资25,000元；五、公司支付蒋某2014年至2015年定量考核奖金2,000,000元；六、公司支付蒋某2014年至2015年合同约定的股权激励2,406,848.66元；七、公司支付蒋某2010年至2015年每年利润20%部分650,052.76元；八、蒋某的其余仲裁请求，不予支持。裁决后，公司不服，诉至一审法院。

一审审理中，公司认可并同意支付蒋某2016年1月1日至2016年7月28日期间的年休假工资18,678.16元。

一审法院认为，本案的焦点在于：一、公司解除双方劳动合同的行为是否合法；二、公司是否应该支付蒋某十三薪、定量考核奖金、股权激励、每年利润的20%部分。对此，一审法院分述如下：

首先，蒋某在公司的原工作岗位为总经理助理，工作地点在上海市。公司的总经理兼任苏州的总经理，故公司关于其总经理经常在苏州办公的陈述一审法院予以采信。蒋某工作地点在上海且不愿意到苏州工作，客观上会对履行总经理助理的职责造成一定的影响，且蒋某因身体原因被公司董事会认定不适合参与工作量过大的工作。公司认为蒋某不能胜任总经理助理工作并对蒋某进行调岗，但两次调岗蒋某均不接受，公司据此解除了双方的劳动合同并支付蒋某经济补偿金及代通金，一审法院认为公司的解除行为合法。故公司要求不予恢复与蒋某之间的劳动关系不支付蒋某2016年7月29日至2016年9月20日的工资的诉请，于法有据，一审法院予以支持。

其次，关于蒋某2015年第十三个月的工资、2014年至2015年定量考核奖金、股权激励，蒋某的上述请求均基于公司、蒋某之间签订的《加盟协议》，而《加盟协议》中支付蒋某十三薪、定量考核奖金、股权激励等是基于蒋某作为公司统筹公司事务的高管而支付。2013年，公司已将蒋某的工作岗位调整为总经理助理，总经理助理并非统筹公司业务的高管，故2014年至2015年蒋某不应该再享受基于《加盟协议》而享有的十三薪、定量考核奖金、股权激励。对于每年利润的20%部分，《加盟协议》规定，“按照公司章程之规定，每年利润的20%为不予分配部分，当符合特殊目的股权转为正常股权的条件时自动拨付给潜在经理人”，蒋某现并无证据证明特殊目的股权转为正常股权的条件已成就，故公司要求不支付蒋某每年利润20%的部分，一审法院予以支持。

对于蒋某2016年度的应休未休年休假，因仲裁系因双方劳动关系恢复为由而未予支持，现一审法院认为双方劳动关系无须恢复，故该项仲裁裁决明显缺乏基础。现公司明确同意支付蒋某2016年1月1日至2016年7月28日期间的年休假工资18,678.16元，于法不悖，一审法院予以准许。

对于仲裁裁决的第一项内容，双方均未提出异议，视为双方均接受仲裁裁决的该项内容，一审法院予以确认。

据此，一审法院根据《中华人民共和国劳动合同法》第二条、第三十条、第四十条之规定，作出判决：一、确认公司与蒋某2016年6月29日至2016年7月27日期间存在劳动关系；二、不恢复公司与蒋某间的劳动合同，不恢复蒋某总经理助理岗位及月薪25,000元；三、公司不支付蒋某2016年7月29日至9月20日期间的工资42,241.37元；四、公司不支付蒋某2015年第十三个月工资25,000元；五、公司不支付蒋某2014年至2015年定量考核奖金2,000,000元；六、公司不支付蒋崎2014年至2015年股权激励2,406,848.66元；七、公司不支付蒋某2010年至2015年每年利润20%部分650,052.76元；八、公司于判决生效之日起十日内支付蒋某2016年应休未休年休假工资18,678.16元。

经审理查明，一审法院认定的事实无误，本院予以确认。

本院认为，劳动者应当接受用人单位的安排，完成指定的工作任务，并取得劳动报酬。本案中，双方合司约定蒋某的工作地点为公司及下属工厂，公司安排蒋某前往苏州协助总经理工作，蒋某仅以总经理无须前往苏州工作为由予以拒绝，其抗拒用人单位合理工作安排的行为，缺乏正当理由，公司因此认为蒋某不能胜任总经理助理岗位，对其调整岗位并无不当。而蒋某再次拒绝到新岗位报到，公司依据《劳动合同法》的相关规定，与蒋某解除劳动合同，并无不当。蒋某要求恢复双方劳动合同及原岗位、原待遇的诉讼请求，本院不予支持。至于蒋某要求按照《加盟协议》的约定享受十三薪、定量考核奖金、股权激励、每年利润的20%部分的上诉请求，本院认为，上述《加盟协议》中约定的待遇系公司基于蒋某作为潜在经理人的特殊身份给予的特殊待遇，即蒋某作为潜在经理人给付劳动的特殊身份待遇，而并非对蒋某作为自然人给付劳动的待遇。现已有生效判决对公司将蒋某调整至总经理助理的合理性作出确认，蒋某因此不能要求公司按照《加盟协议》给予其待遇。综上，蒋某的上诉请求缺乏依据，本院不予支持。双方均对一审判决第一项、第八项不持异议，本院一并予以维持。

据此，依照《中华人民共和国民事诉讼法》第一百七十条第一款第（一）项之规定，判决如下：

驳回上诉，维持原判！①

① 本部分来源于相关判决书主文，限于篇幅，有所删减，读者可自行查阅判决书全文，以全面了解案情。案件若有后续上一级法院生效判决，则以最终的生效判决为准。

退休时的退出机制不完善，高管退休后股权难收回

股权激励—争议焦点

本案的焦点在于：高管刘某退休后，授予的激励股权是否可以收回？

案例来源

北京市第一中级人民法院　北京博某公司等与刘某合同纠纷二审民事判决书

法院观点解读

【北京市第一中级人民法院】认为：本案现有证据可以证明，刘某所持激励股权增资款项确系以刘某名义存入公司资本账户，故刘某对公司的增资义务应视为已经完成。至于刘某所缴纳的出资是由其本人出资或第三方垫付，仅涉及刘某与第三方之间的债权债务关系，并不影响刘某出资行为本身的法律效力。

博某公司与康某新公司另称，刘某已经于 2011 年离职，该行为亦符合激励协议中约定的辞职之解除条件，公司亦有权解除激励协议。对此，刘某提交了其本人的退休证，用以证明刘某系因符合国家及北京市规定的养老条件，经核准后从康某集团办理退休。因退休证本身即能够证明刘某从康某集团退休，而并非辞职，而博某公司、康某新公司亦未提交刘某系从康得公司辞职

的其他直接证据，本院对博某公司、康某新公司的该项主张不予采信。综上，博某公司与康某新公司主张的，其基于上述理由有权解除激励协议，并请求法院确认其发出解除通知后激励协议即已解除的意见，缺乏事实基础和法律依据，本院不予支持。

股权激励—败诉原因

本案中，博某公司和康某新公司二审最终败诉，导致无法收回退休高管的激励股权，其败诉原因简要分析如下：

1. 公司对于刘某离职的事实未能提供充分的证据

在公司股权激励的退出机制中，约定了高管离职后公司可以解除股权激励协议。双方签订的股权激励协议第四条规定："刘某自获得激励性股票之日起至甲方股票上市后的 3 年内，为激励性股票的锁定期。在激励性股票锁定期内，刘某因辞职而终止与甲方的劳动关系时，甲、乙双方将以刘某购得激励性股票的成本价回购其持有的激励性股票。协议经三方书面同意，任何一方均不得私自变更，经三方同意的修改、补充、调整应以书面形式完成。三方之任何一方违反该协议规定的相关义务，其他各方均有权单方终止该协议，并有权要求其他各方承担全部的违约责任。"

而在本案中，康某新公司主张刘某已经辞职，故而要求解除股权激励协议。但是，康某新公司却未能提供刘某已经离职的证据。最终，康某新公司败诉。

2. 退出机制中，对于退休是否属于股权回购的情形未予以规定

在本案中，关于刘某从公司退休的事实为法庭所确认，2012 年 9 月 20 日，康某集团为刘某发放了一份北京市企业职工退休证。根据退休证记载，刘某退休（职）时间为 2012 年 9 月 20 日，申报单位为康某集团。退休证同时载明，刘某符合国家及北京市规定的养老条件，经核准退休（职）并按月享受基本养老金。退休证加盖有康某集团的印章。

然而，康某新公司对于刘某退休后，其激励股权是否由公司回购未作任何约定。因此，刘某退休后，公司无法收回刘某持有的激励股权。

股权激励—风险提示

本案中，退休高管的激励股权无法收回的结果，不得不引起企业家们的重视。在《股权激励方案》的设计中，笔者归纳以下风险提示，仅供参考：

1. 退出机制中如果未约定退休事由的风险。

从 2007 年刘某被授予激励股权，到 2012 年刘某退休，其作为高管为公司仅付出短短 5 年的工作时间，而公司付出的代价却是刘某退休后依旧可持有公司的股份。这就是退出机制设计不完善所导致的。

作为企业家和激励员工，需要明确的一点是，激励股权区别于普通股权的最重要一点在于，激励股权往往是被激励的高管以极低的价格购买，或者公司直接赠送激励股权给高管。因此，当激励股权授予时，需要对退休事由提前进行约定。当被激励的高管退休时，其不再为公司服务，不再为公司创造价值。那么，这部分激励股权原则上可以在退休后由公司回购，再释放给其他为公司做出贡献的员工。

我们可以想象一下，如果退休的激励员工在退休后带走了全部激励股权，一来公司会面临每年须给退休员工大额分红的资金压力，二来公司会陷入“无股可激励”的困境。因此，退休事由下约定激励股权由公司回购，是《股权激励方案》设计中不能忽略的重要条款。

2. 退休时，激励股权予以回购的流程未明确的风险

在公司设计《股权激励方案》时，对于激励高管或者员工退休时，如何进行激励股权的回购，公司需要提前进行回购流程的设计。如果仅仅约定“退休时股权由公司回购”，而无具体的回购流程，则会导致激励股权回购时具体操作流程不明确的风险。

经典案例

上诉人博某公司、上诉人康某新公司与被上诉人刘某合同纠纷一案，不服北京市海淀区人民法院一审民事判决，向本院提起上诉。本院于2014年9月26日受理后，依法组成由的合议庭进行了审理。本案现已审理终结。

博某公司及康某新公司在一审中共同诉称：刘某曾系案外人康某集团副总裁。刘某作为康某集团的核心员工，符合康某新公司所制定并实施的该公司核心员工股权激励管理办法（以下简称“管理办法”）中规定的核心员工股权激励条件。2007年6月22日，博某公司及康某新公司与刘某签订核心员工股权激励协议（以下简称“激励协议”）。根据协议约定，刘某认购康某新公司定向增发的股票34.5万元，刘某通过博某公司间接持有康某新公司增发新股时的股票。博某公司、康某新公司及刘某三方必须遵守管理办法以及北京康得公司核心员工股权激励首次认购实施细则（以下简称“实施细则”）。根据管理办法和实施细则的规定，刘某必须以自有资金购买，且应一次性足额缴纳认购激励性股票的对价。对于自有资金不足的核心员工，康某集团还制定了借款政策。刘某在签订了激励协议后，告知博某公司、康某新公司和康某集团需要公司安排借款，于是康某集团为刘某代缴了博某公司的注册资金。然而，博某公司及康某新公司依据合同完成持股安排后至今，刘某仍拒不依约缴纳认购股票的对价，亦拒不签署与康某集团草拟的借款合同，属于根本违约。

激励协议同时约定，在刘某违反该协议第四条相关规定时，博某公司及康某新公司有权按照该条款的约定，对刘某所持激励性股票进行收回或回购。根据激励协议第四条规定，康某新公司股票上市后3年内为该激励性股票的锁定期，在激励性股票锁定期内，如刘某与康某新公司终止劳动关系，则博某公司及康某新公司有权以成本价回购刘燕持有的激励性股票。康某新公司于2010年7月5日股票上市，刘燕于2011年11月30日起就与康某集团终止劳动关系，违反了激励协议的约定，因此该激励性股票应予以收回。针对刘某的持续违约行为，博某公司及康某新公司在多次追索未果的情况下，于2013年9月23日向刘某发送关于解除激励协议通知函，通知刘某鉴于其违约行为，解除激励协议。但是，刘某无视上述事实，仍以博某公司股东自居，并起诉博某公司主张其股东权利。现博某公司及康某新公司依法向人民法院提起诉讼，要求确认两公司与刘某所签激励协议已于2013年9月24日解除。

刘某在一审中答辩称：博某公司及康某新公司要求确认解除激励协议不成立，解除是无效的。博某公司及康某新公司要求解除激励协议的理由系依据该协议的第四条，认为刘某在2011年11月30日与康某新公司因为辞职终止了劳动关系，但事实上刘某一直是康某集团及其旗下公司的高级管理人员，直到其于2012年9月20日从康某集团退休。因此，博某公司及康某新公司要求解除激励协议的依据是不成立的。

一审法院审理查明：2007年6月22日，康某新公司（甲方）博某公司（乙方）及刘某（丙方）共同签订一份激励协议。根据协议记载，甲方决定实施核心员工股权激励制度，丙方为甲方选定的激励对象之一，乙方为丙方间接持股甲方而选定的持股平台。为顺利实施此项股权激励制度，甲、乙、丙三方依照国家有关法律法规、管理办法和实施细则的规定，经友好协商，就股权激励及约束机制的有关事宜，达成协议如下：本协议所称激励性股票是指甲方为实施核心员工股权激励特意定向增发的新股，对纳入认购范围内的激励对象有一定的锁定期要求。丙方认购甲方定向增发的股票总股值为34.5万元，总股数为140,243.9股，占公司总股数的比例为0.203%。通过乙方间接持有甲方的增发新股时的股票。甲、乙两方有义务协助丙方取得激励性股票，并负责办理好相关的工商登记和股权变更手续。在丙方违反该协议第四条相关规定时，甲、乙两方有权按照该条款的约定对丙方所持激励性股票进行收回或回购。根据该协议第四条规定，丙方自获得激励性股票之日起至甲方股票上市后的3年内，为激励性股票的锁定期。在激励性股票锁定期内，丙方因辞职而终止与甲方的劳动关系时，甲、乙双方将以丙方购得激励性股票的成本价回购其持有的激励性股票。协议经三方书面同意，任何一方均不得私自变更，经三方同意的修改、补充、调整应以书面形式完成。三方之任何一方违反该协议规定的相关义务，其他各方均有权单方终止该协议，并有权要求其他各方承担全部的违约责任。协议未尽事宜，由双方协商补充协议。协议经甲、乙、丙三方授权代表或本人签字或加盖公章后生效。上述协议落款处，分别加盖有博某公司及康某新公司的印章，并有刘某的签名字样。

同年7月13日，北京某会计师事务所有限责任公司为博某公司出具一份京富会（2007）2-574号验资报告。根据验资报告记载，博某公司原注册资本为100万元，申请增加注册资本为400万元，变更后的注册资本为500万元。经审验，截至2007年7月12日止，博某公司已收到股东姚某、贾某、钟某、戴某、王某、渠某、扶某、刘某、吴某、刘某等人共缴纳的新增注册资本为400万元，出资方式为货币。其中，刘某以货币缴纳 34.5 万元，于 2007 年 7 月 12 日缴存在广东发展银行中关村支行，账号为：×××。

2012 年 9 月 20 日，康某集团为刘某发放一份北京市企业职工退休证（社会保障号码：×××）。根据退休证记载，刘某退休（职）时间为 2012 年 9 月 20 日，申报单位为康某集团。退休证同时载明，刘某符合国家及北京市规定的养老条件，经核准退休（职）并按月享受基本养老金。退休证加盖有康某集团的印章。

2013 年 9 月 23 日，博某公司与康某新公司共同通过 EMS 邮政特快专递（单号：×××）向刘某寄送一份关于解除激励协议通知函。根据通知函记载，鉴于刘某已于 2011 年 11 月 30 日解除与康某集团的劳动关系，且从未依约履行激励协议中约定的一次性足额支付义务，博某公司与康某新公司特此通知刘某：一、解除激励协议；二、无偿收回激励协议项下刘某通过博某公司间接持有康某新公司的所有股票；三、要求刘某自收到本函 10 日内与两公司联系，配合两公司办理解除合同和返还博某公司股权事宜。上述函件的落款处，分别加盖有博某公司与康某新公司的印章。根据邮政特快专递投递查询结果显示，上述特快专递系于 2013 年 9 月 24 日被投递并签收。

另查，根据北京市地方税务局所出具的（2013）京地个证 × 号个人所得税完税证明记载，刘某自 2012 年 1 月份以后再无缴纳工资、薪金所得税的缴税记录。

诉讼中，博某公司及康某新公司称，两公司主张解除涉诉激励协议的理由有二：一是刘某并未按照约定和相关规定履行出资义务或者向康某集团申请贷款；二是刘某在 2011 年年底与康某集团终止了劳动关系，即在激励协议约定的激励性股票锁定期内，与康某新公司和关联公司终止了劳动关系，丧失了该协议所约定的作为博某公司股东的资格。

诉讼中，博某公司及康某新公司共同向本院提交了管理办法及实施细则的文本打印件，用于证明激励性股票的锁定期为3年，激励对象获得股票的方式为以自有资金购买，且应一次性足额缴纳，如一次性足额支付确有困难，公司也可安排进行一定比例的贷款支持。对于上述证据，刘某主张其并未获得过此两份文件，故对其真实性均不予认可。

诉讼中，博某公司及康某新公司还共同向本院提交一份原康某集团办公室主任、总裁办主任刘某出具的书面证人证言，其部分内容为“本人作为博某公司代理人，代为办理了所有增资、验资的手续以及工商变更登记工作。2007年6月26日至7月10日，康某集团财务部门工作人员向我在广发银行开设的，账号为 ××× 的存折存入4,004,400元，用以博某公司的增资工作。2007年7月12日，本人携带银行存折以及博某公司股东身份证件，前往广发银行进行入资工作，上述400万元按照激励协议约定的出资金额，汇入博某公司的验资账户，并由银行出具验资凭证。签署激励协议后，刘某未依据上述管理办法和实施细则向博某公司支付其认缴的出资款项，亦未办理向康某集团借款手续。康某集团实际支付了刘某认缴的34.5万元博某公司的出资”。上述书面证人证言的落款处有刘某的签名字样。两公司提交上述证据，用于证明刘某并未实际支付出资款，实际出资人为康某集团。对于上述证据，刘某对其真实性予以认可，但主张刘某原系康某集团员工，故与博某公司与康某新公司存在利害关系，因此对该证据的证明力不予认可。

上述事实有博某公司与康某新公司共同提交的激励协议、博某公司验资报告、EMS邮政特快专递详情单及送达证明、关于解除激励协议通知函、个人所得税完税证明，刘某提交的北京市企业职工退休证等证据材料以及一审开庭笔录在案佐证。

一审法院判决认定：博某公司、康某新公司与刘某签订的激励协议，其内容未违反国家法律、行政法规的禁止性规定，应属有效。

本案中，博某公司及康某新公司要求确认两公司与刘某所签激励协议已经依法解除，并就此提出两方面解除理由。对此，该院结合双方当事人的诉辩意见，以及双方相应举证情况，分别进行如下评述：

第一，博某公司及康某新公司主张刘某取得激励性股票的对价系由康某集团代缴，刘某本人始终未履行出资义务，也未向康某集团办理贷款，故激励协议应予解除。对此，结合本案现有证据，根据博某公司增资后的验资报告记载，其中部分增资款项确系以刘某的名义存入该公司资本账户。由此可见，博某公司、康某新公司以及刘某之间，存在通过签订和履行激励协议，从而使刘某成为博某公司股东的共同意思表示，且相应增资款项经验资确认已实际缴纳到位。根据公司法原理，股东对公司负有法定出资义务，故该义务仅系发生于公司与股东之间。至于股东所缴纳的出资是否涉及其与第三方之间的债权债务关系，则并不影响股东出资行为本身的法律效力。有鉴于此，现双方当事人之间虽然对上述增资款项的具体来源问题存在不同主张，但即便博某公司与康某新公司所主张的情形存在，该问题亦属于康某集团与刘某之间的债权债务关系范畴，与刘某所取得博某公司股东身份的事实分属不同性质的法律关系。然而，对于博某公司与康某新公司以上述理由要求解除激励协议而言，则将直接动摇刘某作为博某公司股东的合法地位。因此，博某公司与康某新公司主张以上述理由解除激励协议，应属于法无据。

第二，博某公司及康某新公司主张刘某系于激励性股票的锁定期内因辞职而与康某集团终止了劳动关系，故应依约解除激励协议。对此，刘某则主张上述终止劳动关系的情形并不存在。该院认为，根据举证责任的分配原则，博某公司及康某新公司应就上述主张内容承担相应的举证责任。为此，两公司共同向该院提交了刘某的个人所得税完税证明，旨在通过刘某不再从康某集团获得薪酬收入的情形，印证两公司的上述诉讼主张内容。对此，刘某则向该院提交了其本人的退休证。根据退休证的记载内容显示，刘某系因符合国家及北京市规定的养老条件，经核准后从康某集团办理退休。据此，该院认为，仅凭刘某不再从康某集团领取薪酬的情形，并不能当然证明双方之间劳动关系的状态。从刘某的举证情况来看，退休证本身能够充分证明其本人系以正常退休的方式从康某集团离职，故并不符合激励协议中关于因辞职而终止劳动关系的约定情形。因此，博某公司与康某新公司以上述理由解除激励协议，缺乏必要的事实依据。

结合以上，博某公司及康某新公司在本案中的诉讼请求，缺乏必要的事实与法律依据，该院不予支持。

综上，该院依照《中华人民共和国合同法》第八条，《中华人民共和国民事诉讼法》第六十四条第一款之规定，判决：驳回博某公司与康某新公司的诉讼请求。

博某公司与康某新公司不服一审法院上述民事判决，向本院提起上诉。

本院经审理查明的其他事实与一审法院查明的事实一致。

上述事实还有各方当事人在二审期间的陈述予以佐证。

本院认为：博某公司、康某新公司与刘某签订的激励协议系各方真实意思表示，且未违反国家法律、行政法规的禁止性规定，应属有效。

博某公司与康某新公司上诉称，刘某没有按照激励协议的约定出资，违反了合同的主要义务；刘某于2011年离职，该行为亦符合激励协议中约定的解除条件，关于劳动关系的认定，应当考察多方面因素，不能仅以是否缴纳社保确定是否存在劳动关系；在此情形下，博某公司、康某新公司向刘某发出解除激励协议的通知，并请求法院确认激励协议已经解除，符合《中华人民共和国合同法》第九十六条规定，刘某并未提出确认合同效力之诉，故法院应当判决确认激励协议已经解除。一审法院判决认定事实清楚，适应法律正确，应予维持。依照《中华人民共和国民事诉讼法》第一百七十条第一款第（一）项之规定，判决如下：

驳回上诉，维持原判。①

① 本部分来源于相关判决书主文，限于篇幅，有所删减，读者可自行查阅判决书全文，以全面了解案情。案件若有后续上一级法院生效判决，则以最终的生效判决为准。

员工未实际出资的激励股权，离职时可以收回吗

股权激励—争议焦点

本案的焦点在于：高管刘某在离职时，其未实际出资的激励股权是否可以收回？

案例来源

北京市第一中级人民法院 北京博某公司等与刘某合同纠纷二审民事判决书

法院观点解读

【北京市第一中级人民法院】认为：本案中，博某公司及康某新公司要求确认两公司与刘某所签激励协议已经依法解除，并就此提出两方面解除理由。对此，该院结合双方当事人的诉辩意见，以及双方相应举证情况，分别进行如下评述。

博某公司及康某新公司主张刘某取得激励性股票的对价系由康某集团代缴，刘某本人始终未履行出资义务，也未向康某集团办理贷款，故激励协议应予解除。对此，结合本案现有证据，根据博某公司增资后的验资报告记载，其中部分增资款项确系以刘某的名义存入该公司资本账户。由此可见，博某公司、康某新公司以及刘某之间，存在通过签订和履行激励协议，从而使刘

某成为博某公司股东的共同意思表示，且相应增资款项经验资确认已实际缴纳到位。

根据《公司法》原理，股东对公司负有法定出资义务，故该义务仅系发生于公司与股东之间。至于股东所缴纳的出资是否涉及其与第三方之间的债权债务关系，则并不影响股东出资行为本身的法律效力。有鉴于此，现双方当事人之间虽然对上述增资款项的具体来源问题存在不同主张，但即便博某公司与康某新公司所主张的情形存在，该问题亦属于康某集团与刘某之间的债权债务关系范畴，与刘某所取得博某公司股东身份的事实分属不同性质的法律关系。然而，对于博某公司与康某新公司以上述理由要求解除激励协议而言，则将直接动摇刘某作为博某公司股东的合法地位。因此，博某公司与康某新公司主张以上述理由解除激励协议，应属于法无据。

股权激励—败诉原因

本案中，博某公司和康某新公司最终败诉，导致无法收回高管的激励股权，其败诉原因主要在于：对于刘某未实际缴纳出资款，公司是否可回购其股权未作约定。

笔者注意到，刘某作为公司高管，其取得激励股权的对价是由康某集团代为缴纳。康某集团以刘某的名义，按照激励协议约定的出资金额，汇入博某公司的验资账户，并由银行出具验资凭证。但是，签署激励协议后，刘某未依据上述管理办法和实施细则向博某公司支付其认缴的出资款项，亦未办理向康某集团借款手续。康得投资集团实际支付了刘某认缴的 34.5 万元博某公司的出资。

本案中，公司疏漏的一点是，对于公司代刘某缴纳的出资款，在刘某未向公司支付该笔出资款的情况下，是否可以由公司收回刘某名下的激励股权双方未作约定。因此，公司不能以刘某未支付出资款为由要求解除激励协议，收回股权。

股权激励—风险预防

本案中，高管虽未实际支付出资款，但其激励股权却面临无法收回的结果，不得不引起企业家们的重视。在《股权激励方案》的设计中，笔者归纳以下风险预防，仅供参：

在激励股权是否应该由员工出资购买的问题上，主要存在以下几种方案：一是由被激励员工自己出资购买激励股权；二是由公司代为缴纳该出资款；三是员工无偿获得激励股权。而在公司代缴出资款的方案中，需要注意的是，在股权激励设计中，需要明确该代缴的出资款属于什么性质、该代缴出资款是否需由激励员工偿还、偿还时没有利息、利息如何计算、员工应该何时偿还该出资款，最重要的是，当激励员工拖延偿还该笔出资款时，是否可以收回其激励股权。

因此，在《股权激励方案》设计中，对于员工出资购买激励股权的，如果该笔出资款由公司代缴，则需要明确约定若激励员工长期拖延不偿还出资款时，对于激励股权的归属，以及激励股权的退出机制。

典型案例

同 054 页“典型案例”，此处略。

高管自己开公司，公司是否可以拒绝其行权激励股份

股权激励—争议焦点

本案的焦点在于：李某作为科技公司的销售经理，居然自己成立了一家公司，是否还能要求公司继续授予 5 万股的“期权股权激励”？

案例来源

上海市第一中级人民法院 二审民事判决书 李某诉上海某科技有限公司劳动合同纠纷一案

法院观点解读

【上海市第一中级人民法院】经审理后认为：2010 年 6 月 10 日科技公司以李某在公司任职期间，投资设立和经营与某公司业务经营范围相同的理某公司，利用担任销售经理职位的便利和掌握的公司的客户信息、投标文件、投标报价等商业秘密，以理某公司名义向公司客户投标或与公司客户签约，李某行为已违反了同业禁止的规章制度，违反了保密协议为由，书面通知李某即日起解除李某与某公司间的劳动合同。2010 年 7 月 8 日科技公司向仲裁委员会提出仲裁申请，要求李某支付违约金 100 万元。李某于同年 7 月 16 日提起仲裁反请求，要求科技公司按照《股权授予协议书》约定赠与 5 万股股权；恢复劳动合同关系、继续履行劳动合同。

仲裁委员会合并审理后于2010年11月12日裁决李某支付科技公司违约金144,000元；但对于李某要求“科技公司按照《股权授予协议书》约定赠与5万股股权”的请求未予支持。李某不服，遂诉至原审法院，要求判决科技公司按照《期权授予协议书》约定向其支付赠与的5万股股权。但法院认为：根据李某与科技公司签订的《期股授予协议书》协议目的和内容来看，李某要求某公司按约向李某赠与5万股股权的诉讼请求，不属于劳动争议受理范围，在本案中不予处理。

股权激励—败诉原因

本案中，李某要求公司赠与5万股股权的诉讼请求，未被仲裁庭和法院支持，主要原因在于该项诉讼请求不属于劳动争议的范围。对于李某能否要求科技公司继续授予5万股“期权股权激励”，笔者分析如下：

1. 对于期权股权激励的授予，科技公司规定了行权条件

李某与科技公司签订的《期股授予协议书》中，双方约定科技公司对公司核心人才先行实施股权激励措施，在职员工同时符合下列条件：上年度员工考核合格、未有违法违规违反公司规章和员工手册事项及完成销售目标，科技公司授予李某限制性持股股份5万股和期股认购权5万股。即按照双方的约定，李某如果要获得5万股的期股激励股权，必须满足科技公司规定的期权行权条件“上年度员工考核合格、未有违法违规违反公司规章和员工手册事项及完成销售目标”。

2. 李某违反不竞争义务和保密义务，无法满足期权的行权条件

本案中，李某作为公司的销售经理，理应忠于职守，履行其应尽的义务。然而，李某在履行劳动合同期间，却与其丈夫出资成立与科技公司经营范围重合的理某公司，以理某公司名义与科技公司展开竞争业务，未经科技公司许可引用科技公司投标文件资料以理某公司名义参与投标，致使科技公司丧失了原属科技公司所有的投标机会。在职期间，李某还以理某公司名义参与武汉某项目的投标，与科技公司构成直接竞争关系，显然违反了李某与科技公司间关于不竞争义务的约定。

因此，李某违反了不竞争义务和保密义务，不符合期权的行权条件，无权要求公司赠与5万股“期权股权激励”。

股权激励—风险预防

本案中，李某败诉的结果不得不引起企业家们对于期权股权激励中“行权条件”的重视。在《股权激励方案》的设计中，笔者归纳以下风险预防，仅供参考：

1. 期权股权激励中的“行权条件”不明确的巨大风险

“期权”和“期股”仅仅一字之差，其含义却大不相同。“期权股权激励”是指预期可能获得的股权，需要通过将来的购买行为或者赠与行为获得股权，一般激励员工达到一定的行权条件时才被授予股权。而期权股权激励中的“行权条件”如果不明确，则会导致难以判断“行权条件”是否成就。激励员工往往认为自己已经符合股权激励的行权条件，要求行权。而公司却可能认为激励员工不符合行权条件，决定取消对其的股权激励。实践中，该类纠纷不断，使公司疲于应对。

2. 期权激励中的“行权条件”应在协议中明确约定

为了预防“行权条件”不明确导致的纠纷，以及为了更好地激励员工的斗志，促使激励员工努力工作。笔者建议企业家在设计《股权激励方案》中，对于“行权条件”进行明确化。例如，可将行权条件约定为“上年度考核优秀、未违反公司保密协议、未严重违反公司规章制度导致被解除聘用合同、既定的业绩目标达标”等。

经典案例

2008年9月22日，李某与某科技公司（以下简称“某公司”）签订了期限自2008年9月22日至2010年9月21日的劳动合同。李某至某公司担任销售经理一职，月工资为6,000元。合同约定李某所在岗位实行不定时工作制。根据合同第二十三条约定，李某严重违反某公司的规章制度及员工手册的，某公司可以解除本合同。第三十六条规定，某公司在企业内依法制定的各项规章制度和《员工手册》，视为本合同的有效附件。李某对于各项规章制度和《员工手册》已认真阅读、充分理解，并保证遵照执行。2009年7月14日，李某与某公司签署保密协议书，鉴于甲方（即某公司）公司有众多商业秘密，乙方（即李某）在为甲方工作期限将接触相关商业秘密；乙方同意为甲方保守该等商业秘密，并同意履行不竞争义务。

双方达成如下协议：一、商业秘密包括但不限于（1. 甲方交易秘密……如客户名单、供应商名单已存在及可能存在的项目、已有的和潜在的合作模式、成交或商谈的条件；2. 甲方的经营秘密；3. 甲方的管理秘密；4. 甲方的技术秘密，包括产品设计、产品图纸、工程设计图……二、乙方承诺，在甲方工作期间或离开甲方之后，将严格履行保密义务，不向第三方泄露甲方的商业秘密；在甲方工作期间或离开甲方之后，不以任何方式，自己或使第三人得以利用甲方的商业秘密，该等利用包括但不限于：商业的运行、新产品的设计与开发等；在甲方工作期间或离开甲方之后，乙方自己不会、也不会协助任何第三方，直接或间接的要求甲方的任何客户或者供应商撤销或取消与甲方现有或正在洽谈的任何业务。三、违约责任。在劳动合同期间，若乙方违反此协议书，即视为乙方严重违反劳动纪律，甲方有权解除劳动合同，乙方应支付甲方违约金100万元，乙方并应赔偿甲方由此受到的一切损失。四、签署本协议，即表示乙方向甲方确认乙方已完整阅读并充分理解本协议所有内容……乙方明确，其已具有充分的、合理的机会考虑其条款，并于签署前与乙方所选择之任何人商讨。2010年5月20日，某公司以李某违反公司同业禁止的规章制度、违反了保密协议为由，通知李某停止上班，回家休息。同年6月10日，某公司以李某在某公司任职期间，投资设立和经营与某公司业务经营范围相同的理某公司，利用担任销售经理职位的便利和掌握的某公司的客户信息、投标文件、投标报价等商业秘密，以理某公司名义向某公司客户投标或与某公司客户签约，李某行为已违反了同业禁止的规章制度，违反了保密协议为由，书面通知李某即日起解除李某与某公司间的劳动合同。

2010年7月8日，某公司向劳动人事争议仲裁委员会提出仲裁申请，要求李某支付违约金100万元，返还2009年12月至2010年5月的工资34,889元、差旅费2,770元。李某于同年7月16日提起仲裁反请求，要求某公司支付2010年5月工资1,111元；支付拖欠的提成款69,100元；按6,000元为缴费基数补缴2008年10月至2010年6月的上海市城镇社会保险；按照《股权授予协议书》约定赠与5万股股权；恢复劳动合同关系、继续履行劳动合同；支付在职期间未休年休假工资7,034.50元；支付2008年9月22日至2010年6月10日期间的平时加班工资100,551.70元。仲裁委员会合并审理后，于2010年11月12日裁决李某支付某公司违约金144,000元；某公司为李某补缴2008年10月至2010年5月期间城镇社会保险费差额28,446元（其中包括个人应缴社会保险费6,518.40元），李某将个人应缴部分交于某公司；某公司支付李某2010年5月工资1,111元、2010年带薪年休假折算工资1,103.44

元；对李某与某公司其余请求均未予支持。李某不服，遂诉至原审法院，要求判决：一、不向某公司支付违约金144,000元；二、某公司向其支付2009年1月1日至2010年5月20日期间拖欠的提成款69,100元；三、某公司向其支付2008年9月22日至2010年1月21日期间加班工资103,034.49元；四、某公司恢复与其的劳动关系，继续履行劳动合同；五、某公司按照《期权授予协议书》约定向其支付赠与的5万股股权。

原审另认定：一、2010年1月27日，李某及其丈夫朱某出资成立理某公司，注册资金为100万元，其中李某认缴出资60万元，朱某系该公司法定代表人。理某公司经营范围为洁净技术领域内的技术开发、技术转让、技术咨询、技术服务，机电设备安装，民用水电安装，环保净化管道工程的施工设计、咨询、安装，自控装置及监控系统、制冷设备、机电设备的销售及维修，从事货物及技术的进出口业务。二、某公司经营范围为电子工业专业设备制造销售，生物医药、光电子、微电子专业的高纯介质输送管线设计、安装及技术咨询，水处理、无尘车间及辅助设备的设计、安装、技术咨询及相关产品销售，生物专业（除专项）微电子专业的科学研究、销售，光电子及微电子产品、机电设备（除专项）安装，自有房屋租赁，从事各类货物及技术的进出口业务。三、在某光电特气系统、设备改造项目投标中，理某公司于2010年4月1日向光电有限公司递交的投标文件与某公司就该项目的投标文件雷同。未经某公司许可，理某公司的投标文件中多处引用了某公司背景资料，自称“科技公司经过多年发展，成立了理某（上海）洁净技术有限公司……秉承了科技公司技术和管理优势以及完善的售后服务”，标书中多次出现“科技公司—理某（上海）洁净技术有限公司”，并多次同时出现了某公司的标识及理某公司的标识，在“施工安全规范”章节直接出现了某公司的企业名称。四、某公司销售人员刘某代表某公司、李某代表理某公司均参与了武汉光纤有限公司项目的投标。2010年5月，招标结果为两家公司均落标……

原审再认定：一、某公司处“关于‘销售部门年度指标’及奖惩规定”适用创洁科技销售部。该规定中关于提奖发放载明：提奖按合同收款进度发放；合同款若3个月未收回或催收有困难的，则作为难收款转交律师或其他人。凡由律师或其他人负责项目款的催收部分，不计销售人员提奖；由于个人行为严重违反公司规章制度并且公司与其解除劳动关系的，自劳动关系解除之日起公司即安排律师或其他人接受催收合同款事宜，同时自劳动关系解除之日起所有的合同款到账均不计销售员提奖。二、某公司处“关于‘销售部门年度指标’的说明”（来源于李某办公抽屉）规定，奖金按实际收款进度发放，发放时间为货款到账后5个工作日之内。应收账款若6个月之内未收回且催收困难的，则作为难收款转交律师或其他人，由律师或其他人负责该款项的催收工作。凡由律师或其他人收回的应收销售款不予计提奖金。3.2010年2月5日，李某与某公司签订《期股授予协议书》，约定某公司对公司核心人才先行实施股权激励措施，在职员工同时符合下列条件：上年度员工考核合格、未有违法违规违反公司规章和员工手册事项及完成销售目标，某公司授予李某限制性持股股份5万股和期股认购权5万股。

原审认为，劳动者严重违反用人单位的规章制度的，用人单位可以解除劳动合同。本案中，李某作为某公司销售经理，理应忠于职守，履行其应尽的义务，并且对涉及某公司正当利益的事宜持以忠诚态度。然李某在履行劳动合同期间，却与其丈夫出资成立与某公司经营范围重合的理某公司，以理某公司名义与某公司展开竞争业务。在中玻项目投标中，未经某公司许可引用某公司投标文件资料以理某公司名义参与投标，致使某公司丧失了原属某公司所有的投标机会。在职期间，李某还以理某公司名义参与武汉长飞项目的投标，与某公司构成直接竞争关系，显然违反了李某与某公司间关于不竞争义务的约定。李某的行为不仅严重违反了《员工手册》和《保密协议书》的相关规定，而且违背了作为一名劳动者理应遵守的基本职业道德。某公司据此与李某解除双方劳动合同，并无不当，李某要求恢复双方间的劳动关系的诉讼请求，不予支持。李某主张《保密协议书》系受胁迫的情况下签订，但未提供证据证明，不予采信。李某又主张此系刘某靠理某公司的个人行为与李某无关，然根据某公司提供的刘某公证证言及仲裁庭审证言、某公司提供的一系列电子邮件、理某公司投标文件等证据足以形成证据链，证明李某以其设立的理某公司的名义从事了违反不竞争义务和保密义务的行为，故对李某该主张亦不予采信。根据劳动合同法规定，用人单位与劳动者可以在劳动合同中约定保守用人单位的商业秘密和与知识产权相关的保密事项。对负有保密义务的劳动者，用人单位可以在劳动合同或者保密协议中与劳动者约定竞业限制条款，劳动者违反竞业限制约定的，应当按照约定向用人单位支付违约金。李某与某公司签订的《保密协议书》系双方真实意思表示，未违反法律法规规定，合法有效。根据《保密协议书》约定，李某应遵守保守某公司商业秘密和履行不竞争义务的约定，现李某行为已经违反了《保密协议书》的约定，理应按约承担相应的违约责任。虽《保密协议书》约定了违约金 100 万元，但综合考虑李某所处的工作岗位、违约行为严重程度、某公司因李某违约行为遭受的损失、李某收入水平，仲裁委员会将违约金酌情调低为 144,000 元并无不当，该数额与李某违约行为应承担的违约责任相适应，故李某要求不予支付某公司违约金144,000元的诉讼请求，不予支持。

当事人对自己提出的诉讼请求所依据的事实或者反驳对方诉讼请求所依据的事实有责任提供证据加以证明。没有证据或者证据不足以证明当事人的事实主张的，由负有举证责任的当事人承担不利后果。李某要求某公司支付拖欠的销售提成余款，理应就其符合销售提成条件承担举证责任。某公司处“关于‘销售部门年度指标’及奖惩规定”及“关于‘销售部门年度指标’的说明”均规定，销售提成按照合同收款进度发放，凡由律师或他人收回的应收销售款不予计提奖金。而“关于‘销售部门年度指标’及奖惩规定”还明确规定，因员工严重违反公司规章制度并且公司与其解除劳动关系的，自劳动关系解除之日起公司即安排律师或其他人接受催收合同款事宜。同时自劳动关系解除之日起所有的合同款到账均不计销售员提奖……

劳动者要求用人单位支付加班工资，应就其加班事实的存在承担举证责任。李某系某公司处销售人员，根据其工作岗位特点、某公司处《员工手册》的相关规定及某公司处销售人员岗位获批实行不定时工作制的情况，并结合证人刘岚某、叶长某关于销售人员工作时间的陈述，原审法院认定李某作为销售人员实行的系不定时工作制，故李某要求某公司支付延时和双休日加班工资缺乏事实和法律依据。李某既未按公司规定履行加班审批程序，又未提供其他证据证明其存在法定节假日加班。而某公司2009年2月起实施的电子刷卡记录，仅能证明李某出入公司时间，亦不足以证明李某存在加班。综上，对李某要求某公司支付加班工资的诉讼请求不予支持。

关于李某主张未签收过2009版员工手册，原审法院认为此与劳动合同约定及员工手册签收单相悖，不予采信。根据李某与某公司签订的

《期股授予协议书》协议目的和内容来看，李某要求某公司按约向李某赠与5万股股权的诉讼请求，不属于劳动争议受理范围，在本案中不予处理。李某与某公司对仲裁裁决均无异议事项，依法予以确认。依照《中华人民共和国劳动合同法》第二十三条、第三十九条第（二）项的规定，原审法院于2011年4月13日作出判决：一、李某于判决生效之日起十日内支付某公司违约金144,000元；二、某公司于判决生效之日起十日内为李某补缴2008年10月至2010年5月期间上海市城镇社会保险费差额28,446元（其中包括个人应缴社会保险费6,518.40元），李某于判决生效之日起五日内将上海市城镇社会保险费个人应承担部分6,518.40元交与某公司；三、某公司于判决生效之日起十日内支付李某2010年5月工资1,111元；四、某公司于判决生效之日起十日内支付李某2010年带薪年休假折算工资1,103.44元；五、驳回李某要求某公司支付2009年1月1日至2010年5月20日期间拖欠的提成款69,100元的诉讼请求；六、驳回李某要求某公司支付2008年9月22日至2010年1月21日期间加班工资103,034.49元的诉讼请求；七、驳回李某要求恢复与某公司的劳动关系，继续履行劳动合同的诉讼请求。负有金钱给付义务的当事人如未能按判决指定的期间履行给付金钱义务，应当依照《中华人民共和国民事诉讼法》第二百二十九条之规定，加倍支付迟延履行期间的债务利息。案件受理费10元，减半计5元，免予收取。

判决后，李某不服，上诉于本院称：首先，从理某公司的财务报表中可以看出，理某公司在2010年1月27日至2010年6月10日期间并没有盈利，亦即其未从某公司所说的中玻项目、武汉项目、上海等项目处获益。其次，某公司实际并未因为理某公司的参与而产生任何损失。再次，原审认定违约金14,400元显属过高，且没有事实与法律依据。综上所述，其要求撤销原审判决主文第一项，并依法改判不向某公司支付违约金 144,000 元。

被上诉人某公司辩称，不同意李某的上诉请求，认为原审法院的判决正确，请求维持原判。

本院经审理查明，原审认定事实无误，本院依法予以确认。

本院认为，根据查明的事实，李某在某公司履行劳动合同期间，与其丈夫出资成立与某公司经营范围重合的理某公司，而且以其设立的理某公司的名义从事了违反不竞争义务和保密义务的行为。根据劳动合同法规定，用人单位与劳动者可以在劳动合同中约定保守用人单位的商业秘密和与知识产权相关的保密事项。对负有保密义务的劳动者，用人单位可以在劳动合同或者保密协议中与劳动者约定竞业限制条款，劳动者违反竞业限制约定的，应当按照约定向用人单位支付违约金。现李某行为已违反了双方间签订的《保密协议书》的约定，理应按约承担相应的违约责任。鉴于《保密协议书》约定了违约金 100 万元，原审法院综合考虑李某所处的工作岗位、违约行为严重程度以及李某收入水平酌情将违约金调至为 144,000 元尚无不当。现李某要求不予支付某公司违约金 144,000 元的诉讼请求，本院不予支持。综上所述，原审法院的判决事实清楚，适用法律正确，本院予以维持。据此，依照《中华人民共和国民事诉讼法》第一百五十三条第一款第（一）项之规定，判决如下：

驳回上诉，维持原判。[①]

① 本部分来源于相关判决书主文，限于篇幅，有所删减，读者可自行查阅判决书全文，以全面了解案情。案件若有后续上一级法院生效判决，则以最终的生效判决为准。

研发工程师泄密，公司可以解聘并不授予激励股权吗

股权激励—争议焦点

本案的争议焦点为：刘某作为研发工程师及研发主管，属于公司股权激励高管，却将“涉密文件”发送给他人，公司能否以“泄密”为由，解聘刘某并且不授予其激励股权？

案例来源

上海市第二中级人民法院 刘某与上海某科技股份有限公司劳动合同纠纷二审民事判决书

法院观点解读

【上海市第二中级人民法院】认为：根据本案现有证据及查明之事实可见，2015年9月30日，刘某和某科技公司签署《保密协议书》一份，就保密内容、保密范围、保密义务作了明确的界定，对于“如确属工作需要，需将材料带出甲方办公场所，必须经法定代表人批准或授权方可”。2017年3月4日、3月10日、4月20日，刘某将含有电路图及测试数据的SPC8204C1Debug总结文件发送至他人邮箱。刘某于二审期间坚称，其前述邮件转发均填写申请单并经领导批准保存于叶某某处，然申请单均被罗某收走，致其举证不能。对此，证人叶某某明确表示，涉案日期的三份申请单其并不清楚。

刘某又称，泄密程度不严重不足以解除，然《保密协议》已将电路版图及实验数据纳入保密内容，同时据科技公司的证人指证，数据如外泄，其他人员在很短的时间内可做出相类似的产品，故刘某虽主张该保密资料非核心机密，但未提供证据证明该数据或图纸已被公众知悉，抑或提供足以反驳的证据加以证明，本院对刘某的该节主张难以采信。刘某的前述行为违反了其与公司之间签订的《保密协议》之约定，公司据此解除双方之间的劳动合同，并不违反法律规定。

股权激励—败诉原因

本案中，刘某作为研发工程师，最终二审败诉。

很显然，刘某作为股权激励的对象，因“泄密”而被公司解聘后，公司之前承诺的股权激励，刘某就很难得到了。

笔者注意到，在本案中，刘某认为某科技公司滥用《保密协议》中的保密条款，把员工为了工作需要给自己发送邮件的行为简单定义为泄密行为，实际系不愿兑现之前承诺的股权激励，因而急于直接开除刘某。

然而，经法庭查实后，某科技公司并未认可刘某的上述意见。刘某与某科技公司签署的《保密协议书》对于保密内容进行了约定，并在第三条权利和义务中的5.3条规定：“不将甲方重要文件、资料等带出甲方办公场所或提供给竞争者或有竞争可能的单位和个人，如确属工作需要，需将材料带出甲方办公场所，必须经法定代表人批准或授权方可。”第六条违约责任第1条规定：“在劳动/劳务合同期内，乙方违反此协议，虽未造成甲方经济损失，但给甲方正常生产经营活动带来麻烦的，甲方有权将乙方调离涉密岗位，并予以警告，直至解除乙方的劳动/劳务合同。”

因此，刘某之所以会败诉，其主要原因在于将公司的“涉密”文件发送给他人，违反了与公司的《保密协议书》。

股权激励—风险预防

本案中，刘某败诉的结果不得不引起企业家们对于股权激励中“保密条款”的重视。在《股权激励方案》的设计中，笔者归纳以下风险预防，仅供参考：

1. 股权激励中的“保密条款”须重点设计

在股权激励方案的设计中，令企业家们深感头疼的是怎样才能既激励员工，又留住员工；怎样才能防止激励员工流失；当激励员工“泄密时”，公司该如何保护公司股权。

在“科技为王”的今天，大量的科技型公司雨后春笋般涌现。这些公司为了留住人才往往愿意采用股权激励的方式。然而，当高科技人才被授予股权激励时，如何预防其躺在股权上睡觉？如何降低高科技人才“泄密”所带来的巨大损失？笔者建议，在高科技公司的《股权激励方案》设计中，应将“保密条款”的设计作为重点，进行考虑。

2. 当技术人员“泄密”时，公司有权收回其激励股权

试想一下，假如公司高薪聘请了一位高科技人才作为研发主管，授予其激励股权。但该研发主管在得到激励股权后，却将公司的技术秘密泄露给其他竞争公司，然后潇洒地离职，挥挥手，不带走一片云彩。此时，我们若在退出机制中预先设置好“回购条款”，那么，在研发主管“泄密”后，公司有权回购其激励股权，就能极大降低公司的损失。更为重要的是，如果研发主管知道其“泄密”会导致丧失激励股权的话，想必他会再三思量，不敢轻易“泄密”。

因此，在设计退出机制时，可以约定当技术人员“泄密”时，公司可回购其全部激励股权，并同时对“保密内容”和“违约条款”进行约定。

经典案例

一审法院经审理认定事实如下：2009年5月26日，灿某上海有限公司（以下简称“公司”）向刘某发出录取通知书，聘用刘某为研发工程师，试用期3个月，税前薪资150,000元/年（14薪）。刘某于2009年6月1日正式入职。2015年2月24日，公司更名为本案被告。刘某、公司双方末份劳动合同为期限自2015年6月1日起的无固定期限劳动合同，刘某担任研发主管职务。

2017年3月4日、3月10日、4月20日，刘某将含有电路图及测试数据的SPC8204C1Debug总结文件发送至××××××××@qq.com邮箱。

2017年5月11日，公司以刘某违反保密协议为由，解除与刘某的劳动合同，并于当日开具了上海市单位退工证明。公司支付刘某工资至2017年4月。

2017年5月17日，刘某向上海市静安区劳动人事争议仲裁委员会申请仲裁，要求公司支付：一、违法解除劳动关系赔偿金312,192元；二、2017年5月1日至5月11日工资10,198元；三、2016年7月2日至2017年3月4日期间休息日加班工资19,263元；四、2017年1月1日至5月17日期间工资差额28,684元；五、2017年4月1日至4月26日期间监事补贴3,000元。该仲裁委于2017年7月21日作出静劳人仲（2017）办字第1102号裁决：一、公司支付刘某2017年5月1日至2017年5月11日期间工资10,198元；二、刘某的其余请求不予支持。刘某不服该裁决，遂起诉来院。

另查，2015年9月30日，刘某、公司双方签署了《保密协议书》，协议书第一条保密内容中第4条规定：“甲方的技术秘密，包括但不限于技术方案、工程设计、电路设计、电路板图、制造方法、配方、工艺流程、技术指标、计算机软件、数据库、研究开发记录、技术报告、检测报告、实验数据、实验结果、图纸、样品、样机、模型、模具、操作手册、技术文档、函电等、内部局域网等。”第三条权利和义务中的5.3条规定：“不将甲方重要文件、资料等带出甲方办公场所或提供给竞争者或有竞争可能的单位和个人，如确属工作需要，需将材料带出甲方办公场所，必须经法定代表人批准或授权方可。”第六条违约责任第1条规定：“在劳动 / 劳务合同期内，乙方违反此协议，虽未造成甲方经济损失，但给甲方正常生产经营活动带来麻烦的，甲方有权将乙方调离涉密岗位，并予以警告，直至解除乙方的劳动 / 劳务合同。”

一审法院认为，当事人对自己提出的诉讼请求所依据的事实或者反驳对方诉讼请求所依据的事实，应当提供证据加以证明，当事人未能提供证据或者证据不足以证明其事实主张的，由负有举证证明责任的当事人承担不利的后果。本案中，刘某认为文件传输经过合法审批程序，且传输的文件内容是刘某制作，电路图仅是中间产品，不能进行生产，做成PPT后不能再利用，且传输的文件尚未转发过，刘某不存在泄密行为，公司系违法解除。公司则认为刘某传输的邮箱无论属于谁，均属于复制、发送第三方，违反保密协议的行为，主张解除行为合法。一审法院认为，刘某、公司签订的保密协议书对公司的技术秘密的范围、双方的权利义务及违约责任有明确的约定，现刘某未能提供有效证据证明其传输文件经过批准或授权，应当承担举证不能的不利后果，公司根据保密协议作出的解除行为并无不当，故对刘某要求公司支付违法解除劳动合同赔偿金的诉讼请求，一审法院不予支持。

关于工资，一审法院认为，用人单位应当按照劳动合同约定和国家规定，向劳动者及时足额支付劳动报酬。鉴于公司同意支付刘某2017年5月1日至2017年5月11日期间工资10,198元，一审法院予以确认。关于刘某主张按照14薪酬制的标准支付2017年1月1日至2017年5月11日的折算工资差额，一审法院认为：首先，录取通知书仅是公司向刘某发出签订劳动合同的意向，并非是以劳动权利与义务为主体内容的书面协议，不能等同于劳动合同；其次，14薪酬制通常而言是用人单位在年底给员工多发放2个月的工资，本案刘某、公司劳动关系于2017年5月11日解除，刘某实际并未工作到2017年底，故刘某要求公司支付2017年1月1日至2017年5月11日期间14薪折算工资差额，缺乏依据，一审法院不予支持。

关于加班费，一审法院认为：劳动者主张加班费的，应当就加班事实的存在承担举证责任。刘某向一审法院提交的张某制作统计的加班记录，该记录无公司签名或盖章，张某表示未与指纹考勤记录做核对，刘某虽对张某的情况说明及考勤记录不予认可，但未能提供加班经过审批的相关证据予以反驳，且刘某提供的为证明其有加班事实的李的短信记录，经刘某、公司双方确认，李并非公司处工作人员，仅对公司进行技术指导。故刘某无有效证据证明有加班事实的存在，对其主张加班费的诉讼请求，一审法院不予支持。

关于监事补贴，刘某提供了银行卡交易明细及刘某与公司处员工沈某的聊天记录，以证明公司按月给予刘某监事补贴3,000元。公司不予认可，辩称双方并未就监事补贴进行过约定，3,000元系报销款项。根据刘某与沈某的聊天记录，沈某并未谈及监事补贴，而是告知刘某“上次跟你说的报销额度，财务那里有报备的，你提供发票就可以了”，故公司的辩解具有一定合理性，一审法院予以采纳。对刘某的该项诉讼请求，一审法院不予支持。

一审法院判决：一、公司应于判决生效之日起10日内支付刘某2017年5月1日至2017年5月11日期间工资10,198元；二、刘某的其余诉讼请求，均不予支持。

本院经审理查明，一审查明事实属实，本院予以确认。

本院审理中，刘某向本院提交：证据1、刘某私人电子邮件截屏，证明2017年3月4日、3月10日从其工作邮箱发送来的邮件并未向其他邮箱转发，2017年4月20日由工作邮箱发送来的邮件并未打开，也并未向其他邮箱进行转发；证据2、刘某于2017年1月7日、1月8日、3月4日、3月5日、3月11日加班时与上级领导李某之间的短信截屏，证明在上述时间加班时，刘某曾向李某汇报工作、申请加班，工作期间刘某的加班申请需经李某批准；证据3、刘某在公司加班的照片，证明其于2016年7月2日（周末）在公司加班，且在公司安装有摄像头，可以记录刘某的加班情况，故公司应当依法承担举证责任；证据4、刘某与公司研发助理叶某某微信聊天记录，证明公司内网文件传向外网（内网传外网）需要经过领导审批，审批单已被公司收走。公司质证后认为上述证据均不属于二审新证据，并对上述证据的关联性均不予认可，具体质证意见如下：证据1、邮箱截屏并不能证明刘某将涉密文件通过邮件发送的形式带出办公场所的行为具有合理性，而且显示了刘某将单位的涉密文件传输至了私人邮箱，且其中部分邮件已被打开；证据2、李某并非公司处员工，没有加班审批权限，刘某与其的私人沟通与本案没有关联性；证据3、公司处的监控设备内存存储量为三个月，2017年的监控内容已经被覆盖，刘某在仲裁、一审期间从未提出过调取监控录像的要求，且其并未按照规章制度提出过加班申请；证据4、微信聊天记录仅涉及内网传外网的单子，并不能证明刘某对其将文件传输到私人邮箱的行为已经过内网传外网的书面审批，并按照《保密协议》经过法定代表人批准。

本院审理中，依职权传唤证人张某、叶某某出庭作证。公司表示，张某确曾担任公司人事职位，但已于2017年9月30日因劳动合同解除而离开公司，无法到庭作证，公司并提供退工单予以佐证。证人叶某某到庭陈述，其在公司担任研发助理，公司的电脑管理分为内网和外网，内网是仅限研发部门使用的局域网，内网的文件仅限研发部门的人员查看，如果公司有其他部门需要查看，就应当申请传到外网；研发人员如果需要向外网发送文件，需要自己填写申请表，并让领导罗某签字，申请通过后的表格存放至叶某某处保管，但仅仅负责保存，不负责统计；公司规定内网邮件不能向私人邮箱转发，如果需要向自己的邮箱发送，同样要看领导是否审批；外协实验携带部分的版图和电路图按叶某某的理解是不需要做申请的，但是叶某某的职位不涉及前述图纸，具体也不清楚。刘某作为研发经理可以与外界沟通，配合供应商进行实验。叶某某保存的申请表中确有刘某的申请表，但并不记得申请单的时间和内容，本案所涉3月4日、10日，4月20日的申请单，叶某某不清楚；认可刘某提交的证据4微信聊天记录的真实性，叶某某已经应罗某的要求将其保管的申请单交由罗某保存。罗某从2016年开始管理叶某某所在的研发部门，在罗某没来之前，请假需要向李某申请，如果李某不在公司，可以通过电话、微信请假；叶某某并不清楚李某的职位，但罗杰与李某是并列管理。

对叶某某的上述证人证言，刘某不认可“关于向李某请假的部分”，但认可其他部分证人证言的真实性。公司称叶某某仅为助理岗位，对于研发人员的情况并不清楚，且刘某对其进行了大量引导，对于很多问题，叶某某也仅是猜测而已，故叶某某的证人证言大都为推测，不能反映真实情况。

经公司申请，本院传唤证人陈某某出庭作证。陈某某称：公司的内网只在研发部门内发邮件，而不能向研发部以外发送，外网则可以用于公司内其他部门之间发邮件，但是外网也不能与公司以外的互联网联系，如果需向公司以外发送邮件，则需要向领导进行申请；内网任何材料向外发送都需要经过罗某签字；陈某某作为研发工程师，若需将文件由内网传外网，需要填写书面申请表，由罗某签字后交由叶某某保管，其本人不做留存。陈某某陈述：依照《保密协议》，刘某邮件所发送的电路图等内容应属于涉密内容；公司与陈某某约定薪资为月薪，在每年过年期间以及4月左右会发放奖金，但陈某某对于奖金具体如何发放并不清楚。

对于陈某某上述证人证言，公司认可其真实性；刘某不认可关于奖金/14薪内容的真实性，且由于陈某某并未做过任何实验，故对于其证人证言的关联性不予认可。

庭后，刘某向本院提交案外人胡某签字的证明书一份。鉴于证人需到庭作证，接受双方及法庭质询，故该份证明材料不能作为认定本案事实的依据。

本案审理期间，公司向本院来函，表示考虑到刘某系老员工，自愿向刘某偿付其主张的2016年7月2日至2017年3月4日期间休息日的加班工资19,236元作为补偿款。

本院认为，根据本案现有证据及查明之事实可见，2015年9月30日，刘某、公司签署《保密协议书》一份，就保密内容、保密范围、保密义务作了明确的界定，对于“如确属工作需要，需将材料带出甲方办公场所，必须经法定代表人批准或者授权方可”。2017年3月4日、3月10日、4月20日，刘某将含有电路图及测试数据的SPC8204C1Debug总结文件发送至××××××××@qq.com邮箱。对此，刘某抗辩其虽发送邮件至私人信箱，但系出于工作便利之目的，然根据《保密协议》之约定，即使刘某系为工作所需发送电子邮件，仍应经过公司之合法有效的批准。刘某于二审期间坚称，其前述邮件转发均填写申请单并经领导批准保存于叶某某处，然申请单均被罗某收走，致其举证不能。对此，证人叶某某明确表示，涉案日期的三份申请单其并不清楚。而仲裁期间，刘某陈述3月4日的发送行为系经老板口头同意，该表述意味着当日转发未填写过书面申请单，刘某前后陈述矛盾，本院对其前述主张难以认同。刘某又称，泄密程度不严重不足以解除，然《保密协议》已将电路版图及实验数据纳入保密内容，同时据公司的证人指证，如数据外泄的话，其他人员在很短的时间内可做出相类似产品，故刘某虽主张该保密资料非核心机密，但未提供证据证明该数据或图纸已被公众知悉，抑或提供足以反驳的证据加以证明，本院对刘某的该节主张难以采信。鉴于赔偿金之取得，需以用人单位存在过错为前提，刘某的前述行为违反了其与公司之间签订的《保密协议》之约定，公司据此解除双方之间的劳动合同，并不违反法律规定，无须支付赔偿金。

关于加班工资一节，刘某于二审期间提供其与上级领导李某之间的短信截屏，时间分别为2017年1月7日、1月8日、3月4日、3月5日、3月11日拟证明其存有加班，然，经与其于一审中提供的张某制作的统计表予以核对，仅有3天相符，其中2017年1月7日、1月8日、3月4日的统计显示刘某加班为19小时，3月5日及11日未在统计表上存有记载，公司对短信记录及张某的统计表均不予认可，对于李某与刘某的短信往来，认为其仅记录双方私人沟通，不予认可。对此，本院认为，鉴于公司于二审期间，念及刘某系其老员工，自愿向其偿付 19,236 元作为补偿款，已高于刘某所举证的可能存有的加班之日所得的加班费，本院予以准许。

至于刘某其余上诉请求，诸如 14 薪及监事补贴等，其依据的事实和理由与原审法院审理中陈述的一致。鉴于原审判决对刘某的请求不予支持的理由已经做出了详尽、合理的阐述，本院不再赘述，而刘某在上诉时亦未提供新的证据支持其上诉主张，故本院对刘某的上诉请求亦不予支持。

综上所述，原审判决认定事实清楚，适用法律正确，本案应予维持。公司自愿偿付，系对自身权益之处分，本院予以准许。据此，依照《中华人民共和国民事诉讼法》第一百七十条第一款第（一）项之规定，判决如下：

一、维持上海市静安区人民法院（201×）沪 0106 民初 ××× 号民事判决；二、准许公司一次性支付刘某人民币 19,236 元。

本判决为终审判决。①

① 本部分来源于相关判决书主文，限于篇幅，有所删减，读者可自行查阅判决书全文，以全面了解案情。案件若有后续上一级法院生效判决，则以最终的生效判决为准。

总经理被罢免，离职后激励股权为何无法收回

股权激励—争议焦点

本案的焦点在于：总经理被罢免，离职后，其是否可以带走激励股权？

案例来源

上海市第二中级人民法院 上海某家化公司与王某和公司有关的纠纷二审民事判决书

法院观点解读

【上海市第二中级人民法院】认为：根据《激励计划》的规定，激励对象职务发生变更，但仍为公司的董事（不含独立董事）、高级管理人员、中层管理人员，核心技术（业务）人员，或者被公司委派到公司的控股子公司任职，原则上已获授的限制性股票不作变更……

《授予公告》中已明确王某持有的350,000股限制性股票中，第一期限制性股票（对应获授股票总量的40%）的解锁期自2013年6月7日起，第二期限制性股票（对应获授股票总量的30%）的解锁期自2014年6月7日起，第三期限制性股票（对应获授股票总量的30%）的解锁期自2015年6月7日起。王某在2014年6月7日第二期限制性股票解锁期时，仍为上海某家化公司的董事，其2013年度的考核结果亦为合格，符合《激励计划》及《授予协

议》中关于第二期股权激励股票解锁的条件。

此后，上海某家化公司对王某做出的记过处分并不影响到第二期解锁条件已经成就。上海某家化公司称其依据《激励计划》对于激励股权处置具有酌定权，且已先后召开董事会、股东大会，决定回购王某尚未解锁的315,000股激励股票。对此，根据《激励计划》的约定，公司董事会对于该计划规定范围之外的情形，可根据激励对象的具体情况酌情做出处置，但本案中上海某家化公司对限制性股票不予解锁的理由属于《激励计划》所列的情形，故上海某家化公司应对王某持有的第二期157,500股限制性股票给予解锁。综上所述，一审法院对本案所作出的认定处理并无不当，本院应予维持。

股权激励—败诉原因

本案中，上海某家化公司二审最终败诉，导致无法注销收回高管的激励股权。笔者对其败诉原因简要分析如下：

1. **对高管的非法解聘，直接导致公司处于劣势地位。**

王某作为某家化公司的总经理兼董事，被公司授予限制性股票。王某实际获授350,000股限制性股票，授予价格为16.41元/股，市值574万元左右。公司董事会于2014年5月12日通过关于解除王某总经理的议案，罢免了王某的总经理职位，并单方面解除了与王某的劳动合同。但是，公司对王某做出解除劳动合同的处罚引发了诉讼，后公司败诉，根据法院判决恢复了与王某的劳动关系。因此，公司不能依据离职条款收回并注销王某的激励股权。

很明显，公司走错了第一步棋。

2. **退出机制中，对于总经理被罢免后的股权回购，未设置合理的条款。**

接着，公司又走了错了第二步棋。

某家化公司于2015年12月18日针对王某原违纪行为作出记过处分，并以追加的记过处分作为限制限制性股票解锁的条件，欲回购并注销王某持有的限制性股票。然，最终公司依然败诉。

我们注意到，王某根据上述《激励计划》及《授予协议》的相关规定，诉请要求上海某家化公司对自己持有的第二、三期上海某家化股权激励股票给予解锁。而公司则以王某曾经受过记过处分，董事会有酌定权做出限制性决定及董事会、股东大会已通过解除王某董事职务，并回购注销王某尚未解锁股票的议案为由，拒绝为王某持有的股票解锁。

然而，对于“董事会可根据激励对象的具体情况酌情作出处置”，某家化公司忽略了重要的一点，即公司对限制性股票不予解锁的理由不属于《激励计划》所列的情形。因此，公司应对王某持有的第二期 157,500 股限制性股票给予解锁。

股权激励—风险预防

本案中，上海某家化公司败诉，导致无法收回高管的激励股权，其结果不得不引起企业家们的重视。在《股权激励方案》的设计中，笔者归纳以下风险预防，仅供参考：

1. 对于总经理被罢免后，其激励股权的回购条款，须予以重视

首先需要明确的一点是，必须针对被列入股权激励对象的“普通员工”和“高管”设计不同的退出机制。一般而言，公司会为总经理等高管单独设计一个“高管股权激励方案”。公司高薪招聘总经理的同时，为了留住人才，往往会采用股权激励的方式。但是，如果总经理的退出机制不完善的话，有朝一日，总经理离开公司，有可能会将激励的股权全部带走，给公司带来巨大的损失。

试想一下，总经理在工作一年后离职，其还未曾给公司带来应有的收益，却要将公司的股权全部带走。更重要的是，总经理可以从此不用干活，却享受公司的高额分红。如此一来，走一个总经理，带走一部分股权；再走一个董事长，又带走一部分股份，公司变成了慈善机构！

因此，如果总经理作为股权激励对象，必须具有针对性地提前设计好退出机制，以免因总经理退出带来巨大的股权损失。

2. 总经理被罢免离职 VS 总经理被调岗

在总经理的退出机制上，须区分被罢免离职和被调岗两种情况。总经理被罢免离职后，其与公司的劳动关系就结束了，此时对应的应是离职员工的激励股权可以由公司进行回购；而总经理被调岗后，应视其具体的调岗岗位来确定不同的退出回购条款。

典型案例

上诉人上海某家化公司因与被上诉人王某其他与公司有关的纠纷一案，不服上海市虹口区人民法院民事判决，向本院提起上诉。本院于2016年11月3日受理后，依法组成合议庭进行了审理。本案现已审理终结。

上海某家化公司上诉请求：公司董事会于2014年5月12日通过关于解除王某总经理职务及提请解除其董事职务的议案，后又于同年6月12日召开临时股东大会，通过了解除王某董事职务的议案。2014年5月13日，上海某家化公司对王某做出解除劳动合同的处罚，并引发了诉讼。后公司根据法院判决恢复了与王某的劳动关系，并于2015年12月18日针对其原违纪行为做出对王某记过的处分。2015年4月28日，公司股东大会就争议股票通过回购并注销的议案。根据相关协议和约定，特殊情况下，董事会就股权激励股票事宜可以行使酌定权，有权做出限制性决定。

一审法院查明的事实：上海某家化公司于2012年4月5日召开董事会审议通过《上海某家化公司2012年限制性股票激励计划（草案）》；同年5月7日，上海某家化公司对限制性股票激励计划的相应内容进行了修订，形成《公司2012年限制性股票激励计划（草案修订稿）》（以上两项简称《激励计划》）。《激励计划》第三部分第一节第二条规定：本次激励对象为公司及其子公司的董事（不含独立董事）、高级管理人员、中层管理人员、核心技术（业务）人员，且均不持有公司首次公开发行前已发行股份，激励对象中不包括公司监事、独立董事及公司实际控制人。第七部分第一条关于授予价格规定：限制性股票的授予价格为人民币16.41元（以下所涉币种均为人民币），即满足授予条件后，激励对象可以16.41元的价格购买1股公司向激励对象定向增发的上海某家化A股股票；第二条授予价格的确定方法：授予价格依据审议通过本计划（草案）的公司第四届董事会第十六次会议决议日前20个交易日公司股票均价32.82元/股的50%确定，即16.41元/股。第八部分第一条关于限制性股票的获授条件规定：激励对象未发生如下之一情形：一、最近三年内被证券交易所公开谴责或宣布为不适当人选的；二、最近三年内因重大违法违规行为被中国证监会予以行政处罚的；三、具有《公司法》第147条规定的不得担任公司董事、高级管理人员情形的；四、激励对象单方面终止劳动合同的；五、在任职期间因犯罪受司法机关刑事处罚的，或违反公司规定、损害公司利益根据员工手册给予记过以上处分的。根据《考核办法》，激励对象上一年度绩效考核合格，第三条规定：本计划授权激励对象的限制性股票分三期解锁，在解锁期内满足本计划的解锁条件的，激励对象可以申请股票解除锁定并上市流通；锁定期：自激励对象获授限制性股票授予日后的12个月；解锁安排：第一批于授予日12个月后至24个月内解锁，第二批于授予日24个月后至36个月内解锁，第三批于授予日36个月后至48个月内解锁，解锁比例：40%、30%和30%。第十二部分第一条规定：激励对象职务发生变更，不符合本激励计划的激励对象范围，或已经从公司或公司的控股子公司离职，与公司或公司控股子公司彻底解除劳动合同的，经公司董事会批准，可以取消授予激励对象尚未解锁的限制性股票，由公司按照授予价格进行回购注销；激励对象职务发生变更，但仍为公司的董事（不含独立董事）、高级管理人员、中层管理人员，核心技术（业务）人员，或者被公司委派到公司的控股子公司任职，原则上已获授的限制性股票不作变更。第十二部分第二条规定：激励对象在任职期间因犯罪受司法机关刑事处罚的，或违反公司规定、损害公司利益根据员工手册给予记过以上处分的，经公司董事会批准，可以注销激励对象解锁的限制性股票，回购价格按照以下三种价格较低者确定：一、限制性股票的授予价格；二、回购实施日前20个交易日的公司股票均价；三、回购实施日前一个交易日的公司股票收盘价。第五条规定：对于上述规定之外的情形，公司董事会根据激励对象的具体情况酌情做出处置激励对象未解锁的标的股票。

王某、上海某家化公司在2012年6月1日签订的《授予协议》中约定：王某属于本计划确定的激励对象范围，并为上海某家化公司董事会确定有权参与本计划，王某将以16.41元/股的价格获授上海某家化公司发行的350,000股A股发行上市的人民币普通股股票，双方在平等自愿基础上达成如下协议：上海某家化公司负责将王某实际获授的限制性股票过户至王某账户……2014年3月11日，上海某家化公司做出五届十一次董事会决议，通过《公司股权激励股票符合解锁条件的议案》，并于3月13日作出公告的主要内容为：经董事会审查，公司和本次解锁对象均满足限制性股票解锁条件，公司申请第二次限制性股票解锁。

同年5月12日，上海某家化公司召开五届十五次董事会，会议审议通过了《关于解除王某先生公司总经理的职务及提请股东大会解除王某先生董事职务的议案》。2014年5月30日，上海某家化公司召开五届十七次董事会，会议审议通过了《关于回购并注销王某尚未解锁股权激励股票的议案》，主要内容为：鉴于王某属于违反公司规定、损害公司利益根据员工手册给予记过以上处分的情形，其已不满足公司限制性股票解锁条件，董事会依据《激励计划》规定批准按授予价格回购并注销王某尚未解锁的限制性股票。上海某家化公司于2014年6月4日发布《上海某家化公司第五届十七次董事会决议公告》，审议通过关于回购并注销王某尚未解锁股权激励股票的议案，公司董事会决定王某已获授但尚未解锁的全部股权激励股票不予解锁，按照授予价格进行回购并注销，数量为315,000股，回购总价款为3,446,100元，每股10.94元；关于公司股本减少的议案，鉴于公司董事会决定回购并注销部分股权激励股票，提请股东大会同意公司总股本相应减少315,000股，同意公司章程中关于注册资本的内容做相应修改，并提交股东大会审议。同年6月12日，上海某家化公司第三次临时股东大会通过《关于解除王某先生董事职务的议案》并于次日公布该议案。2015年3月17日，上海某家化公司独立董事做出《关于公司股权激励股票解锁的独立意见》，载明：经董事会审查，截至目前，公司满足第三次限制性股票解锁业绩考核条件；本次解锁对象（拟回购并注销限制性股票所涉人员除外）满足上述的第三次限制性股票解锁条件；公司第三次限制性股票解锁在规定时间内实施。2015年4月28日，上海某家化公司召开2014年度股东大会，审议通过《关于回购并注销部分已授出的股权激励股票的议案》，决定回购王某尚未解锁的315,000股激励股票，回购总价款为3,446,100元，每股10.94元。2015年6月2日，上海某家化公司董事会发布《关于2012年股权激励计划限制性股票第三次解锁暨上市公告》，明确本次解锁的限制性股票上市流通日为2015年6月8日。另查明：自2012年12月19日起，王某经上海某家化公司董事会聘任担任公司总经理一职。2013年11月19日，王某与上海某家化公司签订自2014年1月1日起的无固定期限劳动合同。2014年5月12日，上海某家化公司召开五届十五次董事会，认为王某在上海某家化公司与化学品厂发生采购销售、资金折借等关联交易事件中负有不可推卸的责任，审议并通过《关于解除王某总经理职务及提请股东大会解除王某董事职务的议案》。次日，上海某家化公司向王某送达《员工违纪处理通知书》，决定：自2014年5月13日15时起，上海某家化公司辞退王某，王某将不再是上海某家化公司员工，不再担任总经理职务，不享受公司任何相关权益等。王某对通知书的内容及处理结果均不予认可，并于2014年6月4日向上海市虹口区劳动人事争议仲裁委员会申请仲裁……

一审法院认为，上海某家化公司授予限制性股票的目的是促进公司建立、健全长期激励与约束机制，有效调动公司经营管理人员、核心技术（业务）人员的积极性，吸引和稳定优秀人才，激励对象仅限于公司的董事（不含独立董事）、高级管理人员、中层管理人员、核心技术（业务）人员等。鉴于王某属于《激励计划》确定的激励对象范围，并为上海某家化公司董事会确定有权参与激励计划，以16.41元/股的价格获授上海某家化公司发行的350,000股A股上海家化普通股股票。双方在平等自愿基础上签订《授予协议》，并约定《激励计划》作为该协议附件，系该协议的组成部分。《授予协议》《激励计划》对双方都具有约束力。《授予协议》《激励计划》约定激励对象职务发生变更、不符合本激励计划的激励对象范围经公司董事会批准，可以取消授予激励对象尚未解锁的限制性股票，由公司按照授予价格进行回购注销；同时又规定激励对象职务发生变更，但仍为公司的董事（不含独立董事）、高级管理人员、中层管理人员、核心技术（业务）人员，或者被公司委派到公司的控股子公司任职，原则上已获授的限制性股票不作变更。王某持有的第一期 40% 限制性股票经公司董事会批准自 2013 年 6 月 7 日起解锁并上市流通，剩余未解锁限制性股票 315,000 股，其中，第二期限制性股票数为 157,500 股应于 2014 年 6 月 7 日解锁，第三期限制性股票数为 157,500 股应于 2015 年 6 月 7 日解锁。上海某家化公司第二批股票解锁时，王某仍然担任公司董事，其董事职务是在 2014 年 6 月 12 日的股东大会上被解除。换言之，虽然在公司股票解锁时王某已不再担任总经理职务，但仍为公司董事，仍属于被激励对象范围。《激励计划》规定激励对象上一年度考核结果达到合格（C）以上才具备限制性股票本年度的解锁。王某 2013 年度考核结果为合格（C），具备限制性股票本年度的解锁条件。王某有权要求上海某家化公司对第二期限制性股票进行解锁，公司应根据《激励计划》的有关规定对王某获授的限制性股票解锁，并按照《激励计划》中规定的解锁程序办理解锁事宜。依据目前证据，上海某家化公司第三期限制性股票可以解锁时，王某已不属于激励对象范围，要求解锁的条件不成立，故对王某要求对已获授的第三期 157,500 股限制性股票予以解锁的诉讼请求，不予支持。对上海某家化公司称公司不能违背股东大会决议行事，本案诉讼请求无法执行的主张，一审法院认为股东大会决议应合法、合理，其无权决定回购，并注销王某作为激励对象已经取得的限制性股票的权利。上海某家化公司以此为由剥夺王某的合法权利，显属不当，对此应不予采信。限制性股票的锁定和解锁，经董事会或董事会授权的机构确认后，上市公司应当向证券交易所提出行权申请，经证券交易所确认后，由证券登记结算机构办理登记结算事宜。现涉案的限制性股票登记在王某名下，对于上海某家化公司所称王某诉请不具有可操作性与事实不符，亦不予采信。

综上所述，一审法院依照《中华人民共和国合同法》第六十条第一款、《中华人民共和国公司法》第一百四十一条第二款之规定，判决如下：

一、上海某家化公司对王某持有的157,500股的上海家化股权激励限制性股票给予解锁；二、驳回王某其他诉讼请求。一审案件受理费34,368.80元，由王某、上海某家化公司各半负担17,184.40元。

本院经审理查明：原审法院查明的事实属实，本院予以确认。本院认为，本案的争议焦点为：王某持有的上海某家化公司第二期股权激励股票解锁条件是否成就。本院认为，根据《激励计划》的规定，激励对象职务发生变更，但仍为公司的董事（不含独立董事）、高级管理人员、中层管理人员、核心技术（业务）人员，或者被公司委派到公司的控股子公司任职，原则上已获授的限制性股票不作变更；激励对象在任职期间因犯罪受司法机关刑事处罚的，或违反公司规定、损害公司利益根据员工手册给予记过以上处分的，经公司董事会批准，可以注销激励对象解锁的限制性股票；同时，该《激励计划》还规定有对于上述规定之外的情形，公司董事会根据激励对象的具体情况酌情作出处置激励对象未解锁标的股票的内容。后王某与上海某家化公司在2012年6月1日签订的《授予协议》中约定其获授上海某家化公司发行的350,000股A股股票，并约定上海某家化公司根据《激励计划》的有关规定对王某获授的限制性股票解锁，王某上一年度考核结果达到合格（C）以上才具备限制性股票本年度的解锁条件，限制性股票的授予与锁定、解锁在异动情况下的调整（包括激励对象发生职务变更、离职或死亡）、激励对象的权利与义务的约定均与《激励计划》中相关规定一致。2012 年 6 月，王某依据上海某家化公司发布的《授予公告》获授 350,000 股限制性股票，其中第一期限制性股票（对应获授股票总量的 40%）的解锁期自 2013 年 6 月 7 日起，第二期限制性股票（对应获授股票总量的 30%）的解锁期自 2014 年 6 月 7 日起，第三期限制性股票（对应获授股票总量的 30%）的解锁期自 2015 年 6 月 7 日起。现王某根据上述《激励计划》及《授予协议》的相关规定，诉请要求上海某家化公司对王某持有的第二、三期 315,000 股上海家化股权激励股票给予解锁。而上海某家化公司则以王某曾经受过记过处分、董事会有酌定权作出限制性决定及董事会、股东大会已通过解除王某董事职务并回购注销王某尚未解锁股票的议案为由，拒绝为王某持有的股票解锁。对此，本院认为，《授予公告》中已明确王某持有的 350,000 股限制性股票中，第一期限制性股票（对应获授股票总量的 40%）的解锁期自 2013 年 6 月 7 日起，第二期限制性股票（对应获授股票总量的 30%）的解锁期自 2014 年 6 月 7 日起，第三期限制性股票（对应获授股票总量的 30%）的解锁期自 2015 年 6 月 7 日起。王某在 2014 年 6 月 7 日第二期限制性股票解锁期时仍为上海某家化公司的董事，其 2013 年度的考核结果亦为合格，符合《激励计划》及《授予协议》中关于第二期股权激励股票解锁的条件。此后，上海某家化公司对王某做出的记过处分并不影响到第二期解锁条件已经成就。上海某家化公司称其依据《激励计划》对于激励股权处置具有酌定权，且已先后召开董事会、股东大会决定回购王某尚未解锁的315,000股激励股票。对此，根据《激励计划》的约定，公司董事会对于该计划规定范围之外的情形，可根据激励对象的具体情况酌情做出处置，但本案上海某家化公司对限制性股票不予解锁的理由属于《激励计划》所列的情形，故上海某家化公司应对王某持有的第二期157,500股限制性股票给予解锁。综上所述，一审法院对本案所做出的认定处理并无不当，本院应予维持。据此，依照《中华人民共和国民事诉讼法》第一百七十条第一款第一项之规定，判决如下：

驳回上诉，维持原判。二审案件受理费人民币34,368.80元，由上诉人上海某家化公司负担。

本判决为终审判决。①

① 本部分来源于相关判决书主文，限于篇幅，有所删减，读者可自行查阅判决书全文，以全面了解案情。案件若有后续上一级法院生效判决，则以最终的生效判决为准。

用境外公司进行股权激励，员工离职后，境内公司能否回购激励股权

股权激励—争议焦点

本案的焦点在于：李某的期权系英国塔苏某集团所授予，在其离职后，塔苏某上海公司是否有权对李某的激励股权予以回购？

案例来源

上海市第一中级人民法院 李某与塔苏某上海公司劳动合同纠纷一案二审民事判决书

法院观点解读

【上海市第一中级人民法院】认为：本院另查明：一、塔苏某上海公司员工手册第 4.3 条费用条款的内容为“请参照附件中的塔苏某中国费用申请政策”；二、员工手册第 4.4 条股票交易条款的内容为“任何员工被提醒，在交易塔苏某集团的股票前必须经过执行主席的批准。公司秘书处有相应的表单。任何涉及塔苏斯股票交易的疑问应当被提交塔苏某集团秘书处”；三、“塔苏某上海员工手册讨论会参会人员签到表”上的署期为 2015 年 7 月 31 日。以上三节事实可由在卷证据佐证。

关于股票期权款，因并非基于本案劳动关系而产生的劳动报酬争议，不

属于劳动关系受案范围，因此本院在本案中不予处理，李某可另行主张。综上所述，李某的上诉请求不能成立，应予驳回；塔苏某上海公司的上诉请求，部分成立。

股权激励—败诉原因

本案中，李某最终二审败诉，其要求塔苏某上海公司回购其激励股份的要求未被法院支持，其败诉引发企业家对于以境外上市作为激励股权授予主体的相关问题思考。

随着境内公司赴境外资本市场上市成功，涉及的股权激励问题也随之受到关注。本案中，首先需要明确的一点就是，李某虽然作为塔苏某上海公司的员工，却与塔苏某境外公司约定期权相关的权利义务，并授予其一定数额的境外公司期权。那么，李某在与上海公司终止劳动合同后，应该是由上海公司还是境外公司对其股权予以回购?

本案中，李某持有一份股票期权证，记载李某于 2011 年 3 月 25 日被授予“持有以每股普通股 143p 的价格购买塔苏某集团有限公司不超过 2000 股影子普通股，每股价格为 5p 的影子现金期权”。股票期权证落款处签名人身份为“董事 / 秘书”。

而关于李某要求股票期权的诉请，该请求为商事争议，不属于劳动争议受理范围。塔苏某集团有限公司的股权激励对象是全球各国分公司、子公司的员工，而非仅针对塔苏某上海公司的员工，李某能够获得塔苏某集团的股权是基于其是塔苏某集团的一分子。此外，塔苏某上海公司如果回购李某的股权属于对外投资，因外汇管制，也无法实际履行。而且从回购主体来看，根据该股票期权证，塔苏某集团（境外）有限公司为该等股票期权的授权方，而不是塔苏某上海公司。

最终，二审李某败诉。

股权激励—风险预防

本案中，因境外公司授予期权而引起的纠纷，不得不引起企业家们的重视。在《股权激励方案》的设计中，笔者归纳以下风险预防，仅供参考：

境内企业赴海外上市是近年来一大趋势，涉及员工股权激励的行权及回购的问题，由于中国大陆境内实行严格的外汇控制，普通个人要进行超额的对外投资按照之前的规定都需要符合 75 号文的规定，但对普通的持股员工来说，这是困难重重的。

国家外汇管理局于 2012 年颁布了《关于境内个人参与境外上市公司股权激励计划外汇管理有关问题的通知》（汇发〔2012〕7 号），其中对适用于本通知的公司、员工等进行了详细定义。因此，如果公司是采用境外公司授予境内员工股权激励的，则需要重点关注上述外汇规定对股权激励计划的影响。

另外，在员工离职时，针对应该由境外公司对其进行回购股权，还是境内公司回购离职员工的激励股权的问题，公司和员工间往往会陷入长久的拉锯战。为避免公司陷入不利局面，建议由授予激励股权的境外公司和境内员工签订附有约定管辖的协议，约定由中国法院或者境外法院进行管辖，并由境外公司直接对股权激励下的权利和义务进行安排和管理。

典型案例

原审法院认定事实：2007 年 4 月 25 日，李某与中某上海 ×× 公司（以下简称“×× 公司”）签订劳动合同，约定合同期限自 2007 年 4 月

23日至2008年4月22日，××公司将李某派遣至公司的上海代表处工作，担任商务开发主管，双方还就其他事项做了约定。2014年6月25日，李某与塔苏某上海公司签订劳动合同，约定合同期限自2014年6月1日至2016年5月31日，李某担任项目经理，每月工资为13,341.67元，双方还就其他事项作了约定。

李某持有一份股票期权证，记载李某于2011年3月25日被授予“持有以每股普通股143p的价格购买塔苏某集团有限公司不超过2000股影子普通股，每股价格为5p的影子现金期权”。股票期权证落款处签名人身份为T的董事/秘书。2015年10月19日，李某向T提出行权申请。T工作人员于2015年11月2日通过电子邮件方式告知李某将会收到2011年购股权1,540英镑。

2016年2月18日，李某的上级领导J发送电子邮件给李某，主要内容为“根据要求，附件是你在2015年亚洲国际标签印刷展现场奖金计划”，附件为五张表格，记载总奖金为2,150英镑。

2016年2月29日，塔苏某上海公司以李某严重违反规章制度及诚信原则和职业道德为由，解除与李某的劳动合同。李某正常工作至2016年2月17日，工资结算至2016年2月29日。

2016年3月9日，李某的上级领导J发送电子邮件给李某，主要内容为：“关于你的费用报销和其他的支付要求，请见以下：从你2月4日的报销中，发来的所有费用超过6个月的不可以报销。因为这不符合公司的政策。所有的费用报销必须在所发生的6个月之内递交。将支付给你的是你2月4日报销的所有在6个月以内发生的费用，包括台湾行程取消所发生的额外费用。我今天会将这些支付付诸行动，报销费用很快会到你的账上。从2015年10月欠你的行使购股权，届时也会支付给你。你的佣金将会支付到你在塔苏某工作的最后一天，请见附件明细，请注意在1月份这栏里，是将要支付给你的总额。一旦这一栏的最后金额支付了，那即是你在2015年所应得的佣金。请注意，2015年亚洲国际标签展期间可获得的奖金将不会支付给你。现场奖金和佣金是自由支配的，在此情况下，公司将不再支付给你。”附件记载：“2015年欧洲标签展3,583.02”“2015年出境旅游交易会3,846.27”“2015年标签与贴标网站94.45”“2015年迪拜印刷包装展148.23”“2015年亚洲标签展5,116”“2015年年鉴36.10”“2015年标签与贴标杂志7.65”“合计12,831.72”。庭审中，双方确认上述款项塔苏某上海公司已支付。

原审法院认为，根据已查明的事实，李某于2012年7月6日作为股东注册成立A公司，该公司经营范围与塔苏某上海公司有一定的重合。李某在庭审中申请证人胡某出庭作证，证明其在成立A公司后告知了领导，但胡某在作证时陈述在其第一段在职期间李某告知了A公司的事情，但根据胡某的陈述，其第一段在职期间为2005年至2011年，而A公司于2012年7月8日注册成立，故胡某的陈述在时间上相互矛盾，其陈述原审法院不予采信。李某在职期间成立与塔苏某上海公司经营范围相似的公司，有违劳动者应负有的忠诚义务，塔苏某上海公司以李某严重违反规章制度及职业道德解除劳动合同，并无不当，李某主张赔偿金，原审法院不予支持。

因李某的上级领导J在塔苏某上海公司与李某解除劳动合同后，于2016年3月9日发送电子邮件给李某，就其离职后的相关提成、报销款等作出答复，且提到“从2015年10月欠你的行使购股权，届时也会支付给你”，塔苏某上海公司未能就J的身份提供相反证据，原审法院认定其系代表塔苏某上海公司做出意思表示，故塔苏某上海公司应支付李某股票期权款1,540英镑，李某按提出仲裁请求时的汇率折算成人民币

14,429 元，并无不当，原审法院予以支持。

依照《中华人民共和国劳动法》第七十八条、《中华人民共和国劳动合同法》第三十九条第二项规定，原审法院遂于 2017 年 1 月 19 日判决塔苏某上海公司于判决生效之日起 7 日内支付李某股票期权款 14,429 元。

本院二审期间，当事人没有提交新证据。

本院认为，《中华人民共和国劳动法》第二十五条规定，劳动者严重违反劳动纪律或者用人单位规章制度的，用人单位可以解除劳动合同。本案 A 公司于 2012 年 7 月 6 日注册成立，而“塔苏某展览（上海）员工手册讨论会参会人员签到表”上的署期为 2015 年 7 月 31 日，塔苏某上海公司主张本案适用员工手册，因员工手册不具有溯及力，本院对该理由不予采纳。然，即便本案不能适用劳动手册，李某作为劳动者在职期间应负有忠诚义务，其在职期间成立与塔苏某上海公司经营范围相似的公司，并开展经营活动，应属于严重违反劳动纪律行为。因此，李某主张违法解除劳动合同赔偿金的上诉请求，本院不予支持。

关于 2015 年亚洲标签印刷展奖金、提成差额等请求，原审法院在查明事实的基础上已经充分阐述了判决理由与法律依据，本院经审核，并无不当。

关于股票期权款，因并非基于本案劳动关系而产生的劳动报酬争议，不属于劳动关系受案范围，因此，本院在本案中不予处理，李某可另行主张。

综上所述，李某的上诉请求不能成立，应予驳回；塔苏某上海公司的上诉请求，部分成立……

本判决为终审判决。①

① 本部分来源于相关判决书主文，限于篇幅，有所删减，读者可自行查阅判决书全文，以全面了解案情。案件若有后续上一级法院生效判决，则以最终的生效判决为准。

高管在境外公司的激励股权被没收，高管能否要求境内公司赔偿

股权激励—争议焦点

本案的焦点在于：戴某作为境内涂料公司在上海的副总经理，在离职后，境外公司没收其在境外公司的“全部”激励股权，戴某可否要求境内公司赔偿？

案例来源

上海市第二中级人民法院 戴某与某涂料（上海）有限公司返还原物纠纷二审民事判决书

法院观点解读

【上海市第二中级人民法院】认为：本案系财产损害纠纷，即一般侵权之诉，戴某以赔偿权利人身份提起本诉，理应就民事侵权责任的法律构成要件（即不法行为、损害后果、因果关系、主观过错）举证证明。讼争股票期权的授予主体并非上海公司、讼争股票期权的没收也不是上海公司所为，原审据此判决驳回了上诉人的侵权索赔主张，经核，与法不悖，并无不当，本院认可原审判决阐述理由。戴某上诉坚持主张要求上海公司承担讼争财产损害赔偿责任，但在二审中并未提供新的事实及新的证据可予有效地证明自己的

主张，亦缺乏相应的事实及法律依据可予直接否定上海公司的抗辩理由，故戴某的上诉请求理由不成立，本院对此不予支持。

股权激励—败诉原因

本案中，戴某二审最终败诉，其要求上海公司归回被没收的股权和赔偿损失的诉求未被法院支持，其败诉原因简析如下：

在本案中，副总裁兼亚太地区总裁致函戴某，明确公司与戴某建立劳动关系，戴某担任上海公司副总经理，戴某于2008年10月15日被授予无限制股权期权后戴某的部分股权行权得到确认。2011年4月21日，公司全球工业涂料高级副总裁致函戴某，通知与戴某的雇佣关系终止，并明确过去境外公司授予戴某的所有的权利立刻被收回。同日，股权托管服务部致函戴某，告知由于雇佣关系的变化，奖励戴某的4,666股无限制股权被取消。

而戴某败诉的主要原因在于：讼争股票期权属于境外公司的员工激励计划，本案激励股权期权的授予方是境外公司，而非境内上海公司。所以，戴某以上海公司没收其股权为由，要求上海公司归还其股权并赔偿损失的主张，难以得到法院的支持。实际上，戴某应向激励股权的授予方，即境外公司提起诉讼更为合适。

股权激励—风险预防

本案中，因境外公司授予股权激励而引起的纠纷，不得不引起企业家们的重视。在《股权激励方案》的设计中，笔者归纳以下风险预防，仅供参考：

在境外公司向境内分支机构高管实施股权激励中，需要特别注意适用法律的约定，如果对于适用哪国法律没有事先约定，双方很有可能会因为适用法律问题浪费大量的诉讼时间。

另外，在约定管辖法院时，需要切实考虑到激励人员的实际情况。对于境内公司的高管而言，如果管辖法院约定在境外，一旦因激励股权发生纠纷，激励高管则需要远赴重洋打跨国官司，不利于双方纠纷的解决。

典型案例

原审法院经审理查明，涂料公司于2012年3月23日经上海市工商行政管理局核准更名，出资人为威某公司。2003年8月7日，案外人威某公司副总裁兼亚太地区总裁致函戴某，明确公司与戴某建立劳动关系，戴某担任威某工业上海公司副总经理兼卷材涂料和一般工业涂料业务总经理职位。函件对戴某的工作地点、就职时间、年薪、奖金以及补贴、保险等福利作了明确，同时明确职工优先认股权，即总经理职位享有优先认股权，威某公司董事会每年会考虑戴某的优选认股权，数量根据戴某的职位、任务完成情况以及该年度授予的优先认股权总数来决定。戴某接受该项工作，担任涂料上海公司副总经理兼卷材涂料和一般工业涂料业务总经理。2008年10月21日，威某公司股权计划管理者股权托管服务部向戴某致函，通知戴某于2008年10月15日被授予无限制股权4,000股。2011年2月10日，戴某通过股权托管服务部进行股权行权得到确认，其中期权计划为91NTPlan的无限制股权4,000股，戴某行权两次，每次各1,333股，期权计划为09Omnibus的无限制股权5,000股，行权1,667股。2011年4月21日，威某公司全球工业涂料高级副总裁致函戴某，通知戴某与威某公司和其任何下属或关联公司（包括涂料上海公司）的雇佣关系于2011年4月18日终止，并明确过去涂料公司授予戴某的所有的权利立刻被收回。同日，BNY-Mellon股权托管服务部致函戴某，告知由于雇佣关系的变化，于2008年10月15日奖励戴宁的1,333股无限制股权和2009年10月21日奖励的3,333股无限制股权被取消。

2012年8月17日，涂料上海公司致函戴某，告知戴某在2011年2月10日行权的三笔公司股票期权共计收入62,786.52美元，需支付税金人民币87,174元后，方可向国家外汇管理局申请外汇调回和结汇，通知戴某于当月30日前联系公司缴纳税金。嗣后，戴某向公司支付了税金，涂料上海公司也代为缴纳个人所得税后代为申请外汇调回和结汇，并将结汇收入汇给戴某。后戴某向涂料上海公司主张剩余股权期权未果，遂诉至法院请求判令涂料上海公司：一、归还非法没收的股票期权4,666股（91NTPlan期权1,333股、09Omnibus期权3,333股），如不能归还，则赔偿经济损失人民币1,528,578.30元；二、赔偿戴某已行权股权的利息损失人民币45,445.10元、汇率损失人民币19,463.91元。

原审法院经审理后认为，本案争议焦点：一、讼争股票期权的性质；二、戴某名下股票期权被没收是否属于涂料上海公司对戴某名下物权的侵害。

主张法律关系存在的当事人，应当对产生该法律关系的基本事实承担举证责任。戴某主张涂料上海公司非法没收戴某名下股票期权，应当就此举证。由于戴某提供的证据对此节事实不能予以证明，法院对戴某主张难以采纳，对戴某要求涂料上海公司基于侵权行为而应承担相应赔偿责任的诉讼请求，不予支持。如果戴某认为名下股票期权不能因雇佣关系的解除而取消，应另主张相关权利。由于本案审理的是戴某提起的财产损害赔偿纠纷，非讼争股票期权的权益纠纷，故涂料上海公司认为本案应适用美国法的意见，法院不予采纳。原审中，涂料上海公司经法院合法传唤，无正当理由未参加第二次庭审，系无视法律之行为，相应后果由上海公司自负。原审法院据此作出判决：驳回戴某全部诉讼请求。

原审判决后，上诉人戴某不服，向本院提起上诉。

本院经审理查明，原审法院依据本案证据所认定的法律事实无误，本院予以确认。

本院认为，当事人对自己提出的诉讼请求所依据的事实或者反驳对方诉讼请求所依据的事实，应当提供证据加以证明；在作出判决前，当事人未能提供证据或者证据不足以证明其事实主张的，由负有举证证明责任的当事人承担不利后果。本案系财产损害纠纷，即一般侵权之诉，戴某以赔偿权利人身份提起本诉，理应就民事侵权责任的法律构成要件（即不法行为、损害后果、因果关系、主观过错）举证证明。基于讼争双方的举证结果及诉辩理由，原审经综合审查判断后认定讼争股票期权的授予主体并非涂料上海公司、讼争股票期权的没收也不是涂料上海公司所为，原审据此判决驳回了上诉人的侵权索赔主张，经核，与法不悖，并无不当，本院认可原审判决阐述理由。戴某上诉坚持主张要求涂料上海公司承担讼争财产损害赔偿责任，但在二审中并未提供新的事实及新的证据可予有效地证明自己的主张，亦缺乏相应的事实及法律依据可予直接否定涂料上海公司的抗辩理由，故戴某的上诉请求，理由不成立，本院对此不予支持。综上所述，原审认定事实清楚，判决并无不当，本院应予维持。据此，依照《中华人民共和国民事诉讼法》第一百七十条第一款第（一）项之规定，判决如下：

驳回上诉，维持原判。[①]

① 本部分来源于相关判决书主文，限于篇幅，有所删减，读者可自行查阅判决书全文，以全面了解案情。案件若有后续上一级法院生效判决，则以最终的生效判决为准。

激励员工在离职后，还可以要求分红吗

股权激励一争议焦点

本案的焦点在于：缪某某参与了公司股权激励并被授予了分红权，在离职后，其是否可以继续享受公司的分红？

案例来源

上海市第二中级人民法院 上海某制冷配件有限公司与缪某某股东出资纠纷上诉案

法院观点解读

对于缪某某离职后是否还可以享受分红，一审法院和二审法院的判决截然相反。

一审法院认为：至于分红，因无证据表明双方已约定离职后的分红计算方案，故仍应以入股时约定的分红标准计算缪某某应得的分红。因此，一审法院支持了缪某某离职后继续分红的诉请。

【上海市第二中级人民法院】认为：在缪某某已离职的情况下，制冷公司应承担归还该 9 万元给缪某某的义务。故制冷公司认为不应归还 9 万元的上诉理由，本院不予采纳。缪某某在制冷配件公司任职期间，双方明确 9 万元入股款系公司实施的内部员工激励机制，缪某某并未成为公司法意义上的股东，该股权认购也非公司股权的增加或转让，虽然双方并未约定离职后是否仍享有分红权利，但缪某某离职后仍享有分红权利，与制冷公司设立该激励措施的目的不符，也不符合公平、合理原则。因此，对缪某某要求离职后的分红诉讼请求，本院予以驳回。

股权激励—败诉原因

本案中，缪某某要求在离职后继续分红，二审最终败诉。其败诉原因简要分析如下：

缪某某曾于2003年至2010年在制冷公司工作，担任车间主任。2007年，公司实施内部员工激励机制，由包括缪某某在内的员工向公司入股，明确由公司按每年20%支付红利。同年10月，缪某某向公司入股9万元并领取由公司印制颁发的铸造车间股权证1份，明确股权登记人为缪某某，股权金额为9万元。

而缪某某的诉请是要求公司返还入股款9万元并支付2010年7月至2011年7月的分红18,000元。也就是说，缪某某作为激励员工，在离职后，他要求公司返还他入股款的同时，还应支付他离职后的分红。我们注意到，缪某某的激励股权并非是公司法意义上的股权，应区别于公司法意义上的股东分红。而缪某某既然离开了公司，也就是退出了股权激励计划，自然不应再享有公司激励股权的分红。

股权激励—风险预防

本案中，激励员工离职后的分红纠纷，不得不引起企业家们的重视。在《股权激励方案》的设计中，笔者归纳以下风险预防，仅供参考：

激励员工离职后，是否还能继续享受分红？这个问题其实是退出机制设计中需要考虑的要点。在本案中，我们特别注意到两点：一是本案的激励股权实际上属于虚拟股；二是制冷公司的股权激励方案中并没有约定离职后没有分红，这是本案股权激励计划设计中的一大疏漏。

因此，在虚拟股权的激励方案设计中，对于员工离职后的退出机制，除了约定离职后的股权回购条款，对于激励员工离职后是否继续享受分红，应在股权激励方案中进行明确规定。

典型案例

上诉人上海某制冷有限公司（以下简称“制冷公司”）因与被上诉人缪某某股东出资纠纷一案，不服上海市嘉定区人民法院民事判决，向本院提起上诉。本院依法组成合议庭公开开庭对本案进行了审理。上诉人制冷公司委托代理人金某、被上诉人缪某某的委托代理人汤某到庭参加诉讼。本案现已审理终结。

原审法院经审理查明：制冷公司成立于2002年1月28日，注册资本人民币300万元（以下币种均为人民币），登记股东为郑兆某、郑某。缪某某曾于2003年至2010年在制冷公司工作，担任车间主任。2007年间，制冷公司实施内部员工激励机制，由包括缪某某在内的员工向公司入股，明确由公司按每年20%支付红利。同年10月，缪某某向公司入股9万元，并领取由公司印制颁发的铸造车间股权证1份，明确股权登记人为缪某某，股权金额为9万元。2008年7月24日，缪某某领取红利10,500元；2009年7月13日、2010年7月8日，缪某某各领取当年分红18,000元。2010年8月，缪某某辞职。此后，缪某某向公司要求返还入股款，未果，遂向原审法院起诉，要求公司返还入股款9万元，并支付2010年7月至2011年7月的分红18,000元。

原审法院另查明：2007年7月，缪某某购买上海市嘉定区江桥镇临夏路某弄某号某室房屋，购房款579,414元由公司法定代表人之母冯某某支付，此后通过公司直接划账的方式，将缪某某的奖金、入股收益等划至冯某某账户用于还款。2010年间，冯某某向原审法院起诉，要求缪某某归还借款497,092元，原审法院以判决，缪某某应归还冯某某343,836元，本院二审维持原判。在该案二审期间，缪某某将公司就本案讼争的9万元入股款归还冯某某事宜向法庭陈述，要求予以扣除，冯某某不予认可。二审判决书以另案诉讼为由，对缪某某意见未予采纳。

原审法院认为：缪某某与公司之间的入股关系公司针对公司内部员工的激励措施，并非公司法意义上的股份认购。由于双方对入股期限未作约定，缪某某有权随时要求公司返还。现缪某某已离职，其要求公司返还入股款，合法有据，予以支持。至于分红，因无证据表明双方已约定离职后的分红计算方案，故仍应以入股时约定的分红标准计算缪某某应得的分红。缪某某的第二项诉请，亦与法无悖，予以支持。公司辩称已将缪某某入股款作为归还案外人冯某某借款支付冯某某，因冯某某在向缪某某提起的民间借贷纠纷中否认此节事实，生效法律文书对此亦未予扣减，故对公司辩称意见不予采纳。据此，原审法院依据《中华人民共和国公司法》第三十三条、《中华人民共和国民事诉讼法》第六十四条第一款之规定，判决：一、公司应于判决生效之日起十日内支付缪某某退股款90,000元；二、公司应于判决生效之日起十日内支付缪某某分红18,000元。公司如果未按判决指定的期间履行给付金钱义务，应当依照《中华人民共和国民事诉讼法》第二百二十九条之规定，加倍支付迟延履行期间的债务利息。一审案件受理费2,460元，减半收取1,230元，由公司负担。

原审判决后，上诉人制冷公司不服，向本院提起上诉称：原审法院判决所依据的事实不清和认定有误。本案中，所谓的员工入股非实质性的入股或公司法意义上的出资，也不是公司股权的实际转让或增加，是针对缪某某向公司法定代表人的母亲冯某某借款购房缩短还款周期的一种激励措施，但原审判决对此未予认定。公司已经将9万元还给了冯某某，原审中公司也提供了相关的材料，但原审也未予认定。其次，原审判决适用法律错误。缪某某于2010年8月离职，激励措施也已停止实施，故不存在分红的问题。综上，请求撤销原审法院判决。

被上诉人缪某某辩称：本案是公司面向公司内部员工的股权激励机制，双方明确约定了股金、分红等。至于分红的用途是由公司选择的。根据《合同法》的规定，债务人转让债务应得到债权人同意。故公司将9万元返还给冯某某是无效的，且缪某某在本案诉讼前并不知晓9万元已经归还，在缪某某与冯某某的另一案件庭审时，冯某某明确表示没有收到该9万元，判决书中也有认定。此外，股权入股时就已经约定了分红的问题，并没有约定离职后没有分红，缪某某有权要求2011年的分红。综上，请求维持原审判决。

本院经审理查明：原审法院查明的事实属实，本院予以确认。

本院认为：在缪某某诉冯某某、制冷公司民间借贷纠纷一案二审期间，缪某某将本案系争9万元要求在该案中予以扣减，但冯某某予以否认。鉴于缪某某系向公司入股，该款又未在民间借贷案件中予以扣除，公司是否将该款归还冯某某与缪某某并无直接法律上的关系，因此，在缪某某已离职的情况下，公司应承担归还该9万元给缪某某的义务。故公司认为不应归还9万元的上诉理由，本院不予采纳。缪某某在公司任职期间，双方明确9万元入股款系公司实施的内部员工激励机制，缪某某并未成为公司法意义上的股东，该股权认购也非公司股权的增加或转让，虽然双方并未约定离职后是否仍享有分红权利，但缪某某离职后仍享有分红权利，与公司设立该激励措施的目的不符，也不符合公平、合理原则。因此，对缪某某要求离职后的分红诉讼请求，本院予以驳回。原审判决对分红问题所作认定不当，本院予以纠正。

本判决为终审判决。[①]

① 本部分来源于相关判决书主文，限于篇幅，有所删减，读者可自行查阅判决书全文，以全面了解案情。案件若有后续上一级法院生效判决，则以最终的生效判决为准。

激励员工离职退出时，退股价格如何计算

股权激励—争议焦点

本案的焦点在于：出现了三个计算激励股权“退股价格”的标准，一是按照某上市公司的股票价值、二是按照《股权管理办法》的规定、三是按照《公司章程》的规定。那么，周某离职后，对其激励股权的退股价格应该按照哪个计算标准呢？

案例来源

上海市第一中级人民法院 周某诉上海某投资管理有限公司等公司决议效力确认纠纷一案二审民事判决书

法院观点解读

【上海市第一中级人民法院】认为：周某持有的投资公司3.18%的股权，其以案外人某公司上市股票价值来证明原审法院认定的本案股权转让价格错误，显然依据不足；同时本院注意到，在周某离职之前，投资公司也发生过股东离职后公司召开股东会，按股权管理办法和公司章程确定该离职股东所持公司股权的转让价格及指定受让人，周某在该些股东会决议上也予以签字。因此，本院认为，周某清楚并同意公司关于股权转让价格的计算方式。现周某二审中仍坚持要求通过第三方评估来确认本案股权转让价格，与公司的公

司章程不符，也缺乏相应的法律依据，故本院不予采信。原审法院依照投资公司股权管理办法确定本案股权转让价格，于法有据，本院亦予以确认。综上所述，周某的上诉请求依据不足，本院不予支持。

股权激励—败诉原因

本案中，离职股东周某最终败诉，其要求按照第三方评估价格计算退股价格，未能得到法院支持。其败诉原因简要分析如下：

需要注意的是，本案中，股权激励采用的是员工持股平台的方式，而投资公司在设计“股权激励方案”中最大的败笔在于离职股东的退股价格的计算方式，《公司章程》和《股权管理办法》两者的规定不相一致，相互矛盾，导致产生本案的纠纷。

《股权管理办法》规定，股东离职后或其要求转让股权的，应当按照其持有的股权上一年度末的对应净资产值（按照权益法计算）将公司股权转让给股东会决议指定的受让人员。而《公司章程》既规定公司股东会制定的《股权管理办法》是公司股权转让、股权管理的基本规章制度，对全体股东具有约束力；又规定股东离职或其要求转让股权的，应当按照其持有的股权上一年度末的对应净资产值（按照权益法计算）将公司股权转让给股东会决议指定的受让人员。

而周某之所以败诉，主要原因在于其要求按照第三方评估价格计算的标准，并非出于双方约定。另外，周某在以往公司股东离职的股东会决议上的签字，说明周某同意公司股权转让的计算方式。因此，周某在二审中以败诉收场。

股权激励—风险预防

实践中，因退出机制中的股权价格计算方式约定不明，而不断引发纠纷，不得不引起企业家们的重视。在《股权激励方案》的设计中，笔者归纳以下风险预防，仅供参考：

1. 公司对于“退出价格”未明确约定的，容易引发纠纷

在笔者的日常法律工作中，经常遇到的一类纠纷就是公司在实施股权激励的过程中，仅仅简单做了“激励员工离职的，激励股权须退股”等约定，而对激励股权的退股价格如何计算却未在《股权激励协议》中予以明确约定，导致引发纠纷。

2. 公司对于“退出价格”的规定相互矛盾的，则对公司不利

在股权激励的“退出机制”设计中，“退出价格”的规定最好能明确约定在《股权激励协议》中；另外，如果在《公司章程》也规定“退出价格”的话，则需要特别注意的是，《公司章程》和《股权激励协议》的规定不能相互矛盾。

3. 对于“退出价格”可制定“组合定价模式”

在笔者多年的实践中，常见的激励股权“退出价格”的计算方式主要有以下几种：

（1）按照激励股权的入股原价计算；

（2）按照公司的注册资本或者一定比例溢价计算；

（3）按照激励股权上一年度末的对应净资产值；

（4）按照第三方中介机构的评估价格；

（5）按照激励股权的入股原价 × 双方约定的比例或者固定价格。

综合以上五种计算方式的分析，激励股权的“退出价格”没有绝对优势的股权定价方式，公司应根据公司发展阶段的具体情况、不同的激励员工、不同的离职原因，制定“组合定价模式”。

典型案例

原审法院查明，上海某投资管理公司（以下简称“公司”）系于2010年5月18日成立的有限责任公司，注册资本330万元（人民币，下同），游某与周某均系公司股东，其中，周某持有公司3.18%的股权（出资额10.50万元，实际出资时间2010年5月）。

2010年5月13日，《上海某投资管理有限公司章程》制定形成，全体股东（包括周某）签字确认。该章程第7.01条规定：公司股东会制定公司《股权管理办法》;《股权管理办法》是公司股权转让、股权管理的基本规章制度，对全体股东具有约束力。第7.03条规定：股东离职后或其要求转让股权的，应当按照其持有的股权上一年度末的对应净资产值（按照权益法计算）将公司股权转让给股东会决议指定的受让人员。后公司章程进行修订，但上述条款内容未作变动。

2010年5月15日，《上海某投资管理有限公司股权管理办法》制定形成，全体股东（包括周某）签字确认。上述办法载明：公司系由上海NE数码喷印材料股份有限公司（以下简称“NE公司”）部分高级管理人员、核心技术人员、中层管理人员等出资设立的有限责任公司，注册资本330万元。公司设立的目的和主要的职能是持有NE公司的股权，通过管理持有的NE公司的股权，实现对NE公司相关人员的中长期股权激励。自本管理办法生效之日至NE公司首次公开发行的股票上市之日起12个月内，激励对象若发生因主动与NE公司解除劳动合同的……若激励对象的认购时间超过半年的，在按季度进行折算，不满一个季度不计的基础上，激对象承诺按照原始认购股权价格并加算8%年利率（不计复利，并扣除历年分红部分）将其持有的全部公司的股权转让给公司股东会认可的其他股东或第三人，激励对象作为公司股东的一切权利终止。上述办法后于2012年作修订，但上述条款内容未作变动。

2008年10月，周某入职NE公司。2013年6月20日，周某申请离职；同年7月13日，解除与NE公司的劳动合同关系。周某分别自NE公司取得2011年、2012年的股东分红（税后）6,554.17元、10,353.59元，共计16,908.30元。

2014年7月8日，公司发出临时股东会会议通知，内容为：公司临时股东会会议由公司执行董事即游某提议并召集，定于2014年7月22日在公司会议室召开。本次会议将就公司股东周某离职后，按照公司章程及股权管理办法的规定转让其所持公司股权等事宜作讨论和表决。

2014年7月22日，公司股东会会议如期召开，并形成“上海某投资管理有限公司临时股东会决议”一份，决议内容：因原股东周某辞职，故根据公司章程和股权管理办法的有关规定，同意将周某所持有的本公司3.18%的股权（原出资额10.5万元）以121,692元的价格转让给股东游某，其他股东放弃优先购买权。因公司股东发生变动，同意对公司章程的相关条款予以修订。公司应于股东发生变动之日起30日内，向登记机关申请变更登记，等等。表决结果，同意的占总股数的96.82%，不同意的占总股数的3.18%。除了周某，公司的其余股东自行或委托其他到会股东在决议上签字确认。

2014年7月24日，公司向周某发出《股权转让手续办理通知》一份，要求周某于2014年7月31日前来公司配合办理与股权变更登记相关的工商变更登记手续和备案手续。周某至今未予配合办理。

原审法院另查明，公司在工商部门备案的2012年度的会计报表显示，公司于2012年12月31日的所有者权益（或股东权益）合计3,382,385.17元。

原审法院认为，本案具有一定的特殊性，公司就股权转让事宜，已事先通过公司股权管理办法、公司章程的方式作出相应规定。系争股东会决议正是基于该前提而形成。就整个案件的处理而言，系争股东会决议是否有效，亦从根本上决定了游某的全部诉请可否得以支持。系争股东会，在召集程序、表决方式上未见违反法律、行政法规或者公司章程的情形，须重点审查的是系争股东会决议是否存在决议内容违反法律、行政法规无效的情形。根据已查明的事实，公司的股权管理办法、公司章程均对股权转让事宜作出规定。前者规定，激励对象承诺按照原始认购股权价格并加算8%年利率（不计复利，并扣除历年分红部分）将其持有的全部公司的股权转让给公司股东会认可的其他股东或第三人。后者则既规定公司股东会制定的《股权管理办法》是公司股权转让、股权管理的基本规章制度，对全体股东具有约束力；又规定股东离职或其要求转让股权的，应当按照其持有的股权上一年度末的对应净资产值（按照权益法计算）将公司股权转让给股东会决议指定的受让人员。在审理中，游某表示，其主张受让周某股权的价格是按照股权管理办法规定的方式计算所得，即转让价格为10.50万元（原始认购股权）×（1+0.08×4）−16,908.30元（2011年和2012年的分红）≈121,692元。周某则表示，无论按照股权管理办法还是章程计算所得的价格都有失公允，应通过中立第三方评估的价格来确定转让价格。原审法院认为：第一，从公司设立的目的和功能来看，是要实现对NE公司相关人员的中长期股权激励，周某是否在NE公司任职与其是否能继续持有公司股权密切相关。第二，公司的股权管理办法、公司章程均系经全体股东签字确认通过，具体股权转让办法是全体股东的意志，故对全体股东均具有约束力。现周某已从NE公司离职，即已发生股权转让的事由，周某应根据股东会的决议作股权转让，不存在强制周某转让股权的问题。第三，从形成时间来看，股权管理办法形成在后（即2010年5月15日），公司章程形成在前（即2010年5月13日），在两者发生冲突时，应以形成在后的股权管理办法来确定股权转让价格。第四，根据公司在工商部门备案的2012年度资产负债表，周某离职上一年度末即2012年末的净资产为3,382,385.17元，按照公司章程计算所得的转让价格为3,382,385.17元×3.18%＝107,559.85元，该价格低于根据股权管理办法计算得出的转让价格121,692元。从该角度而言，系争股东会决议确定以股权管理办法计算得出的转让价格121,692元将周某持有的3.18%股权转让给游某，并无不当。周某所称的以第三方评估的公允价格来转让股权，缺乏依据，故不予采信。综上，系争股东会决议不存在决议内容违反法律、行政法规无效的情形，应属有效。结合股权管理办法对纳印公司全体股东具有约束力该事实，游某与周某均应根据系争股东会决议来履行各自的权利义务。周某至今未作相应履行，游某要求确认周某持有的公司的3.18%股权归游某所有，游某据此向周某支付相应的股权转让价格，公司、周某办理相应的工商变更登记，并无不当。原审法院据此依照《中华人民共和国公司法》第二十二条第一款、第三十二条第三款的规定，判决：一、确认2014年7月22日形成的“上海某投资管理有限公司临时股东会决议”有效；二、周某持有的公司的3.18%的股权归游某所有；三、游某于判决生效之日起十日内支付周某股权转让款121,692元；四、公司于判决生效之日起十日内就上述第二项判决内容办理相应的工商变更登记手续，周某予以配合。一审案件受理费2,733元，减半收取计1,366.50元，由公司负担40元，周某负担1,326.50元。

判决后，周某上诉称：一、公司章程及股权管理办法的通过缺乏合法程序，公司以欺骗方式获得周某的签字，周某曾就条款内容的合法性和合理性要求公司予以修改，但一直未被采纳。二、NE招股说明书中记载的NE公司每股股票的价格远远高于原审认定的股权转让价格，本案股权转让价格应以第三方评估的价格为准，故请求二审法院撤销原审判决，依法改判驳回游某原审全部诉讼请求。

游某、公司均答辩称：公司的股权管理办法经公司全体股东签字确认，涉案股权转让价格亦根据股权管理办法计算得出，周某的上诉理由没有依据，故请求二审法院驳回上诉，维持原判。

二审审理期间，各方当事人均未提供新的证据材料。

本院经审理查明，原审法院认定事实属实，本院予以确认。

本院认为本案的焦点在于：一、2014年7月22日公司临时股东会决议是否有效；二、本案股权转让价格如何认定。针对争议焦点一，本院认为公司的公司章程和股权管理办法经过公司全体股东的签字确认，公司章程和股权管理办法对与公司解除劳动关系的股东所持有的公司股权的转让价格及受让人等进行了约定，该约定对全体股东均具有约束力。现系争2014年7月22日公司临时股东会决议无论是召集程序、表决方式还是决议内容均没有违反公司法的相关规定，故原审法院认定该决议有效，于法有据，本院予以确认。周某上诉称其系被公司欺骗而在公司章程和股权管理办法上签字，其曾多次提出修改公司章程和股权管理办法的相应条款等事实，没有相应证据予以佐证，故本院不予采信。针对争议焦点二，本院认为，周健持有的系纳印公司3.18%的股权，其以案外人NE公司上市股票价值来证明原审法院认定的本案股权转让价格错误，显然依据不足；同时本院注意到，在周某离职之前，公司也发生过股东离职后公司召开股东会，按股权管理办法和公司章程确定该离职股东所持公司股权的转让价格及指定受让人，周某在该些股东会决议上也予以签字。因此，本院认为，周某清楚并同意公司关于股权转让价格的计算方式。现周某二审中仍坚持要求通过第三方评估来确认本案股权转让价格，与公司的公司章程不符，也缺乏相应的法律依据，故本院不予采信。原审法院依照公司股权管理办法确定本案股权转让价格，于法有据，本院亦予以确认。综上所述，周某的上诉请求，依据不足，本院不予支持。原审判决正确，本院予以维持。据此，依照《中华人民共和国民事诉讼法》第一百七十条第一款第（一）项、第一百七十五条的规定，判决如下：

驳回上诉，维持原判。[①]

① 本部分来源于相关判决书主文，限于篇幅，有所删减，读者可自行查阅判决书全文，以全面了解案情。案件若有后续上一级法院生效判决，则以最终的生效判决为准。

购股权激励中，慧聪网能否对离职高管限制行权

股权激励—争议焦点

1. 慧聪网授予张某的“购股权”在其离职后，是否可以限制其行权？
2. 在张某离职后，其“购股权”是否随之失效？

案例来源

北京市高级人民法院 北京市第一中级人民法院 张某与慧聪网有限公司合同纠纷二审民事判决书

法院观点解读

【北京市第一中级人民法院】认为：本案双方当事人争议的主要问题是张某是否能够向慧聪网公司行权。本院认为，《购股权计划通知函》是张某向慧聪网公司行权的合同依据，张某行权亦应受通知函相关条款的限制。通知函载明：“本要约受不时发生效力的本计划规定的规限，本计划副本可从公司秘书处获得”“本计划包含某些允许购股权提前行使或可导致购股权失效的情况”。在慧聪网公司《招股章程》及购股权计划中，对于终止受聘日期前未行使购股权的权利立即终止、购股权失效等内容均进行了明确规定。一审法院据此认定因张某在行权之前离职，构成购股权失效情形，并判决驳回张某诉讼请求，有事实及合同依据。

股权激励—败诉原因

本案中，张某起诉慧聪网要求支付行权损失，一审、二审均败诉。其败诉原因简要分析如下：

慧聪网公司是属于在英属开曼群岛注册成立的外国法人。2003 年 12 月 17 日，慧聪网公司在香港创业板上市。张某作为慧聪网公司的股权激励对象，虽已获取慧聪网公司相应购股权，但其已于行权之前离职，上述事实构成购股权失效的情形。需说明的是，购股权计划系聪网公司依据公司实际情况给予员工的一种激励，此种激励不仅考量员工已有的工作业绩，而且将员工离职与否设置为行权条件。因此，张某在离职后，其购股权已经随之失效。

股权激励—风险预防

张某在离职后要求对激励股权进行行权，引发本案纠纷，不得不引起企业家们的重视。在《股权激励方案》的设计中，笔者归纳以下风险预防，仅供参考：

“购股权”通常来自公司的《购股权股权激励计划》，在股权激励中一般是指公司赋予激励对象有权在未来确定时间点或时间段内，按照预先约定的价格购买一定数量的股权。公司一般会对购股权的行使时间和行使条件作出一定的规定。当然，最重要的是，对于离职后购股权的处理，公司最好在《购股权股权激励计划》中作出明确预定。

实践中，离职后“购股权”的处理常见的主要有以下几种：

（1）自动失效，即公司在股权激励计划中规定，如果激励高管或者员工离职的话，则被授予的购股权自动失效。

（2）按照一定价格回购。考虑到离职员工对公司的业绩曾经做出的努力，公司会酌情考虑按照一定的价格回购激励员工的购股权。

（3）继续保留购股权，即无论员工是否离职，都不影响公司之前授予的购股权，激励员工在离职后依然可以行使购股权。

典型案例

上诉人张某因与被上诉人慧聪网有限公司（以下简称“慧聪网公司”）合同纠纷一案，不服中华人民共和国北京市海淀区人民法院民事判决，提起上诉。

张某向一审法院起诉请求：一、慧聪网公司支付张某行权损失人民币479,694.24元；二、慧聪网公司支付张某自2014年1月17日起至第一项诉请款项付清之日止的利息损失，按中国人民银行同期贷款基准利率计算；三、慧聪网公司承担本案诉讼费。

一审法院认定事实：2000年3月3日，慧聪网公司在英属开曼群岛注册成立，2003年12月17日，慧聪网公司在香港创业板上市。在上市申请资料中，慧聪网公司公开披露了首次公开招股前购股权计划（于2003年11月30日采纳）和购股权计划的购股权数量等内容。在《招股章程》特别是购股权计划中，写明采纳日期指2003年11月30日，为公司股东以决议案采纳购股权计划之日期。合资格人士指集团任何董事或雇员，以及董事会全权酌情决定已对或将对集团做出贡献之任何其他人士。要约指根据购股权计划之条款授出购股权之建议。购股权计划旨在向为公司利益做出贡献及为促进公司利益而不懈努力之合资格人士给予鼓励或奖励。当公司获取邀约函之副本，承授人于其中正式签署接受要约，并清楚列明接受之购股权数目，连同以公司为收款人之授出代价1港元之汇款，则该要约被视为已获接纳及与要约有关之购股权应被视为已授出及正式生效。终止受聘时之权利：倘尚未行使购股权之持有人因任何原因而不再为合资格人士，则购股权将于终止受聘日期失效及不可行使，惟董事会可另行决定购股权可按董事会厘定之额度于有关期间内（不得超过 90 日）行使之情况。终止受聘日期须为（i）倘持有人为本公司或其任何附属公司之雇员，则该日须为持有人在本公司或其任何附属公司之最后一个实际工作日，而不论有否支付代通知金；或（ii）其他非本公司或其任何附属公司之雇员，则该日须为终止其合资格人士关系之日。上述期限届满，则尚未行使购股权之权利立即终止，购股权失效。在慧聪网公司 2004 年披露的年报中显示，根据购股权计划已向 329 名承授人授出购股权合共可认购 1646 万股股份。

2004 年 2 月，慧聪网公司（中文名称原为“慧某国家资讯有限公司”，2006 年 11 月 6 日中文名称变更为现名）向张某出具《购股权计划通知函》，内容主要为：慧聪网公司董事会已通过决议，根据公司购股权计划向张某发出认购公司股本中每股面值为港币 0.1 元的股份的购股权要约，慧聪网公司是张某雇主的母公司，已在香港联合交易所有限公司创业板上市。年本要约受不时发生效力的本计划规定的规限，本计划副本可从公司秘书处获得；除非另有规定，在本函中所用术语与本计划中术语应具有相同含义。如果张某接受承诺，需签署本函尾部的承诺表格，并连同 1 港币（或等值人民币）汇款作为授予购股权的对价，返还至公司地址。通过对此要约作出接纳承诺，张某将根据授予的购股权所附条款和先决条件及本计划规定来持有任何授予的购股权，并将受本购股权计划通知函及本计划规定的规限。授予时间表：在满足先决条件下，购股权将按以下方式授出，要约日期一周年日或该日期后（第一年）授予购股权股份的 33.33%，要约日期二周年日或该日期后（第二年）授予购股权股份的 66.66%，要约日期三周年日或该日期后（第三年）授予购股权股份的 100%；如未满足先决条件，则以根据本要约考核规则可获得之购股权股份数目为授予基数，授予方式仍遵从上述安排。行使时间表：1、在要约日期一周年日或该日期后，张某可认购第一年授予的购股权股份数目（调低至最接近的整数）；2、在要约日期二周年日或该日期后，张某可认购第一年和第二年授予的购股权股份数目（调低至最接近的整数）减去此前已行使购股权的数目；3、在要约日期三周年日或该日期后，张某可认购第一年、第二年和第三年授予的购股权股份数目（调低至最接近的整数）减去此前已行使购股权的数目。受港交所不时施加的进一步限制（如有）的规限，购股权在授出或归属于张某时可能要自要约日期起，至发出要约后第十年最后一日止的十年期限过后而不能行使。在开始于紧随以下日期中稍早日期后的一个月后并止于结果公告之日的期间内，不可行使购股权：（a）董事会会议批准公司任何年度、半年度及季度报告之日及（b）集团（包括公司及其附属公司）任何财政年度、半年度及季度报告发布公告之日。本计划包含某些可允许购股权提前行使或可导致购股权失效的情况。受不时发生效力的本计划规定的规限，基于行使购股权而被分配的购股权股份将在其被分配日在所有方面与已发行股份享有同等权益，且将受公司现时有效的公司章程大纲及章程细则的所有规定及现时或本函日期后规限公司的所有法律和法规（包括但不限于创业板上市规则）的规限。购股权细节：总数目8万股，认购价格港币2.4元，对要约作出承诺的最晚日期2004年3月10日。张某在函件尾部承诺表格中写明："本人作为签字方，现根据一份与本函相同的函件，并受限于本计划，对公司授予的购股权作出承诺。我确认遵守本函中的条款并附上港币1.00元汇款（或根据中国人民银行汇率计算的等值数额人民币）。我进一步同意接受董事会就有关购股权问题所做出的所有决定和解释为具有约束力的、决定性的和终局的。"2014

年1月15日，张某通过邮寄方式向慧聪网公司发送申请行权的通知书，要求就购股权进行行权，慧聪网公司未办理张某的购股权行权事宜。

另查，1995年2月至2010年3月，张某就职于慧聪网公司旗下附属公司……

对于本案《购股权计划通知函》的具体效力。结合在案证据可知，慧聪网公司以通知函形式向其下属公司雇员发放购股权，其实质系结合雇员工作业绩以及贡献而发出的合同要约，其雇员以承诺表格形式签字予以确认，系对上述要约的承诺。根据本案情况，在张某与慧聪网公司之间，已通过上述交易程序形成合同关系，该合同关系未违背我国法律法规的强制性规定，系当事人的真实意思表示，应属有效。

对于张某是否可以行权的问题。该院认为，案中《购股权计划通知函》已有较为明确的约定内容，且写明该文件受到文件本身以及公司购股权计划的约束，并特别提示了上述购股权计划副本的获取途径、“本计划包含某些可允许购股权提前行使或可导致购股权失效的情况”等内容。作为公司雇员，张某应有条件知晓相应内容，且应严格受上述通知函和购股权计划条款约束。虽张某已获取慧聪网公司相应购股权，但其已于行权之前离职，上述事实构成购股权失效的情形。需说明的是，购股权计划系聪网公司依据公司实际情况给予员工的一种激励，此种激励不仅考量员工已有的工作业绩，将员工离职与否设置为行权条件，亦符合一般常理和做法。在此情况下，张某要求行权的诉请，已无依据。慧聪网公司关于此内容的抗辩事由，具有相应事实和法律基础，予以采信。

综上，一审判决：驳回张某的诉讼请求。

本院二审期间，当事人围绕上诉请求依法提交了证据。本院对一审查明的事实予以确认。

本院认为，因慧聪网公司系英属西印度群岛开曼群岛登记注册的外国公司法人，故本案系涉外民事法律关系诉讼。一审法院依据《中华人民共和国涉外民事法律关系适用法》的相关规定，并综合考量双方争议发生于中华人民共和国境内等情况，选择适用中华人民共和国法律作为本案适用实体法，双方当事人就上述准据法适用问题均未提起上诉，本院不持异议，仍依中华人民共和国法律作为本案审理适用的实体法。

经审理，双方当事人对于慧聪网公司以《购股权计划通知函》形式向下属公司员工发出购股权要约，员工以承诺表格签字的形式作出承诺，双方形成合同关系的事实，均未提出异议，本院予以确认，上述合同系双方当事人真实意思表示，不违反中华人民共和国法律、行政法规强制性规定，当属合法有效。

本案双方当事人争议的主要问题是张某是否能够向慧聪网公司行权。本院认为，《购股权计划通知函》是张某向慧聪网公司行权的合同依据，张某行权亦应受通知函相关条款的限制，通知函载明，“本要约受不时发生效力的本计划规定的规限，本计划副本可从公司秘书处获得”“本计划包含某些允许购股权提前行使或可导致购股权失效的情况”“将受公司现时有效的公司章程大纲及章程细则的所有规定及现时或本函日期后规限公司的所有法律和法规（包括但不限于创业板上市规则）的规限”。在慧聪网公司《招股章程》及购股权计划中，对于终止受聘日期前未行使购股权的权利立即终止，购股权失效等内容均进行了明确规定，一审法院据此认定因张某在行权之前离职，构成购股权失效情形，并判决驳回张某诉讼请求，有事实及合同依据。

张某上诉称，慧聪网公司并未在创业板公开购股权计划，《招股章程》亦是针对特定主体、特定区域、特定途径公开的特定法律文件，不针对员工持股，故对张某没有约束力，张某也无从知晓上述文件的内容。对此本院认为，如前所述，慧聪网公司已经在《购股权计划通知函》中载明了张某可以获知购股权计划的渠道，也明确《购股权计划通知函》受公司现时有效的公司章程大纲及章程细则、创业板上市规则等规限公司的法律、法规的约束，张某未及时获知上述内容，并不构成其可以违反《购股权计划通知函》的规定，在离职后继续行权的事由，其该项主张，无事实及法律依据，本院不予采信。

张某上诉称，慧聪网公司拟定的《购股权计划通知函》系格式条款，未提示张某注意行权限制条款，上述限制条款应作出不利于慧聪网公司的解释。对此本院认为，格式条款其突出的特点是提供商品或服务的企业预先拟定，不与合同对方当事人进行磋商。而本案《购股权计划通知函》系慧聪网公司根据员工工作业绩、企业经营发展需要而给予特定员工的股权鼓励或奖励，且制定了多种不同版本的《购股权计划通知函》，其内容和形式并不符合格式条款的特点。且上述通知函中关于行权限制的条款，其本意是要求员工在公司继续任职，为公司创造经营业绩，并非加重员工责任，一审法院认定购股权计划系慧聪网公司依据公司实际情况而给予员工，不仅考量员工已有的工作业绩，亦将员工离职与否设置为行权条件，符合一般常理和做法，并无不当。本院对张某的该项上诉意见亦不予采信。

综上所述，张某的上诉请求不能成立，应予驳回；一审判决认定事实清楚，适用法律正确，应予维持。依照《中华人民共和国民事诉讼法》第一百七十条第一款第一项规定，判决如下：

驳回上诉，维持原判。①

① 本部分来源于相关判决书主文，限于篇幅，有所删减，读者可自行查阅判决书全文，以全面了解案情。案件若有后续上一级法院生效判决，则以最终的生效判决为准。

公司回购离职员工激励股权，是否须经其配偶同意

股权激励—争议焦点

本案争议焦点主要在于：婚姻关系存续期间，夫妻一方离职时转让激励股权，未经配偶同意的，转让效力如何判断？

案例来源

上海市第一中级人民法院 赵某诉张某股权转让纠纷一案二审民事判决书

法院观点解读

【上海市第一中级人民法院】认为：2015年6月20日《有限合伙协议》应作为张某离职后是否应当出让合伙份额以及出让价款的依据。原审对此认定并无不当。张某与王某间的转让价格根据2015年6月20日《有限合伙协议》约定应为合理价格。王某受让合伙份额是否存在恶意。赵某认为王某受让价格过低，存在恶意。如上所述，转让价格符合《有限合伙协议》约定，并不存在过低情形。且王某在受让过程中并不知晓赵某与张某处在离婚诉讼过程中，本案目前也无证据证明王某与张某存在恶意串通的情形，故本院认为王某受让合伙份额应属善意。工商部门的登记并非是转让的生效条件，仅是转让结果的公示，系争合伙份额的实际转让不以工商登记为标准，故张某与王某之间的转让已经完成。

综上，赵某的上诉请求无事实和法律依据，本院不予支持。

股权激励—败诉原因

本案中，张某的丈夫要求确认妻子转让激励股权的行为无效，然一审、二审均败诉。其败诉原因简要分析如下：

1. 婚姻关系存续期间获得财产权益，一般属于夫妻共同财产

依据我国婚姻法及相关法律规定，婚姻关系存续期间获得的财产权益，一般为夫妻共同财产，但是，夫妻双方对财产归属另有约定，或属于夫妻个人财产的除外。

本案中，妻子张某因为股权激励而获得B合伙企业的合伙份额，属于夫妻共同财产。按照公司股权激励文件的相关约定，在张某离职时，公司有权对张某的激励股份进行回购的安排。据此，张某离职时，其持有的合伙份额应依约予以转让。张某未经其丈夫同意即将合伙份额转让，构成无权处分。因而，公司法定代表人王某能否作为善意第三人取得涉案合伙份额则是本案焦点所在。

2. 夫妻一方未经配偶同意转让名下股权并非当然不具有法律效力

王某能否善意取得张某转让的合伙份额，主要考量以下因素：一是受让人取得合伙份额时是否善意；二是受让人是否支付合理对价；三是合伙份额是否已经交付。而丈夫赵某之所以败诉，原因在于：受让人王某是依约善意取得合伙份额，支付了合理的价格，并且已经完成交付。因此，王某可以善意取得合伙份额。

股权激励—风险预防

对于公司回购离职员工的激励股权，是否需要经其配偶同意的问题，须引起企业家们的重视。在《股权激励方案》的设计中，笔者归纳以下风险预防，仅供参考：

我们想象一下，如果公司实施了一系列的股权激励，当有一天激励员工要求离职，公司开始回购该离职员工的激励股权时，该离职员工的配偶却极力反对，那么，公司不得不面临的问题是：如果回购激励股权时，未经离职员工的配偶同意，公司对离职员工的回购股权行为是否无效？如果回购行为无效，是否意味着该激励股权无法收回？

我们注意到，夫妻一方单独进行股权转让的行为是否有效，各地法院的司法观点不一。本案中，法院适用善意取得制度来判断转让行为的效力。而在公报案例彭丽静与梁喜平、王保山、河北金海岸房地产开发有限公司股权转让侵权纠纷案（2008）中，司法观点可以归纳为：夫妻一方在对方不知情情况下签订股权转让合同，即使程序上存在瑕疵，但由于有理由让他人相信是夫妻真实意思表示，夫妻一方行为构成表见代理，不具有对抗善意第三人的效力。

在目前的司法实践中，对于夫妻一方转让股权的效力，是适用善意取得制度，还是表见代理来判断，裁判规则不一。因此，企业家们在设计离职员工的退出机制时，须谨慎制定退出规则。

典型案例

原审法院经审理查明：赵某与张某于2010年4月29日登记结婚。2015年5月26日，张某向原审法院提起离婚诉讼，2015年11月13日原审法院作出民事判决，判决准予赵某与张某离婚。张某原为上海A有限公司（以下简称“A公司”）员工，王某为A公司法定代表人。上海B合伙企业（以下简称“B合伙企业”）系成立于2014年4月25日的有限合伙企业，企业出资额为人民币15万元，执行事务合伙人（普通合伙人）为冯某某。2014年12月3日，张某因A公司的员工股权激励计划从案外人王某处受让B合伙企业0.5137%的合伙权益，实际转让价格为38,400元，成为B合伙企业的有限合伙人。

2015年2月28日，B合伙企业的普通合伙人冯某某与张某及其他有限合伙人签订一份《有限合伙协议》，在合伙权益转让一节中约定：若任何有限合伙人与A公司的雇佣关系或劳动关系被终止或结束，则普通合伙人或其指定的人士有权立刻按照该有限合伙人对本合伙企业的实缴出资额加5%年利息受让该有限合伙人在本合伙企业的全部财产份额。2015年4月21日，B合伙企业的合伙人重新签订《有限合伙协议》，并将合伙权益转让一节改为：有限合伙人没有出现过错而被A公司终止雇佣关系、或双方协商一致解除雇佣关系，则该有限合伙人有权继续持有其在本合伙企业中的财产份额。

2015年6月20日，B合伙企业的合伙人再次签订《有限合伙协议》，在合伙权益转让一节中再次约定：若任何有限合伙人与A公司（包括A公司的关联企业）的雇佣关系或劳动关系被终止或结束，则普通合伙人或其指定的人士有权立刻按照该有限合伙人对本合伙企业的实缴出资额加5%年利息受让该有限合伙人在本合伙企业的全部财产份额。2015年6月16日，张某向A公司申请离职，且双方签订解除劳动合同协议书，确认自2015年6月17日起不再存在劳动关系。2015年9月1日，张某与上海C有限公司（以下简称“C公司”）签订劳动合同，并自即日起至C公司就职。

2015年7月27日，张某、王某及案外人冯某某签订《有限合伙企业权益转让协议》。协议中指明“有限合伙企业”指B合伙企业的合伙人于2015年6月20日签订的《上海B合伙企业（有限合伙）》及其经适当程序通过的修正案或修改后的版本。合同同时约定：张某将其持有的B合伙企业0.5137%的合伙权益（对应的实缴出资额770.58元）以40,320元价格转让给王悦；交割条件为每一份递交文件均被所有其应有的签署方适当签署并交付，就工商登记所需程序性文件而言，已经被交付给普通合伙人，普通合伙人向工商局递交的递交文件已经被工商局受理，在遵守各项条件的前提下，本协议拟议之拟售出资额及其对应的有限合伙权益之转让的交割应于本协议规定的有关交割条件被满足或被豁免后第二个工作日北京上午十点在买方办公室发生。张某、王某及案外人冯某某签订《有限合伙企业权益转让协议》后，迄今未将转让协议及相关资料递交工商部门办理。对此，张某表示其认为张某、王某之间的合伙权益交割已经完成，对张某、王某之间的交割条件已经豁免。

原审法院认为，张某在与赵某夫妻关系存续期间获得B合伙企业合伙权益，该项财产应属于夫妻共同财产，现张某在未经赵某同意下处分了前项共同财产，系无权处分。故本案的焦点在于，王某是否为善意第三人，张某、王某签订的《有限合伙权益转让协议》是否有效。

依据《中华人民共和国物权法》相关规定，善意第三人取得无权处分人处分的动产需满足三个要件：受让人受让该动产是善意的；以合理的价格转让；转让的动产依照法律规定应当登记的已经登记，不需要登记的已经交付。根据这三项要件，原审法院结合本案事实予以分析。首先，王某的受让是否善意。赵某认为王某系A公司法定代表人，赵某及张某先后在A公司工作，故王某对赵某及张某婚姻关系应明知。王某认为，对赵某及张某之间的夫妻关系并不知情。原审法院认为，尽管王某系A公司法定代表人，但无法由此推定其知晓所有员工的婚姻状况，且从王某提交的证据来看，张某在其员工信息登记中并未填写赵某系其配偶的信息，故难以认定王某明知赵某及张某为夫妻关系的事实。此外，从2015年6月20日的《有限合伙协议》来看，张某在离职后应将其持有的B合伙企业的权益转让，张某于2015年6月17日离职，之后其转让合伙权益的行为不属于恶意转让。赵某认为张某重新任职的C公司属于A公司的关联公司，但其提供的证据不足以证明两公司系关联公司，即便为关联公司，赵某亦无法证明张某可据此不转让B合伙企业合伙权益，故赵某认为王某非善意的主张原审法院不予采信。其次，张某、王某之间的转让价格是否合理。赵某认为，因案外人D公司将进行资产重组，故B合伙企业将持有D公司26,906,776股股权，张某将间接持有D公司138,220股股权，折合股价总价应为8,120,425元，即便依照《收购报告书》中的记载，A公司的所有者权益为53,791.70万元，张某持有的B合伙企业的价值应为14.50万元，两者均远高于张某、王某约定的转让价格40,320元。

原审法院判决如下：驳回赵某的诉讼请求。原审判决后，赵某不服，提起上诉

本院经审理查明：原审判决查明事实属实，本院依法予以确认。本院认为：一、系争合伙份额的转让是否应依据B合伙企业2015年6月20日的《有限合伙协议》，张某与王某间的转让价格是否合理。张某于2015年6月16日申请离职，与B合伙企业签订解除劳动合同协议书，确认自2015年6月17日起不再存在劳动关系。但是张某在2015年6月20日签署《有限合伙协议》时尚未将合伙份额出让，张某当时仍然是B合伙企业的合伙人，故2015年6月20日《有限合伙协议》应作为张某离职后是否应当出让合伙份额以及出让价款的依据。原审对此认定并无不当。张某与王某间的转让价格根据2015年6月20日《有限合伙协议》

约定应为合理价格。二、王某受让合伙份额是否存在恶意。赵某认为王某受让价格过低，存在恶意。如上所述，转让价格符合 2015 年 6 月 20 日《有限合伙协议》约定，并不存在过低情形。且王某在受让过程中并不知晓赵某与张某处在离婚诉讼过程中，本案目前也无证据证明王某与张某存在恶意串通的情形，故本院认为王某受让合伙份额应属善意。三、系争合伙份额的转让，双方约定交割条件为每一份递交文件均被所有其应有的签署方适当签署并交付，现张某与王某均已签署转让协议且双方均认为已经实际交付，工商部门的登记并非是转让的生效条件，仅是转让结果的公示，系争合伙份额的实际转让不以工商登记为标准，故张某与王某之间的转让已经完成。综上，赵某的上诉请求无事实和法律依据，本院不予支持。原审所作判决并无不当，本院予以维持。

据此，依照《中华人民共和国民事诉讼法》第一百七十条第一款第（一）项、第一百七十五条及第一百一十八条之规定，判决如下：

驳回上诉，维持原判。①

① 本部分来源于相关判决书主文，限于篇幅，有所删减，读者可自行查阅判决书全文，以全面了解案情。案件若有后续上一级法院生效判决，则以最终的生效判决为准。

激励股东拒绝支付股权转让款，公司能否无偿收回股权

股权激励—争议焦点

本案的焦点在于：电器公司以股权转让的方式授予激励股权，在激励员工拒绝支付股权转让款时，公司是否可以无偿收回股权？

案例来源

上海市第一中级人民法院 上海某动力电器有限公司诉杨某股权转让纠纷一案二审民事判决书

法院观点解读

本案中，一审、二审的判决结果截然不同！

一审判决电器公司败诉，无权收回激励股权；而二审大逆转，支持了电器公司无偿收回股权的诉请，电器公司胜诉。

【上海市第一中级人民法院】认为：本院认为双方签订于2010年3月23日的《股权转让协议》应视为电器公司对于杨某的股权激励。而杨某并无证据证明其已支付相应股权对价，故本院认定杨某就涉案5%公司股权未支付相应款项。按照2010年3月23日的《股权转让协议》约定，电器公司有权无偿收回杨某5%公司股权。本院亦注意到电器公司主张杨某无偿归还公司股权就是配合电器公司办理该股权转让给电器公司指定第三方的相关工商登

记手续。电器公司以指定第三人与杨某进行股权转让的方式，而非直接收购股权的方式，并不会导致公司注册资本降低继而损害第三人利益，本院对电器公司的上诉主张予以支持。

股权激励—败诉原因

本案中，激励股东杨某虽一审胜诉，然二审败诉，法院二审判决其应将激励股权无偿返回给公司。其败诉原因简要分析如下：

本案虽表面上看起来是一个股东之间的股权转让纠纷，但实则是电器公司进行的股权激励安排。在退出机制的设计上，双方约定激励股东杨某保证在公司工作 5 年以上，如杨某 5 年内（在 2015 年 3 月 23 日前）离职，公司将以杨某实际投入金额的价格回购杨某持有的 5%股权。实际投入金额是指杨某通过每月还款的总累计数；杨某在公司处工作超过 5 年，即 2015 年 3 月 23 日（含）后，如果离职或转让股份，股权转让按照公司法有关规定执行或协商解决。

而杨某之所以败诉的主要原因在于：杨某未按照股权激励的约定支付股权的对价，且未满 5 年即离职，因此电器公司有权无偿收回其激励股权。

股权激励—风险预防

本案中，电器公司虽二审胜诉，但一审败诉的结果依然值得企业家们重视。在《股权激励方案》的设计中，笔者归纳以下风险预防，仅供参考：

本案电器公司的股权激励设计最大的疏漏在于：约定“杨某自协议签订之日起即享有股东权利”。不得不说，这是本案股权激励设计的一大败笔！

股权激励是否需要员工花钱买？还是无偿赠与给员工？相信这个问题难倒了很多的企业家。依据笔者设计过的诸多案例来看，让员工花钱买股权，抑或无偿赠与，取决于激励对象的具体情况和公司股权激励方案的整体设计，不能一概而论。如果公司在股权激励设计中采用员工出资的方式，那么，激励员工如果出现拒绝支付股权对价的情形，应在《股权激励协议》中对于员工的违约责任进行约定，例如可约定支付违约金、暂停分红等责任。这样可以有效预防激励员工因不支付股权对价而引发的风险。

当然，对于需要支付激励股权对价的员工何时享有股东资格，需要在协议中进行明确约定。谨记，公司切勿轻易许诺“激励员工自协议签订之日起即享有股东权利”。

典型案例

上诉人上海某动力电器有限公司（以下简称“公司”）因与被上诉人杨某请求变更公司登记纠纷一案，不服上海市闵行区人民法院一审民事判决，向本院提起上诉。

经原审法院审理查明，公司于2003年8月13日成立，注册资本人民币（以下币种相同）50万元。案外人陆某系公司股东之一。

2010年3月1日，陆某作为甲方与作为乙方的杨某、丙方谢某、丁方季某、戊方陈某共同签订一份股权转让协议，约定：甲方将所持有的公司5%股权（作价10万元）2%股权（作价4万元）2%股权（作价4万元）1%股权（作价2万元）分别转让给杨某、丙方、丁方、戊方。

2010年3月23日，公司与杨某签订一份“股份购买协议书”，约定由杨某以10万元购买公司5%股权，购买形式为杨某从乎 × 公司处预借现金。自协议生效起的次月，公司每月从杨某的工资中扣除2,000元，直至扣满10万元为止；杨保证在公司处工作5年以上。如杨某5年内离职，即在2015年3月23日前，公司将以杨某实际投入金额的价格回购杨某持有的5%股权。实际投入金额是指杨某通过每月还款的总累计数；杨某在孚×公司处工作超过5年，即2015年3月23日（含）后，如果离职或转让股份，股权转让按照公司法有关规定执行或协商解决；杨某自协议签订之日起即享有股东权利。协议对竞业禁止也作了约定。

2010年3月29日，陆某出具收据，言明收到陈某2万元、公司18万元。

2012年5月17日，公司以杨某至今未按协议支付投资款，有违公司诚信价值观为由，形成股东会决议：杨某在未向股东会全款支付投资款之前，不享有孚×公司5%股权的权利，以及股东的其他任何权利。

庭审中，杨某陈述于2012年9月被迫自孚×公司处辞职。

经原审法院释明，公司明确其主张的无偿归还就是配合公司办理该股权转让给司指定第三方的相关工商登记手续。

原审法院认为，涉案公司性质为有限责任公司。法律对公司收购本公司股份有限制性规定。本案中，公司所谓收购了案外人股权并不符合法定收购情形，公司不是持有自己股权的适格主体。尽管"股份购买协议书"中约定有"以10万元购买公司5%股权"之内容，但随后又明确了"购买形式为杨某从公司处预借现金"之内容。所以，从该份协议书的上述内容亦可以看出，公司与杨某之间只是形成了民事借贷法律关系。况且，2010年3月1日的股权转让协议亦已明确了争议股权出让人为案外人陆某，受让人为杨某。至于公司依据"股份购买协议书"约定的股权回售的请求权基础事实，原审法院以为，公司股东退出公司有两种方法：一是转让股权；二是由公司收购其股权。由于公司收购股权可能会损害第三人的利益，为有效平衡股东利益与债权人的利益，公司法对此进行了严格的法律规制，规定了公司收购股权不仅要具备法律规定的情形，还要经过一系列必要的法律程序。因此，公司现要求杨某配合公司办理该股权转让手续，无法律依据。据此，公司的请求权基础不符合《中华人民共和国公司法》第一百四十三条第一项的规定情形，依据《最高人民法院关于民事诉讼证据的若干规定》第二条的规定，判决：驳回公司的诉讼请求。公司不服原审判决，向本院提起上诉。

根据2010年1月至2012年7月的工资明细，本院认定如下事实：自2010年3月23日公司与杨某签订《股权转让协议》起至杨某从公司离职，公司每月未从杨某工资中扣除2,000元。

经审查，原审查明的其余事实无误，本院予以确认。

本院认为，根据本案双方当事人的诉、辩称意见，本案争议焦点为杨某是否应无偿归还公司5%的股权，并协助办理相关工商登记手续。

第一，当事人对自己提出的诉讼请求所依据的事实或者反驳对方诉讼请求所依据的事实有责任提供证据加以证明。没有证据或者证据不足以证明当事人的事实主张的，由负有举证责任的当事人承担不利后果。杨某主张2010年3月23日《股权转让协议》无效则应提供相应证据，然而某并未提供相应证据，且该协议并未违反相关法律法规的强制性规定，故本院认为2010年3月23日公司与杨某签订的《股权转让协议》系双方当事人真实意思表示，真实、有效，双方当事人均应恪守协议约定。结合本案已查明的事实，本院认为双方签订于2010年3月23日的《股权转让协议》应视为公司对于杨某的股权激励。股权激励是公司以一定方式授予公司经营者、雇员股权，使其能以股东身份参与决策，分享利润，承担风险，从而勤勉尽责地为公司服务的一种激励制度。2010年3月1日杨与案外人陆某的《股权转让协议》并非独立于2010年3月23日的《股权转让协议》。虽然形式上是陆某将5%公司股权转让给杨某，但5%股权转让对价是由公司直接支付给陆某，且结合公司与杨某2010年3月23日的《股权转让协议》中约定的内容，本院认为陆某将5%公司股权转让给杨某、公司向陆支付转让对价系乎 × 公司为有效执行该股权激励计划的具体步骤，杨某、公司间的法律关系并不能简单地认作民事借贷法律关系。

第二，根据杨某签字确认的2012年5月17日公司股东会决议，杨某截至此日并未按约支付投资款，另根据2010年1月至2012年7月的工资明细，公司已举证证明其并未每月从杨某工资中扣减2,000元，而杨某并无证据证明其已支付相应股权对价，故本院认定杨某就涉案5%公司股权未支付相应款项。

第三，一审法院所依据的《中华人民共和国公司法》第一百四十二条系对股份有限公司收购本公司股份的限制规定，并非对有限责任公司的限制。本案中，公司系有限责任公司，并不适用该法律规定。另外，2010年3月23日的《股权转让协议》第2条约定如杨在5年内离职，即在2015年3月23日前，公司将以杨某实际投入金额的价格回购公司持有的5%股权。实际投入金额是指杨某通过每月还款的总累计数。现杨某已离职且未实际投入金额，故按照2010年3月23日的《股权转让协议》约定，公司有权无偿收回杨某5%公司股权。本院亦注意到公司主张杨某无偿归还公司股权就是配合公司办理该股权转让给公司指定第三方的相关工商登记手续。公司以指定第三人与杨某进行股权转让的方式，而非直接收购股权的方式，并不会导致公司注册资本降低继而损害第三人利益，本院对公司的上诉主张予以支持。

综上，原审法院认定事实及适用法律错误，本院依法予以改判。依据《中华人民共和国民事诉讼法》第一百七十条第一款第（二）项、第一百七十五条之规定，判决如下：

一、撤销一审判决；

二、被上诉人杨某于本判决生效之日起10日内将5%某电器有限公司股权无偿转让给上诉人指定的第三人并办理相关股权转让手续。

本判决为终审判决。①

① 本部分来源于相关判决书主文，限于篇幅，有所删减，读者可自行查阅判决书全文，以全面了解案情。案件若有后续上一级法院生效判决，则以最终的生效判决为准。

技术入股的股权激励，员工是否需要出资

股权激励—争议焦点

本案的焦点主要在于：孙某主张以技术入股的方式获得激励股权，故无须支付出资款的诉请能否得到法院支持？

案例来源

上海市第一中级人民法院　孙某与上海甲电子科技有限公司股东出资纠纷上诉案

法院观点解读

【上海市第一中级人民法院】认为：一方面，孙某既未提交书面证据直接证明，其系因股权激励而获得系争股权的，也未提交证据证明其曾与甲公司或公司的其他股东约定其无须支付系争款项即可获得系争股权；另一方面，根据孙某关于甲公司曾承诺其不需要实际出资，而是以奖金形式来解决其出资的陈述来看，孙某是需要支付股权转让款的，只是以公司所发的奖金来支付股权转让款，现孙某以甲公司未向其支付奖金为由拒绝支付系争款项，有悖法律规定，本院不予采信。

股权激励—败诉原因

本案中，孙某一审、二审均败诉，法院二审判决其履行股东出资义务。其败诉原因简要分析如下：

对于孙某的股权是否需要其本人出资，孙某与电子公司的说法截然相反。孙某主张该股权是其技术入股的激励股权，是因为公司的股权激励计划而获得该 5% 股权，故无须缴纳出资款。而电子公司全然否认该股权是基于股权激励授予孙某的，公司要求孙某缴纳出资款。

孙某二审依然败诉的主要原因在于，在“证据为王”的民事诉讼中，对于是否因股权激励而获得股权，孙某未能向法庭提供相应的证据。在缺乏关键证据的情况下，法庭对于该股权是否属于激励股权，及是否属于技术入股的股权，均难以作出判断。而对于该股权是否需要缴纳出资款，股权转让协议则明确了孙某的出资义务。

股权激励—风险预防

在《股权激励方案》的设计中，笔者归纳以下风险预防，仅供参考：

笔者在日常为企业设计《股权激励方案》中，发觉一个比较有意思的现象，就是技术人员的股权激励往往会占到一个很大的比重。特别在一些高科技企业中，技术人员占股权激励总人数 90% 以上的情况比比皆是。

而在对于技术人员的股权激励中，企业往往会陷入“技术入股”的误区，最终混淆了“股权激励”和“技术入股”，导致后期发生纠纷。需要注意的是，如果对技术人员进行“股权激励”，尽量不要采取“技术入股”的模式，而应该以该技术人员的技术成果和贡献来确定股权激励的模式。当然，如果该技术人员有专利技术，则可以该专利技术成果入股。

对技术人员的“股权激励”中，较为敏感的一点是技术人员获得该激励股权是否需要出资的问题，须在《股权激励协议》中明确作出约定，并且最好在衡量公司采取的股权激励模式、技术人员的技术价值、股权激励的平台等因素上确定具体的价格机制。

典型案例

原审法院经审理查明：2006 年 10 月 20 日，由案外人王某、李某某共同出资设立甲公司，甲公司章程的第四章第五条中约定：王某认缴出资额为人民币 80 万元，首期 30 万元，出资时间 2006 年 9 月，第二期 50 万元，出资时间 2008 年 8 月；李某某认缴出资额 20 万元，第二期 20 万元，出资时间 2008 年 8 月。

2006 年 10 月 23 日，由李某某作为出让方（甲方），陈某某（乙方）方某某（丙方）孙某（丁方）作为受让方签订股权转让协议，协议约定：一、甲方将所持有的公司 20% 股权（原出资额 20 万元）中的 10 万元占出资额 10% 转让给乙方；5 万元占出资额 5% 转让给丙方；5 万元占出资额 5% 转让给丁方，未到位部分由受让三方按原公司《章程》约定的出资期限继续履行，其他股东放弃优先受让权。二、附属于股权的其他权利随股权的转让而转让。三、受让方应于本协议签订之日起，向出让方付清全部股权转让款。四、承诺和保证。甲、乙、丙、丁四方承诺：以受让方向出让方付清全部股权转让价款为基准日。交易基准日前，由甲方按出资比例承担在标的公司的债权债务；交易基准日后，由乙、丙、丁三方按出资比例承担在标的公司的债权债务。

2006 年 10 月 23 日，甲公司经股东会决议，修正原公司章程第四章第五条，变更为：……孙某认缴出资额 5 万元，第二期 5 万元，出资时间2008年8月。修正案末尾由王某、陈某某、方某某、孙某签字。

原审法院认为，股东的出资是公司资本的来源，全体股东的出资总和构成了公司的资本总额。而股东的出资义务是指股东应当足额缴纳公司章程中各自认缴的出资额，它是股东基于其股东地位，为公司目的之需要所负的对公司的一定给付的义务。股东承担出资义务，一方面是公司资本制度的内在要求，同时也体现了保护交易安全的需要。孙某虽非甲公司的设立股东，但其从设立股东李某某处通过股权转让的方式，获得了相应的股份。且孙某与李某某所签订的股权转让协议体现了双方当事人的真实意思表示，协议依法成立，并未违反法律、行政法规中效力性的强制性规定，协议当属有效，对双方当事人均具有合同约束力。而该份股权转让协议中亦明确约定对于出让股权的李某某未到位部分的出资，受让股东按照甲公司章程约定的出资期限继续履行。另按照孙某与其他公司股东共同签署的章程修正案的规定，章程修正案中明确规定了孙某认缴出资的出资期限为2008年8月。然直至甲公司起诉之日，早已超过了甲公司章程规定的截止出资期限，而作为甲公司股东之一的孙某仍旧未能履行股东的出资义务。甲公司据此要求孙某缴纳相应的出资有事实及法律依据，原审法院对甲公司主张的诉请予以支持。据此，原审法院依照《中华人民共和国公司法》第二十六条第一款、第二十八条之规定，判决孙某应于判决生效之日起十日内向甲公司缴纳出资款5万元。一审案件受理费525元（已减半收取），由孙某负担。

一审判决后，孙某不服，向本院提起上诉称：一、甲公司成立后，孙某在甲公司工作。甲公司为激励公司骨干员工，提出以技术入股的方式激励员工，孙某因此通过签署股权转让协议获得甲公司5%的股权。孙某签署股权转让协议、章程修正案，均是应当时甲公司的法定代表人王某要求而在指定地点、文件指定处签署。当时，甲公司承诺孙某不需要实际出资，并以孙某工作期间的奖金来解决，但孙某在甲公司处工作期间未获得任何形式的工资及福利。二、孙某从未享有过股东的任何权利，仅是公司的挂名股东，故其不应向甲公司出资。三、孙某是通过股权转让方式获得股权的，即使孙某需要出资，其应当向股权出让人李某某缴付股权款。因此，孙某请求撤销原判，依法改判驳回甲公司的诉请。

甲公司答辩认为，股权转让协议已经明确孙某有继续出资的义务，不存在孙某主张的股权激励情况。至于孙某是否享有股东权利，应另案处理，与本案无关。因此，甲公司请求驳回上诉，维持原判。

双方当事人均未在二审审理期间提交新的证据。

本院经审理查明，原审法院查明的事实均属实，本院予以确认。

本院认为，孙某签署系争股权转让协议及甲公司章程修正案的行为，表明孙某受让李某某所持有的甲公司5%股权的真实意思表示，合法有效，各方当事人应按约履行。本案二审争议的焦点在于：一、孙某是否应支付系争款项；二、孙某应向谁支付系争款项。

关于孙某是否应支付系争款项的问题。孙某上诉主张，其是因股权激励而获得系争股权，甲公司承诺其不需要实际出资，并以孙某在甲公司工作期间的奖金形式来解决的，故其不需要支付系争款项。甲公司对孙某的此项上诉理由不予认可。对此，本院认为，一方面，孙某既未提交书面证据直接证明，其系因股权激励而获得系争股权的，也未提交证据证明其曾与甲公司或公司的其他股东约定其无须支付系争款项即可获得系争股权。另一方面，根据孙某关于甲公司曾承诺其不需要实际出资而是以奖金形式来解决其出资的陈述来看，孙某是需要支付股权转让款的，只是以公司所发的奖金来支付股权转让款，现孙某以甲公司未向其支付奖金为由拒绝支付系争款项，有悖法律规定，本院不予采信。

关于孙某应向谁支付系争款项的问题。孙某上诉提出，即使其需支付系争款项，其应向股权出让人李某某支付，而不是向甲公司支付。对此，本院认为，甲公司设立时的注册资本是以认缴出资的形式确定的，李某某认缴的 5 万元出资额的出资时间为 2008 年 8 月，在 2006 年 10 月 23 日李某某向孙某出让系争股权时，李某某尚未支付该出资款，故系争股权转让协议明确由孙某继续履行李某某向甲公司的出资义务，并未约定孙某向李某某支付股权转让款。由此，可以认定，孙某受让甲公司股权的对价就是向甲公司缴纳 5 万元出资款。因此，原审法院据此判决，并无不当，本院依法予以维持。

另外，孙某提到其未享受过股东的任何权利的诉请，不属于本案审理范畴，孙某可另案主张。

综上，上诉人孙某的上诉请求及事实理由，缺乏事实和法律依据，本院不予支持。原审判决认定事实清楚，适用法律正确，本院依法予以维持。据此，依照《中华人民共和国民事诉讼法》第一百五十三条第一款第（一）项、第一百五十八条、第一百零七条之规定，判决如下：

驳回上诉，维持原判。①

① 本部分来源于相关判决书主文，限于篇幅，有所删减，读者可自行查阅判决书全文，以全面了解案情。案件若有后续上一级法院生效判决，则以最终的生效判决为准。

技术股认购后，员工是否可以获得激励股权

股权激励—争议焦点

本案的焦点在于：技术公司与王某签订的《技术股认股协议》是否无效？王某能否依此成为技术公司的股东？

案例来源

上海市第一中级人民法院 王某诉某光电技术（上海）有限公司股权转让纠纷一案

法院观点解读

【上海市第一中级人民法院】认为：首先，系争协议约定上诉人王某在满足特定条件下可认购和配发的是股票而非股权，且该份协议系甲公司与王某之间签署，如果系股权赠与或者股权转让协议，应是由甲公司的股东熊某某与王某之间签订，由熊某某将其在甲公司的股权转让给王某，故该协议并非上诉人所主张的股权转让或者股权赠与协议，王某不能依据该协议成为甲公司的股东；再次，从协议的缔约目的来看，甲公司作为有限责任公司无法发行股票，该协议的签约目的应是为了对高级管理人员的激励措施，而将公司所拥有的资产虚化为股票，从2009年和2010年甲公司对王某的奖金分红中也可以看出，王某所拥有的技术股的数量是甲公司对员工进行激励的一个

重要的考量因素。结合上述几点，本院认为本案所涉协议并非是股权转让协议或者股权赠与协议，双方当事人签署该份协议的真正目的在于甲公司在满足特定条件下给予王某一定的激励，王某不享有股权，而只享有一定的经济利益。

股权激励—败诉原因

本案中，王某认为其以技术股认购公司股票，应为技术公司的股东，王某要求公司赔偿认股协议无效后的损失，一审、二审均败诉。其败诉原因简要分析如下：

对于《技术股认股协议书》是否无效的问题，一审和二审的观点截然不同。

一审法院认为，《技术股认股协议书》无效；而二审法院认为，《技术股认股协议书》有效！

我们注意到，在技术公司实施的激励计划中，对于王某以“技术股认股”后，是否可以成为公司的股东，双方意见不一。技术公司认为，“技术股认股”后，仅仅作为向激励员工发放奖金的依据，而非将股权赠与给了王某。而王某认为，他既然已经认购了该部分股票，当然可以成为公司的股东。

但是，技术公司作为有限公司而非股份公司，无法发行股票。技术公司对员工实行的“技术股认股”是公司内部的一种激励政策，以虚化的技术股数量为依据向激励员工发放奖金，而非直接授予股权给王某。故而，王某不能依据“技术股认股”而获得公司股权。

股权激励—风险预防

本案中，因“技术股认购”引发的纠纷不得不引起企业家们的重视。对于本案技术公司的《股权激励方案》中的几个败笔，我们总结如下：

败笔一：技术公司是有限公司，却要求员工认购“股票”。

在股权激励的方案设计中，认购“股票”一般仅在Pro-IPO，或者公司上市之后进行，主要以“股权激励认股权计划”或者“股权激励期权计划”的方式进行。如果公司根本就没有进入Pro-IPO阶段，却以认购“股票”的形式进行股权激励，一则容易引起员工误解引发纠纷，二则因为上市遥遥无期，就不容易达到激励效果。

笔者在日常给一些企业设计股权激励方案时，发现一些规模很大的有限公司，甚至也会用网上随意下载的一个模板进行股权激励，其中不乏使用认购“股票”、赠送“股票”“股票激励”等协议，从而为后期的纠纷埋下了隐患。

败笔二：在认股协议中未约定每股股票对应的金额。

实际上，本案在一审中被法院认定为无效协议，有很大一部分因素在于在认股协议中未约定每股股票对应的金额。试想一下，如果每股股票对应的金额没有明确，那么，究竟是属于公司无偿赠与该部分股票给员工，还是按照注册资本金进行计算？

因此，在日益高涨的“技术股认股”的股权激励中，企业需要对激励方案进行全面设计，以达到能够真正激励技术骨干的目的，以避免“股票分出去了，但激励效果没达到”的悲剧。

典型案例

上诉人王某为与被上诉人某光电技术（上海）有限公司（以下简称“甲公司”）股权转让纠纷一案，不服上海市松江区人民法院（201×）松民×（商）初字第××××号民事判决，向本院提起上诉。

原审法院经审理查明，2007年4月1日，王某作为乙方、甲公司作为甲方签订技术股认股协议书1份，约定为激励王某并谋王某长期利益与甲公司业务发展相结合，甲公司同意提供其部分股票供王某认购，认购条件："1、甲方同意提供本公司技术股票总数150,000股股票供乙方认购或配发，时程依乙方到职日2007年4月1日起于甲方服务年资（未满两年无认购或配发），满两年得以认购或配发总数之百分之十五，计22,500股；满三年得以认购或配发总数之百分之三十五，计52,500股；满四年得以认购或配发总数之百分之五十五，计82,500股；满五年得以认购或配发总数之百分之一百，计150,000股。2、乙方得经甲方同意后将上述乙方已取得之股票依面值或净值换算为等值之现金或其他有价证券。3、……"协议书并对股票转让等事宜进行了约定。协议签订后，甲公司在2009年、2010年均给予了王某一定的奖金分红。

原审法院认为，当事人行使权利、履行义务应当遵循诚实信用原则。本案中，王某、甲公司虽然都在技术股认股协议书上签字盖章，但双方对于合同的理解存在分歧。王某认为该协议系股权激励协议或股权转让协议，甲公司认为系公司内部的奖金分配依据。原审法院认为，王某、甲公司签订的协议书的抬头为"技术股认股协议书"，根据协议书的字面意思理解，甲公司应提供其部分技术股票供王某认购或配发，但事实上，甲公司系有限责任公司，而非股份有限公司，并不存在所谓的技术股票，且协议书中约定甲公司提供技术股票总数15万股股票供王某认购或配发，但协议书并未明确每股股票所对应的金额，也未明确王某的占股比例。因此，原审法院认为无法根据协议书的内容推断出协议书的真实意思表示。由此可见，王某、甲公司双方并没有就协议书达成合意，该协议书并未成立，自然无效。退一步讲，即使如王某所述，技术股认股协议书成立，系股权激励协议或股权转让协议，其是通过公司配发的形式获得股票的，该协议书也是无效的。理由如下：首先，如前所述，甲公司的公司性质决定其不可能有股票用以配发；其次，甲公司系外商投资企业，所有的股权转让或增资行为必须经过政府审批生效，而王某作为境内自然人不可能成为外商投资企业的股东，故协议书必然无法通过政府审批而归于无效。合同无效后，因该合同取得的财产，应当予以返还。现甲公司明确表示不要求王某返还已获得的款项，原审法院予以准许。王某认为，甲公司对于合同无效存在过错，应当赔偿王某所受到的损失。原审法院认为，因为无效合同的处理以恢复原状为原则，故因合同无效而受到的损失，应以实际已经发生的损失为限，不应当赔偿期待利益，现王某主张的损失并非实际发生的损失，故原审法院不予支持。综上，原审法院依照《中华人民共和国合同法》第三条、第五十二条第（五）项、第五十八条、《中华人民共和国外资企业法》第二条的规定，判决如下：一、确认王某与甲公司于2007年4月1日签订的《技术股认股协议书》无效；二、驳回王某的其他诉讼请求。一审案件受理费人民币18,977元，减半收取人民币9,488.50元，由王某负担（已付）。

一审判决后王某不服，向本院提起上诉。

本院经审理查明，原审判决认定事实正确，本院予以确认。

本院认为，本案争议的焦点在于：一、本案所涉协议的性质和效力如何界定？二、甲公司是否应当赔偿王某主张的损失？三、原审程序是否违法，熊某某是否应作为本案被告？

关于系争技术股认股协议的性质，双方当事人存在争议。上诉人王某认为该份协议系股权转让或者股权赠与协议，而被上诉人甲公司则认为该份协议主要是公司为员工发放奖金的依据，如果甲公司上市后，王某可以认购这些股票。本院认为，首先，系争协议约定上诉人王某在满足特定条件下可认购和配发的是股票而非股权，且该份协议系甲公司与王某之间签署，如果系股权赠与或者股权转让协议，应是由甲公司的股东熊某某与王某之间签订，由熊某某将其在甲公司的股权转让给王某，故该协议并非上诉人所主张的股权转让或者股权赠与协议，王某不能依据该协议成为甲公司的股东；其次，双方当事人在签订本案所涉协议时，甲公司系有限责任公司，根据现行法律之规定是无法发行股票的，王某作为公司的高级管理人员对此应是明知的，故应当探寻当事人真正的缔约目的；再次，从协议的缔约目的来看，甲公司作为有限责任公司无法发行股票，该协议的签约目的应是为了对高级管理人员的激励措施，而将公司所拥有的资产虚化为股票，从 2009 年和 2010 年甲公司对王某的奖金分红中也可以看出王某所拥有的技术股的数量是甲公司对员工进行激励的一个重要的考量因素；最后，本院注意到，未有证据证明在系争协议签订后至王某向原审法院起诉前，王某曾向甲公司或者甲公司的股东要求确认其股东身份。结合上述几点，本院认为本案所涉协议并非是股权转让协议或者股权赠与协议，双方当事人签署该份协议的真正目的在于甲公司在满足特定条件下给予王某一定的激励，王某不享有股权而只享有一定的经济利益。上诉人王某认为该份协议是股权转让协议或者股权赠与协议的主张缺乏事实和法律依据，本院不予采信。

关于系争协议的效力，本院认为系争协议系当事人真实意思的表示，依法有效成立。该份协议并不存在违反《中华人民共和国合同法》第五十二条规定的无效情形，未违反法律、行政法规的强制性规定，应为有效。上诉人王某以境内个人无法成为外资公司股东、有限责任公司无法发行股票为由主张该份协议无效的主张缺乏事实和法律依据，本院依法不予支持。

关于上诉人王某主张的损失，本院认为，系争协议系有效协议，不存在无效的情形，王某以合同无效为由主张相应的损失于法无据，本院不予支持。如前所述，所涉协议并非股权赠与协议或者股权转让协议，王某不能依此成为甲公司的股东，即便甲公司依法发行股票，该股票亦需王某以认购或配发的方式有偿获得而非无偿获得，故上诉人王某无权依据该份协议主张技术股的现金价值。关于上诉人王某主张的其余损失系公司对员工给予一定的奖励性质，属于劳动争议的范畴，不在本案审理范围内，其可以通过其他的法律途径予以救济。

综上，上诉人王某的上诉请求无事实和法律依据，本院不予支持。判决如下：

一、撤销上海市松江区人民法院（201×）松民×（商）初字第××××号民事判决；

二、驳回上诉人王某原审全部诉讼请求。

本判决为终审判决。[①]

① 本部分来源于相关判决书主文，限于篇幅，有所删减，读者可自行查阅判决书全文，以全面了解案情。案件若有后续上一级法院生效判决，则以最终的生效判决为准。

第二章

名为股权赠与，实为股权激励

最高院：退出条款模棱两可，高管离职后赠与股权难收回

股权激励—争议焦点

本案的焦点在于：双方约定的“以原值38万元除以服务年限支付股权”究竟应该如何理解？大股东能否收回所有赠与股权？

案例来源

最高人民法院 广东省高级人民法院 柴某与李某股权转让纠纷上诉案

法院观点解读

【最高人民法院】认为：鉴于李某不能提供证据证明其向柴某支付过股权转让款，应认定柴某与李某签订的《股权转让协议》未实际履行，李某系根据《关于股份出让的有关规定》建立的附条件的赠与法律关系获得科技公司3.8%股权。柴某上诉主张其向李某赠与股份的事实成立，本院予以采信。原

审判决认为柴某与李某签订《关于股份出让的有关规定》后，未在《股东名册》上登记，属于尚待履行的赠送行为，该认定属于适用法律错误，本院予以纠正。

《中华人民共和国合同法》第一百九十二条规定，“受赠人有不履行赠与合同约定义务情形的，赠与人可以撤销赠与。”本案中，科技公司决定于2007年8月28日与李某正式解除劳动关系时，李某依据《关于股份出让的有关规定》自2003年1月1日持股后在科技公司服务了近四年零九个月，尚有四个月的服务时间未满，柴某上诉请求依据合同法可以行使撤销权的观点成立，但由于李某已经履行了赠与所附条件约定的大部分服务时间之义务，其请求撤销全部赠与的主张，本院不予支持，对李某服务时间未满足部分对应的股权，本院准许其撤销赠与。

股权激励—败诉原因

本案中，因退出机制设计的疏漏，导致大股东无法全部收回离职高管的股权，最后仅收回极少一部分股权。其败诉原因简要分析如下：

本案中的科技公司主要采用无偿赠与的方式实施股权激励方案，公司董事长柴某将名下股份（后市值约1.2亿）[①] 无偿转让给李某，聘用李某作为公司的董事和副总经理，并约定无论股票上市与否，李某从持有股票之日起，在公司服务时间不能少于5年，若中途退出，无论公司市值多少，一律按原值38万元计算，以原值38万元除以服务年限支付股权。

而在“以原值38万元除以服务年限支付股权”的理解上，双方出现了截然不同的意见。大股东柴某认为，该条款是对李某违约退出公司的约定，李某如果不到服务年限5年即离开公司，应将全部赠与的股权予以返还；而李

① 指按离职之日即2007年8月28日的收盘价为基础进行的计算。

某则认为双方并无离职须返还全部股权的约定。

由于双方对于退出条款的约定不明，因此，李某不到服务年限就退出公司是否应返还全部赠与股权，双方并没有任何明确的条款供法庭参考。最高人民法院依据附条件赠与的相关法律规定进行了判决。最终，大股东未能全部收回赠与股权。

股权激励—风险预防

本案中，大股东痛失 1 亿左右的股权，让人扼腕痛惜！大股东未能收回全部赠与股权的结果不得不引起企业家们的重视。在《股权激励方案》的设计中，笔者归纳以下风险预防，仅供参考：

如果公司在实施股权激励方案时，对于“退出机制”未能进行明确，则面临的最大风险在于，高管离职了，但其手中的股权却无法全部收回。

本案给人的警示在于，“退出条款”一定要约定明确，如果出现模棱两可的情形，甚至出现如本案中“退出条款”连最高院都无法理解的情况，那么，等于没有任何约定。而在没有约定“退出条款”的情况下，公司只能眼睁睁看着离职高管卷“股”而走，却无计可施。

典型案例

2000 年 8 月 31 日，李某通过南海市人才交流服务中心调入广东某光电科技股份有限公司（以下均简称“公司”）工作。

2002 年 10 月 30 日，公司法定代表人柴某与李某签订一份《关于股份出让的有关规定》，内容为：“鉴于李某先生在公司工作的重要性及未来发展需要，公司董事长柴某自愿将名下股份 38 万股（占现时公司总股本的3.8%）无偿转让给李某，股份的权益和责任规定如下：一、股份权益的享用从2003年1月1日生效。享受和其他股东同样的分配权益并承担相应风险责任。二、无论股票上市与否，李某从持有股票之日起，在公司服务时间不能少于5年，即2003年1月1日至2006年12月31日。若中途退出，无论公司市值多少，一律按原值38万元计算：以原值38万元除以服务年限支付股权。服务满5年后，其股票可按公司的实有资产（不包括无形资产）转让，或上市出售，公司有优先购买权。三、作为股东，必须以公司利益为最高利益，一旦出卖公司利益或违反保密条例，经董事会讨论，将丧失股权，并承担相应的经济、法律责任。四、作为股东，非公司允许，不得从事、兼职其他任何职业、职务；违反规定将承担由此造成的损失及赔偿。”

2003年12月26日，公司召开董事会，通过该公司年终按1000万元利润对股东进行分配。李某参加了会议，并在会议决议上签字确认。

2004年1月3日，李某从公司领取了2003年股东分红款38万元。

2004年7月15日，柴某与李某又签订一份《股权赠与协议》，内容为：“一、截至本协议签署之时，甲方合法持有公司70.6%的股权；二、甲方将其合法持有的公司0.70%的股权赠与乙方，乙方接受该等股权赠与；三、本次股权赠与的相关手续，依据相关法律法规办理；四、本协议自甲、乙双方签署之日起生效。”

同一日，李某签署一份《股权受赠承诺书》给公司。内容为：“鉴于柴某拟将其合法持有的公司0.70%的股权赠与本人，本人接受该等赠与。为此，本人郑重承诺遵守如下义务：一、自本人作出本承诺之日起五年内，本人如果以任何理由从公司主动离职，则本人应向柴某给予经济赔偿，赔偿金额按以下方法计算：1.本人离职之日，如果受赠股份未上市流通，赔偿金额＝受赠股份数 × 公司最近一期经审计的每股净资产值；2. 本人离职之日，如果受赠股份已上市流通，赔偿金额＝受赠股份数 × 离职之日公司股票交易收盘价。以上‘受赠股份数’指本人接受柴某赠与的股权在公司改制为股份公司后形成的股份数（含本人接受赠与至本人从公司主动离职之日期间送股及公积金转增股本）。以上‘离职之日’由公司人力资源部确定。二、本人自离职之日起三年内，不从事与公司相同或者相近的业务，以及其他与公司构成同业竞争的商业活动。如违反本承诺，则本人将向柴某再给予经济赔偿，赔偿金额的计算方法与本承诺书‘一’相同。本条所列的赔偿金额与前条所列的赔偿金额可以同时使用，即如果本人同时存在本承诺书所列的主动离职行为和‘二’所列的同业竞争行为，则本人须向某作出双倍的赔偿。三、本人承诺严格遵守公司的各项规章制度。”

公司对上述柴某赠与李某 0.70%股权事宜，办理了工商变更登记。

2006 年 10 月 25 日，公司经有关部门批准在深圳证券交易所上市……2007 年 7 月 25 日，李某向公司领导、董事会递交一份《辞职报告》。内容为：“近两年来，由于我心脑及体质方面原因，深感工作力不从心，常彻夜不眠，上班带来的巨大压力，长期得不到排解，身心感到很疲惫，医生要求要尽快减轻工作压力，静养才能缓解。现公司上市对未来的成长提出了更高要求，我深感体能已不能再承担现职务的重任。为了不影响公司目标的实现，本人经过慎重考虑，提出在今年七月末辞呈的请求，辞去董事及副总经理职务，请领导及相应机构给予尽早批准。”

根据公司在中国证券登记结算有限责任公司深圳分公司的交易记录，公司于 2007 年 8 月 28 日的股票收盘价为 20.05 元 / 股。李某所持公司0.7%股权现折合股票962,294股。按2007年8月28日公司股票的收盘价总计为19,293,994.7元。

另查：李某称其是以现金的方式向柴某支付购买公司3.8%的股权价款106.4万元。柴某未出具收据。

柴某向广东省高级人民法院提起诉讼，请求：一、判令李某返还其持有的公司5,223,886股股票给予柴某；二、判令李某赔偿柴某经济损失19,294,014.75元；三、李某承担全部诉讼费用。

一审法院认为：原审法院认为本案为股权转让合同纠纷。根据查明的事实，柴某和李某之间先后发生涉及公司3.8%和0.7%股权的两次转让行为。双方诉争焦点问题为：一、李某所持有的公司3.8%的股权是柴某无偿赠与还是李某有偿受让取得。柴某请求返还公司3.8%的股权的请求能否得到依法支持。二、李某的辞职是否符合《股权赠与协议》约定的赔偿条件。

《中华人民共和国民事诉讼法》第六十四条第一款规定，当事人对自己提出的主张，有责任提供证据。对于李某所持有的公司3.8%的股权是柴某无偿赠与还是李某有偿取得的事实，应根据双方当事人举证能够证明的事实确认……柴某并未提交证据证实其约定赠送给李某的公司3.8%股权已经在公司的《股东名册》作了登记。柴某提交的其他员工接受赠送股份的证据，也只能证明与其他员工的赠送关系，并不能证明柴某已经履行向李某赠送公司3.8%股权的事实。由于柴某对自己的诉讼请求负有举证责任，目前所举证据不能证明自己主张的事实，应承担举证不能的后果。柴某所主张赠送了李某3.8%公司股权的事实，该院不予认定。

李某的辞职是否符合《股权赠与协议》约定的赔偿条件问题。《股权赠与协议》和《股权受赠承诺书》，均是柴某与李某双方的真实意思表示，内容未违反法律和行政法规的禁止性规定，应确认合法有效。公司亦按赠与关系办理了公司股权的变更登记手续。柴某对李某的赠与公司 0.7%股权的行为已履行。李某并未否认受赠柴某的公司 0.7%股权的事实。柴某与李某通过签订《股权赠与协议》和《股权受赠承诺书》设立了赠与合同关系，约定了李某受赠后要在公司服务 5 年的义务。李某对受赠该部分股权作了三点承诺：一、如 5 年之内从公司主动离职要向柴某作出赔偿；二、如受赠股份未上市流通，赔偿金额＝受赠股份数 × 公司最近一期经审计的每股净资产值；如受赠股份已上市流通，赔偿金额：受赠股份数 × 离职之日股票交易收盘价。三、离职之日由公司人力资源部确定。这三点承诺是对受赠人李某违反赠与合同义务的赔偿责任约定。《中华人民共和国合同法》第一百九十条规定："赠与可以附义务。赠与附义务的，受赠人应当按照约定履行义务。"因此，李某违反赠与合同义务时，应当依约定对柴某承担赔偿责任。

根据《中华人民共和国合同法》第一百一十四条第一款，"当事人可以约定一方违约时应当根据违约情况向对方支付一定数额的违约金，也可以约定因违约产生的损失赔偿额的计算方法"的规定，李某应按《股权受赠承诺书》约定的违约赔偿办法，以 0.7%公司股权所折合的股票 962,295 股和 2007 年 8 月 28 日的该股票收盘价 20.05 元 / 股为计赔依据，向柴某承担赔偿责任。柴某请求判令赔偿经济损失 19,294,014.75 元，理由成立，本院予以支持。

综上，该院判决：一、驳回柴某对李某返还其持有的公司股票 5,223,886 股的诉讼请求；二、李某赔偿柴某 19,294,014.7 元。

柴某、李某均不服原审法院上述民事判决，向本院提起上诉。

本院认为，根据当事人的上诉和答辩意见，本案当事人争议的焦点有两个：一、李某从柴某处获得公司3.8%股权的根据及柴某是否可以要求返还该部分股权；二、李某签署《股权受赠承诺书》中关于赔偿金额计算条件“受赠股份已经上市流通”的意义以及李某应向柴某赔偿的数额。

关于焦点一，李某从柴某处获得公司3.8%股权的根据及柴某是否可以要求返还该部分股权。

2002年10月30日，柴某和李某签订了《关于股份出让的有关规定》，约定柴某将股份无偿转让给李某，但李某应在公司服务5年，即双方通过签订合同建立了附条件的赠与关系。2003年1月14日，公司董事会决议载明，由柴某拿出自己股份3.8%给李某享有，作为李某2年多来成绩的肯定。上述事实表明，《关于股份出让的有关规定》是双方当事人的真实意思表示，该内容不违反法律法规的禁止性规定，并得到了公司的认可，应认定合法有效。

2003年4月1日，公司在向广东省工商行政管理局申请办理李某为该公司股东时提交了《股东会决议》《公司章程修正案》《股权转让协议》，其中《股权转让协议》载明，柴某3.8%的股权（股金106.4万元）由李某受让，李某必须于2003年4月30日前将购买股权的款项全部付清给柴某。李某在一审期间向法庭陈述其向柴某支付了股权转让款106.4万元，并主张该《股权转让协议》替代了原来的赠与关系，其受让股权是有偿的。由于李某在本案诉讼期间并未提交其支付股权转让款的直接证据，根据本案现有证据，其主张向柴某支付106.4万元款项的事实难以认定。2006年10月25日，公司签署《招股说明书》载明，李某受让柴某持有的3.8%股份，股权款全部以现金方式结清等。《招股说明书》虽然有关于股权款全部以现金方式结清的描述，但其系传来证据，在缺乏支付款项证据印证该内容的情况下，不能予以采信。李某关于《招股说明书》能够证明其与柴某之间系有偿转让股权关系的主张难以成立，本院不予支持。鉴于李某不能提供证据证明其向柴某支付过股权转让款，应认定柴某与李某签订的《股权转让协议》未实际履行，李某系根据《关于股份出让的有关规定》建立的附条件的赠与法律关系获得公司3.8%股权。柴某上诉主张其向李某赠与股份的事实成立，本院予以采信。原审判决认为柴某与李某签订《关于股份出让的有关规定》后，未在《股东名册》上登记，属于尚待履行的赠送行为，该认定属于适用法律错误，本院予以纠正。《股东名册》的登记，是获得股权后的股东申请公司为其办理的相关手续之一，李某虽未在《股东名册》上作相应登记，但其领取了2003年的股东分红，证明其在2003年已经具备了股东身份并行使了股东权益。

《关于股份出让的有关规定》载明李某自2003年1月1日起在公司服务时间需满五年，若中途退出，以原值除以服务年限支付股权。该内容系对李某违反赠与所附条件如何处理的约定。上述约定对李某提前退出公司应承担违约责任的意思表达是明确的，但“以原值除以服务年限支付股权”的文字表述不清楚，且无法结合协议其他内容推断该文字对违约如何处理的准确意思，而本案双方当事人对此又有不同的解释。上述案件事实表明，《关于股份出让的有关规定》中双方当事人对违反赠与所附条件应承担违约责任的约定明确，但对如何处理约定不明。对柴某和李某关于违约如何处理内容的解读，本院均不予采信。

《中华人民共和国合同法》第一百九十二条规定，“受赠人有不履行赠与合同约定义务情形的，赠与人可以撤销赠与。”本案中，公司决定于2007年8月28日与李某正式解除劳动关系时，李某依据《关于股份出让的有关规定》自2003年1月1日持股后在公司服务了近四年零九个月，尚有四个月的服务时间未满，按每月获赠股份的数额折合可撤销赠与的四个月股份数为348,259股（李约定服务时间5年为60个月，平均每月获赠股份为5,223,886÷60＝87,064.77股，四个月对应的股份数额为87,064.77×4＝348,259股），李应退还柴某。柴某上诉请求依据合同法可以行使撤销权的观点成立，但由于李某已经履行了赠与所附条件约定的大部分服务时间之义务，其请求撤销全部赠与的主张，本院不予支持，对李某服务时间未满足部分对应的股权，本院准许其撤销赠与。

关于焦点二，李某签署《股权受赠承诺书》中关于赔偿金额计算条件“受赠股份已经上市流通”的意义以及李某应向柴某赔偿的具体数额。

2004年7月15日，柴某与李某签订《股权赠与协议》约定，柴某向李某赠送0.7%的股份，李某签署《股份受赠承诺书》承诺：一、本人离职之日，如果受赠股份未上市流通，赔偿金额＝受赠股份数 × 公司最近一期经审计的每股净资产值；二、本人离职之日，如果受赠股份已上市流通，赔偿金额＝受赠股份数 × 离职之日公司股票交易收盘价……柴某答辩主张“受赠股份已经上市流通”系指公司股份上市流通的观点，本院予以采纳。本案赠与关系涉及的公司在李某辞职时已经上市，原审法院对柴某向李某赠与的0.7%股份，以公司股票收盘价为依据判决确定赔偿具体数额正确，本院予以维持。

综上，对当事人上诉争议的两个焦点问题，本院认为，柴某和李某之间关于3.8%和0.7%公司股份的约定及李某签署的《股权受赠承诺书》，建立了附条件的赠与民事法律关系，该民事法律关系是双方当事人的真实意思表示，不违反法律、法规的禁止性规定，合法有效。根据

《中华人民共和国合同法》第一百九十二条和当事人之间的约定，李某未完全履行赠与所附条件，应相应退还柴某所赠公司的股份及按其承诺对柴某作出经济赔偿，应退还的股份数为348,259股，应赔偿金额为19,294,014.7元。本院依照《中华人民共和国民事诉讼法》第一百五十三条第一款第（一）（二）项之规定，判决如下：

一、维持广东省高级人民法院（200×）粤高法民初字第××号民事判决书主文第二项；

二、变更上述判决书主文第一项为：李某向柴某退还广东某科技股份有限公司股份348,259股，并于本判决生效之日起十日内协助办理股权过户变更登记手续。

本判决为终审判决。[①]

① 本部分来源于相关判决书主文，限于篇幅，有所删减，读者可自行查阅判决书全文，以全面了解案情。案件若有后续上一级法院生效判决，则以最终的生效判决为准。

退出机制有疏漏，高管离职后，赠与的股权无法收回

股权激励—争议焦点

本案的焦点在于：作为对高管的股权激励，顾某和徐某无偿赠与赵某620万股股份，但赵某就任公司总经理后仅一年就离职，赵某受赠的股份是否应该全部返还？

案例来源

上海市第二中级人民法院 顾某、徐某与赵某申请撤销仲裁裁决一审民事裁定书

法院观点解读

【上海市第二中级人民法院】认为：仲裁裁决认为，“事实上，由于各种各样的原因（如赵某退休或被董事会另行选聘他人担任总经理），赵某不可能永远在青某公司任职，则根据顾某、徐某‘赵某不在青某公司一直担任总经理即应退还股份’的主张，赵某退还股份是必然发生的结果，这显然与案涉协议中‘股权赠与’的概念相悖，亦缺乏法律依据。综上，仲裁庭对顾某、徐某的该项主张不予支持。”本院认为，仲裁庭已在裁决书中明确表示对《聘用合同》条款的解读或就该合同产生的争议不属于仲裁庭审理范围，裁决书作出的依据也并非是《聘用合同》具体条款，故不存在顾某、徐某主张的裁决事项不属于

仲裁协议的范围或上海贸仲无权仲裁之事实。据此，顾某、徐某申请撤销仲裁裁决，缺乏事实和法律依据，本院不予支持。依照《中华人民共和国仲裁法》第五十八条之规定，裁定如下：驳回申请人顾某、徐某的申请。

股权激励—败诉原因

本案中，公司股东顾某和徐某仲裁和法院阶段均败诉，导致无法收回离职高管的股权。其败诉原因简要分析如下：

1. **退出机制设计有漏洞**

本案的《股权激励方案》设计中，采用了大股东将自己的股权无偿赠与给激励高管的方式。具体方式为：大股东顾某、徐某与赵某签订《框架协议书》，聘任赵某为公司总经理，并将620万股股份赠与赵某作为股权激励，以提高其工作积极性，同时与赵某签订了无固定终止日的《聘用合同》，但是，让人意想不到的是，赵某工作一年后即离职。

本案股权激励方案最大的败笔在于：大股东为了使赵某能一直任公司总经理，约定了“无固定终止日”，错误地理解为赵某在受赠股权后，应当“无期限”地一直担任总经理一职。

2. **对于高管离职之后受赠股权是否无偿收回，未进行约定**

总经理赵某仅工作一年，随即离职。大股东顾某、徐某后悔不已，要求仲裁庭裁决撤销股权赠与，但是在仲裁中却未提供可以无偿收回股权的依据，仅以双方约定“无固定终止日”为由要求收回股权，最终败诉。

股权激励—风险预防

本案中，大股东败诉的结果不得不引起企业家们的重视。在《股权激励方案》的设计中，笔者归纳以下风险预防，仅供参考：

笔者在日常处理股权激励的纠纷案件时，注意到很大一部分企业在实施股权激励时，会采取大股东将自己的股权赠送给高管的方式。但是，因为退出机制设计得不合理，导致一些高管工作一两年就带着股权“逃之夭夭”。试想一下，站在大股东的角度，他们希望聘任的总经理能够为公司长久地做出贡献，因此愿意赠送股权以“栓住”总经理；而站在总经理的角度，如果股权是免费受赠的，他们反而不会过于珍惜，很容易就卷“股”而走。

因此，大股东若是采用“无偿赠与股权”的方式进行股权激励，那么，对于“退出机制”就要进行合理的设计，以规避“股份送出去了，人却没留住”的风险。

典型案例

申请人顾某、徐某与被申请人赵某申请撤销仲裁裁决一案，本院于2016年9月12日立案后进行了审查。现已审查终结。申请人顾某、徐某称：请求撤销上海国际经济贸易仲裁委员会（上海国际仲裁中心）（以下简称“上海贸仲”）作出的（201×）沪贸仲裁字第××号裁决。事实和理由如下：顾某、徐某与赵某签订《框架协议书》，聘任赵某为顾某、徐某控制的“青某公司”总经理，并将620万股股份赠与赵某作为股权激励，以提高其工作积极性，为青某公司创造更大价值，同时与赵某签订了无固定终止日的《聘用合同》，但是，赵某工作一年后即离职，违背了《聘用合同》，故赠与其股权的所附条件已不存在。顾某、徐某要求其返还620万股股权未果，向上海贸仲提起仲裁，而仲裁庭一方面表示《聘用合同》争议不属于仲裁范围，另一方面又对《聘用合同》中“无固定终止日”的表述进行了解读，并对《聘用合同》内容进行了实体审理，据此得出了结论，作出了裁决。综上，裁决书的该裁决事项超出了仲裁庭的管辖范围，请求依据《中华人民共和国仲裁法》第五十八条第（二）项之规定，撤销（2016）沪贸仲裁字第 ××× 号裁决。被申请人赵某称：不同意顾某、徐某的撤裁请求。仲裁庭的裁决对象以及依据是双方签署的《框架协议书》，《聘用合同》是仲裁程序涉及的一份证据，与仲裁案件有一定的关联，故仲裁庭对《聘用合同》中的“无固定期限终止日”进行了解释。而“无固定期限终止日”是民事领域的一个名词，不是劳动法领域的专属名词，仲裁庭有权进行一定的解释，因此裁决书并不是对《聘用合同》作出裁决，裁决事项没有超越仲裁范围。综上，申请人的撤裁理由缺乏事实和法律依据，请求不予支持。为此，申请人顾某、徐某向本院提交了（2016）沪贸仲裁字第 ××× 号裁决书、顾某、徐某与赵某于 2014 年 12 月 2 日签署的《框架协议书》、青某公司与赵某签署的《聘用合同》、赵某于 2015 年 12 月 20 日提出的《辞职报告》以及上海市人力资源社会保障网的《招退工记录》五份证据，用以证明其前述主张。赵某经质证后认为：对证据的真实性均无异议。裁决书仅是基于顾某、徐某提供的《聘用合同》及其关于无固定期限的观点进行了解读，并明确说明对《聘用合同》不做评判，故赵某认为裁决书并未对《聘用合同》进行审理；《框架协议书》《聘用合同》《辞职报告》以及《招退工记录》与本案无关联性。经审查查明：2016 年 8 月 19 日，上海贸仲作出（2016）沪贸仲裁字第 325 号裁决：一、驳回顾某、徐某的全部仲裁请求；二、仲裁费人民币 124,085 元，由顾某、徐某共同承担，并与其全额预缴的仲裁费相冲抵。2014 年 12 月 2 日，顾某、徐某与赵某签署的《框架协议书》第三条约定：“甲方（顾某、徐某）在本协议第一条中转让给乙方（赵某）的 620 万股股份实为聘请乙方为青某公司总经理赠与的激励股份。”青某公司（甲方）与赵某（乙方）签署的《聘用合同》第1.1条约定：“甲方聘任乙方担任公司总经理职务。”第1.2条约定：“聘用期自2015年1月1日起，无试用期，无固定终止日。”2015年12月20日，赵某提交辞职报告，表示因个人原因正式提出辞去青某公司总经理职务。2016年3月31日，顾某、徐某向上海贸仲提交仲裁申请，请求解除《框架协议书》，要求赵某返还620万股青某公司股份，若无法返还则赔偿损失，仲裁费由赵某承担。上海贸仲受理了该项仲裁，编号为SDT×××××××。(2016）沪贸仲裁字第×××号裁决书载明：“仲裁庭注意到，《聘用合同》中约定合同‘无固定终止日’，顾某、徐某援引了合同中的这一表述，认为赵某应当一直在青某公司任职，赵某辞职的行为违反了《聘用合同》中‘无固定终止日’的要求，应视为违反了案涉协议的附随义务，故其有权撤销股权赠与。对此，仲裁庭认为，首先，《聘用合同》系青某公司与赵某订立的劳动合同，对该合同条款的解读或就该合同产生的争议，并不属于本案仲裁的审理范围，仲裁庭无权对此进行评判。其次，根据前述仲裁庭意见，《聘用合同》和案涉协议虽有联系，但两份合同/协议的缔约主体和法律关系均不相同，合同/协议文本中也未互相援引另一份合同/协议为附件，故《聘用合同》并非案涉协议的附属协议，顾某、徐某将该合同中的约定套用于案涉协议，作为赵某在案涉协议项下的附随义务缺乏依据。最后，即便不考虑前述两项分析意见，仲裁庭亦难以认同顾某、徐某关于‘无固定终止日’的解读。通常而言，‘无固定终止日’的表述是指没有确切的终止日期或终止期限暂时无法确定，而非不允许终止，更非顾某、徐某所主张的‘一直持续下去’的概念。事实上，由于各种各样的原因（如赵某退休或被董事会另行选聘他人担任总经理)，赵某不可能永远在青某公司任职，则根据顾某、徐某‘赵某不在青某公司一直担任总经理即应退还股份’的主张，赵某退还股份是必然发生的结果，而这显然与案涉协议中‘股权赠与’的概念相悖，亦缺乏法律依据。综上，仲裁庭对顾某、徐某的该项主张不予支持。”本院认为：涉案裁决的各方当事人均系中华人民共和国自然人，涉案裁决属于国内仲裁裁决，故本案应依据《中华人民共和国仲裁法》第五十八条之规定进行审查。关于顾某、徐某所提撤裁理由——裁决事项不属于仲裁协议的范围或者仲裁委员会无权管辖问题，顾某、徐某认为裁决书主文虽然没有涉及《聘用合同》，但是仲裁庭在作出相关认定时对《聘用合同》相关内容进行了解释，进而得出了主文结论。本院认为，仲裁庭已在裁决书中明确表示对《聘用合同》条款的解读或就该合同产生的争议不属于仲裁庭审理范围，其后仲裁庭在排除了《聘用合同》和系争《框架协议书》关系认定的前提下对“无固定终止日”进行了相应解读，仅是表明仲裁庭不认同顾某、徐某关于“无固定终止日”的观点，这并不是对《聘用合同》内容的实体审理，裁决书作出的依据也并非是《聘用合同》具体条款，故不存在顾某、徐某主张的裁决事项不属于仲裁协议的范围或上海贸仲无权仲裁之事实。据此，顾某、徐某申请撤销仲裁裁决，缺乏事实和法律依据，本院不予支持。依照《中华人民共和国仲裁法》第五十八条之规定，裁定如下：

驳回申请人顾某、徐某的申请。[①]

---

① 本部分来源于相关判决书主文，限于篇幅，有所删减，读者可自行查阅判决书全文，以全面了解案情。案件若有后续上一级法院生效判决，则以最终的生效判决为准。

高管干私活，大股东能否撤销全部赠与股权

股权激励—争议焦点

本案的焦点在于：生物公司聘请盛某担任公司常务副总经理兼首席科学家，并由大股东赠与其5%股份，在盛某因干私活被公司解聘后，是否可以撤销全部赠与股权？

案例来源

北京市第三中级人民法院 盛某上诉北京某生物技术有限公司附义务赠与合同纠纷一案

法院观点解读

【北京市第三中级人民法院】认为：生物公司的股东同意赠与盛某股权5%作为激励，《劳动合同书》第十一条和第十三条约定的股权赠与及分红并非通常意义的劳动报酬，而系公司对盛某的激励，结合《劳动合同书》第十四条约定的股权回转条件及《劳动合同书》第二十三条约定的《劳动合同书》解除条件，本院认为，公司对盛某的激励对价至少包括盛某与公司长期合作义务及其对公司的忠实义务。盛某违反了《劳动合同书》中未经许可出任与公司存在业务竞争或冲突的单位的其他服务、劳务、雇佣职位以及从事其他经营活动等的约定，正因为此，公司解除了其与盛某之间的劳动关系。

盛某的违约行为不仅使得公司的激励目的落空，且有损于公司的利益。据此，公司股东要求撤销激励、回转股权并返还相关利益符合《劳动合同书》的约定，本院予以支持。

股权激励—败诉原因

本案中，公司副总盛某一审、二审均败诉，导致受赠的股权全部丧失。其败诉原因简要分析如下：

生物公司出于对人才的渴望，聘请盛某担任公司常务副总经理兼首席科学家，负责公司的研发、生产和技术部及市场部，领导以上部门工作。公司为了激励盛某，由其大股东赠与盛某公司 5% 的股权，除了给予盛某年薪 50 万的待遇外，并约定盛某每年的分红不少于 50 万元。

鉴于合同中约定如果盛某主动离职时，盛某应返还受赠股权给大股东。盛某认为只要他不主动离职，那受赠的 5% 就会牢牢地控制在他手中。因此，盛某铤而走险，一方面享受着公司的高薪待遇，另一方却私下为公司的竞争对手服务，从而违反了忠实义务，严重损害了公司利益，一审、二审均判决盛某应将全部受赠股权返还给公司大股东。

盛某的精心算计最后却落得一场空。

股权激励—风险预防

本案中，因赠与股权给高管却引发纠纷，不得不引起企业家们的重视。在《股权激励方案》的设计中，笔者归纳以下风险预防，仅供参考：

本案是典型的“股权分出去了，但激励效果没达到”的反面案例。读完本案，我们不禁深思，为了招揽人才并留住人才，无偿赠与其股权的激励方式是否可行？

企业家们也百思不得其解，我将公司股权免费赠送给你，给你百万高薪，给你总经理甚至更高的职位，为何你却出尔反尔，干私活、泄露公司商业秘密，甚至做出严重损害公司利益的事？

因此，在“名为股权赠与实为股权激励”的设计中，需要注意赠与“股权”的附带条件不能过于宽松，如本案仅约定高管主动离职才能收回股权的方式并不可取。股权激励在无偿赠与股权时的附带条件，除了约定高管的服务时间，更重要的是还应明确高管在任期间应达到的业绩目标、股权对外转让的限制、离职处理，以及其他退出机制须约定的内容。

典型案例

2012年1月10日，北京生物公司（甲方）与盛某（乙方）工程公司（丙方）×公司（丁方）王某（戊方）签订《劳动合同书》。

《劳动合同书》第一条约定，合同期限自2012年1月10日起至2018年1月10日止。第二条约定，由甲方聘请乙方担任公司常务副总经理兼首席科学家，负责公司的研发、生产和技术部及市场部，领导以上部门工作，具体职责在附件中予以明确。《劳动合同书》第九条约定，乙方工资为年薪50万元。《劳动合同书》第十一条约定，甲方公司的中方股东丙方同意赠与乙方股权5%（指乙方占甲方注册资本的5%）作为激励，各方约定，除乙方外的其他方应采取一切措施保证乙方受赠的该股权在甲方公司首次公开发行股票上市前及上市当日不被稀释。如果乙方的5%股权比例被稀释，经乙方同意，其他各方应连带赔偿乙方最低不少于600万元的经济损失。《劳动合同书》第十三条约定，从合同签订之日起乙方即拥有每年按甲方利润5%分红的权利，无论丙方赠与的

5%股权是否已过户至乙方名下，甲方保证乙方每年可以获得不低于50万元的分红。乙方该项分红应缴纳的个税，由其自理。如果乙方获得的分红金额低于50万元，甲方承诺另外以奖金的形式给乙方补足。分红或奖金的支付时间为次年的2月底之前。其他各方对甲方应发给乙方的分红或奖金的支付承担连带保证责任，保证期间为五年。《劳动合同书》第十四条约定，乙方受赠的股权归乙方所有。但在合同期限未满前乙方主动提出解除劳动关系的情况下，乙方有义务将受赠股权回转过户给丙方或丙方指定的人员。乙方回转受赠股份应是无条件的，乙方也应积极配合丙方和甲方股权变更手续……

一审法院认为：当事人对自己提出的诉讼请求所依据的事实或者反驳对方诉讼请求所依据的事实有责任提供证据加以证明。依《劳动合同书》第十四条之约定，在合同期限未满前盛某主动提出解除劳动关系的情况下，盛某有义务将受赠股权回转过户给公司或公司指定的人员。首先，对该条款的解释应依公司、盛某等五方签订合同的目的进行解释。公司赠与盛某其持有的生物公司股权目的是希望以股权激励盛某有主人翁精神，作为股东更好地为公司创造价值，能够恪尽职守，遵守职业道德，保守商业秘密。但依已生效的（201×）京0X民终××××号民事判决书认定的事实，盛某已经严重违反劳动合同约定，违反竞业禁止义务，违反了高管对公司的忠实勤勉义务，从而认为生物公司与盛某解除劳动关系合法。其次，对双方约定依举轻以明重之当然解释，盛某服务期未满主动辞职时需返还持有股权，现因盛某之过错，公司与其解除劳动关系性质较盛某主动提前解除劳动合同给公司造成的影响和损害程度更重。依合同约定亦可以看出在几方签订《劳动合同》时，用人单位并不希望与盛某解除劳动关系，担心盛某辞职致合同不能履行；再次，

《合同法》第一百九十二条第一款第（三）项规定，受赠人不履行赠与合同约定的义务的，赠与人可以撤销赠与。因盛某之原因违反合同约定义务，致《劳动合同书》无法继续履行，公司要求撤销赠与股权符合约定及法律规定，法院予以支持。赠与股权被撤销后，因该合同取得的财产，应当予以返还；不能返还或者没有必要返还的，应当折价补偿。故公司请求撤销对盛某的股权赠与，要求盛某将其持有5%股权返还给公司，符合双方约定，亦符合法律规定，法院予以支持；另依《劳动合同书》第十三条之约定，在股权分红不足50万时，以奖金形式补足，公司向盛某支付2012年、2013年各50万元，实为盛某获得股份和分红的特别约定，盛某主张该款为奖金，不符合双方约定，法院不予采信。在撤销股权赠与后，公司请求盛某将其2012年、2013年分红100万元返还给公司，符合法律规定，法院予以支持。判决：一、撤销北京某生物技术有限公司对盛某的股权赠与，盛某将其持有生物公司5%股权返还给公司，盛某于判决生效后七日内配合办理股权变更手续；二、盛某于判决生效后七日内返还公司一百万元。

本院二审期间，当事人围绕上诉请求依法提交了证据。本院组织当事人进行了证据交换和质证。盛某提交如下证据：一、2014年11月14日下午公司对盛某停职检查情况的录音光盘及文字整理、派出所出具的接处警记录，证明北京豪迈公司非法获取证据。二、×2公司工商查询信息、开户许可证及基本户银行信息、×3公司工商查询信息、×4公司工商查询信息，证明×2公司未开展过业务，即使开展过业务，也与盛某无关，且×2公司与公司经营范围不同，不存在竞争关系。三、×5公司工商查询信息，证明×5公司与公司经营范围不同，不存在竞争关系。四、金×证人证言、×6公司和×7公司出具的情况说明，证明盛某之所以持有产品报价单系因工作关系，是为维护公司利益。五、×8公司出具的关于盛某与某天空网关系的说明、×8公司营业执照、陈×证人证言、盛某借记卡记录，证明盛某自2009年每月入账1000元系公益活动补贴。六、×9公司出具的情况说明，证明盛某与×9公司接触系代表公司，且因盛某拒绝合作，项目未能开展。七、金×证人证言，证明王×证人证言虚假，其不具备掌握商业秘密资格。对于金×、陈×证人证言，工程公司和生物公司以证人未出庭作证为由不予认可。

本院经审理查明的其他事实与一审法院查明的事实无异。

以上事实，有工商查询信息、证人证言、情况说明及当事人在二审期间的陈述等在案佐证。

本院认为，综合双方诉辩主张，本案二审的争议焦点归纳为：一、生物公司为证明盛某违反《劳动合同书》中未经许可出任与生物公司存在业务竞争或冲突的单位的其他服务、劳务、雇佣职位以及从事其他经营活动等的约定所提供的证据是否系采用非法手段获取，能否作为认定案件事实的根据；二、另案生效民事判决确认盛某违反了《劳动合同书》中未经许可出任与公司存在业务竞争或冲突的单位的其他服务、劳务、雇佣职位以及从事其他经营活动等约定的事实，盛某提供的证据是否足以推翻；三、工程公司要求撤销股权赠与及返还分红的诉讼请求依据是否充分。现分述如下：

一、关于生物公司提供的证据所采取的获取方式是否存在不得作为认定案件事实依据的情形。

盛某主张适用《最高人民法院关于适用的解释》第一百零六条对以严重侵害他人合法权益、违反法律禁止性规定或者严重违背公序良俗的方法形成或者获取的证据，不得作为认定案件事实的依据的规定及《中华人民共和国公证法》第十三条公证机构不得有下列行为：为不真实、不合法的事项出具公证书的规定，事实依据不足，本院不予支持。

二、关于盛某提供的证据是否足以推翻生效判决确认的事实。

生物公司提供的一系列证据显示，盛某办公电脑及办公室中存有诸多案外公司从事商业活动的合作合同、案外公司授权盛某从事相关活动的委托书、盛某代案外公司申请专利的相关资料、盛某作为案外公司项目组长的项目计划书等，亦有盛某通过其个人银行代为支付案外人员或专利首付款和订货汇款的相关转账记录，且案外公司在经营范围方面与生物公司存在一定的竞争关系。故盛某主张其未违反竞业禁止义务，依据不足，本院不予采信。

三、关于股权赠与及分红应否撤销及返还。

《劳动合同书》第九条约定，乙方工资为年薪 50 万元（包括但不限于基本工资、岗位工资、岗位津贴、工龄工资、奖金等）；第十一条和第十三条约定，甲方公司的中方股东丙方同意赠与乙方股权 5% 作为激励，从合同签订之日起乙方即拥有每年按甲方利润 5% 分红的权利，甲方保证乙方每年可以获得不低于 50 万元的分红，如果乙方获得的分红金额低于 50 万元，甲方承诺另外以奖金的形式给乙方补足。两相比较，《劳动合同书》第十一条和第十三条约定的股权赠与及分红并非通常意义的劳动报酬，而系生物公司对盛某的激励，这是双方形成劳动关系的重要条件，也是《劳动合同书》的组成内容。结合《劳动合同书》第十四条约定的股权回转条件及《劳动合同书》第二十三条约定的《劳动合同书》解除条件，本院认为，公司对盛某的激励对价至少包括盛某与公司长期合作义务及其对公司的忠实义务。公司通过有条件地给予盛某部分股东权益，目的是使盛某与公司成为利益共同体，更好地推进公司长远发展。盛某违反了《劳动合同书》中未经许可出任与生物存在业务竞争或冲突的单位的其他服务、劳务、雇佣职位以及从事其他经营活动等的约定，正因为此，生物公司解除了其与盛某之间的劳动关系。盛某的违约行为不仅使得公司的激励目的落空，且有损于公司的利益。据此，工程公司要求撤销激励、回转股权并返还相关利益符合《劳动合同书》的约定，本院予以支持。

综上所述，盛某的上诉请求不能成立，应予驳回；一审判决并无不当，应予维持。依照《中华人民共和国民事诉讼法》第一百七十条第一款第一项规定，判决如下：

驳回上诉，维持原判。[①]

① 本部分来源于相关判决书主文，限于篇幅，有所删减，读者可自行查阅判决书全文，以全面了解案情。案件若有后续上一级法院生效判决，则以最终的生效判决为准。

受赠股权后跳槽至竞争对手，大股东怒而起诉

股权激励—争议焦点

本案的焦点在于：聂某作为股权激励员工，在获得受赠股权之后，违约跳槽至竞争对手公司，公司和大股东是否可以要求其赔偿损失？

案例来源

广东省广州市中级人民法院 广州市南沙区某教育培训中心与唐某、聂某合同纠纷

法院观点解读

【广州市中级人民法院】认为：唐某作为培训中心的出资人，将其持有的培训中心的股权利益赠与聂某，聂某应按《股权赠与协议书》的约定履行义务。根据再审查明的事实，聂某于2014年离开培训中心后，又到广州市从事培训的其他单位任职，违反了《股权赠与协议书》关于竞业限制的约定，故应承担相应的违约责任。唐某要求聂某依《股权赠与协议书》约定向其返还已收取的分配款共53,858元并支付该款项20%的违约金的主张，符合《股权赠与协议书》的约定，本院予以支持。《股权赠与协议书》关于竞业限制的条款属于聂某应履行的合同义务，聂某已因违反该义务承担违约责任，唐某还要求聂某自2014年6月起两年内不得在广州市某区从事培训的其他单位任

职、入股或者自己开业经营培训的业务的诉请缺乏依据，本院不予采纳。

股权激励—败诉原因

本案中，聂某在受赠股权后跳槽至竞争对手公司，二审败诉，其败诉原因简要分析如下：

唐某作为培训中心的主要出资人，聘请聂某担任其学管副理。唐某为使培训中心与聂某能够长远地发展合作，以及达到激励聂某工作积极性的目的，与其签订了《股权赠与协议书》。协议书约定，聂某享有唐某股东分配中的10%作为股东利益，并约定聂某自离职之日起两年内不得在广州市南沙区从事教育培训的其他单位任职，或者自己开业经营培训的业务的竞业限制义务。而聂某离职后，跳槽到竞争对手工作，违反了《股权赠与协议书》中的竞业限制约定，所以，聂某应当返还已经收取的分配款，并支付违约金。

股权激励—风险预防

本案中，因激励员工跳槽至竞争对手而引发的纠纷，不得不引起企业家们的重视。在《股权激励方案》的设计中，笔者归纳以下风险预防，仅供参考：

在《股权激励方案》的设计中，须重点预防激励员工跳槽给公司带来的巨大损失。对于公司而言，列入股权激励名单的员工一般多数为核心员工。特别对于培训机构而言，教师是最大的资本。一个优秀的教师一旦离开培训机构，加入竞争对手公司之后，对于原培训机构而言将带来极大的损失。

为了预防激励员工跳槽到竞争对手处而带来的风险，须在《股权激励方案》中对竞业限制条款进行重点设计。如果员工跳槽后，不仅要将曾被赠与的股权返还，甚至要承担一定的赔偿责任，那么，在跳槽之前，激励员工就会慎之又慎。

典型案例

广州市南沙区人民法院一审查明，聂某2011年9月入职培训中心处，2014年6月离职。唐某是培训中心的法定代表人，签订《股权赠与协议书》前对培训中心持有100%股权。2013年1月9日，唐某（甲方）与聂某（乙方）签订《股权赠与协议书》，该《股权赠与协议书》第一条内容为："股权的赠与：甲方自愿赠与乙方广州市南沙区唐人街教育培训中心的股权，从本协议签订之日起，乙方即成为广州市南沙区唐人街教育培训中心的股东"；第二条内容为："乙方可享有的股东利益：广州市南沙区唐人街教育培训中心年度利润的20%作为机构的发展基金，80%用于股东分配，乙方占用于股东分配中的10%"；第五条内容为："本协议期限：自2013年1月9日至2013年12月31日"；第六条内容为："乙方应履行如下义务：1.在协议期限内乙方离职的，甲方即收回赠与的股权。2.竞业限制：乙方从广州市南沙区唐人街教育培训中心离职后2年内，不得在广州市南沙区从事培训的其他单位任职、入股或者自己开业经营培训的业务。3.承担亏损：按股权比例，分担乙方持股期间广州市南沙区唐人街教育培训中心的亏损。4.乙方无权分配广州市南沙区唐人街教育培训中心结业后的剩余资产"；第八条内容为："违约责任：乙方违反竞业限制义务的，应向甲方返还全部已收取的利润并向甲方承担已收取利润总额20%的违约金"。该《股权赠与协议书》甲方一栏有签名"黄某"及加盖了"培训中心"公章，乙方一栏有签名"聂某"并盖有指模。唐某、聂某及培训中心均确认该《股权赠与协议书》的真实性。唐某在庭审时提交了《授权委托书》作为补充证据以证明唐某授权黄某签署《股权赠与协议书》。

以上案件事实，有双方当事人提供的证据、本案庭审笔录为证，一审法院予以确认。

一审法院认为：一、关于唐某与聂某签订的《股权赠与协议书》的性质问题。尽管《股权赠与协议书》上列明甲方是唐某，乙方是聂某，但该协议书上不仅约定了唐某、聂某之间的股权赠与，还约定了聂某需对培训中心履行竞业限制义务，且该协议书甲方一栏是“黄某”的签名以及唐人街培训中心的盖章，唐某及培训中心也就黄某在《股权赠与协议书》上签名的合法性进行追认，故该《股权赠与协议书》应为唐某与聂启良以及培训中心的三方协议。由于股权的持有人是自然人，故在该协议书中关于股权的赠与部分应当认为是唐某与聂某之间的协议。根据《中华人民共和国劳动合同法》第二十三条规定，竞业限制是用人单位与劳动者签订的劳动合同中的内容之一，本案中《股权赠与协议书》第六条第二款规定的聂某需向培训中心履行竞业限制义务，应为聂某与培训中心之间的劳动关系中的附加条款。

二、关于竞业限制条款效力问题。聂某认为股权分配款并不具备补偿的作用，《股权赠与协议书》里的竞业限制条款不合法。经济补偿金是对竞业限制条款限制劳动者的劳动自由权、生存权的一种补偿，因此，在约定竞业限制的前提下，经济补偿金自动成为合同的条款，无须当事人约定，在此意义上，在约定竞业限制条款前提下，经济补偿金的给付具有强制性。尽管经济补偿金的给付具有强制性，但如果当事人不约定竞业限制，则经济补偿金在合同条款中就不是必备的条款。因此，关于经济补偿金的规定不属于《中华人民共和国合同法》第五十二条或《中华人民共和国劳动合同法》第二十六条所规定的法律、行政法规的强制性规定，本案的竞业限制条款没有约定经济补偿金不属于违反法律、行政法规的强制性规定。根据《最高人民法院关于审理劳动争议案件适用法律若干问题的解释（四）》第六条的规定，未约定经济补偿金的竞业限制条款不应认定为无效，一审法院确认《股权赠与协议书》中竞业限制条款有效。

三、关于唐某请求返还股权分配款及违约金的问题。虽然竞业限制条款是聂某与培训中心之间的协议，聂某取得的股权分配款应认定为培训中心的利润，根据《股权赠与协议书》第八条违约责任规定："乙方违反竞业限制义务的，应向甲方返还全部已收取的利润并向甲方承担已收取利润总额20%的违约金"，甲方即唐某可根据此条款向聂某要求返还股权分配款及支付违约金。唐某的该两项请求均规定在《股权赠与协议书》的第八条违约责任项下，故一审法院确认唐某要求聂某返还股权分配款及支付违约金均为要求聂某承担的违约责任，两项请求的款项总和视为聂某违反竞业限制应承担的违约金。

唐某认为对聂某发放的股权分配款就是对聂某需履行竞业限制的补偿，包括其离职后2年的补偿在内。聂某否认唐某的观点，并认为股权分配款并不具备补偿的作用。根据前述理由，《股权赠与协议书》是唐某、聂某及培训中心之间的三方协议，该协议的股权赠与部分是唐某与聂某之间的协议，竞业限制部分是聂某与培训中心之间的协议，唐某自称为了使培训中心与聂某能够长远地发展合作以及达到激励聂某工作积极性的目的而赠与聂某股权，显然并非针对竞业限制约定作出的补偿，《股权赠与协议书》上在竞业限制条款后也并没有针对性地提出相关经济补偿的条款，唐某对聂某赠与的股权部分不应作为聂某需对培训中心承担竞业限制义务部分的补偿，故一审法院对唐某的主张不予采信，确认在《股权赠与协议书》上没有约定竞业限制的经济补偿金。

竞业限制补偿是劳动者履行竞业限制义务的对价，如未约定经济补偿金，却约定了违约金，则不存在对价。本案中《股权赠与协议书》对聂某没有约定经济补偿金却约定了违约金，聂某未履行竞业限制义务或违反了竞业限制义务，权利人主张聂某按约定支付违约金，由于没有对价的前提，对唐某请求聂某返还股权分配款及支付违约金不予支持。

四、关于唐某请求聂某继续履行竞业限制义务的问题。根据《中华人民共和国劳动合同法》第二十三条，该协议中的竞业限制条款属于聂某与培训中心之间劳动合同关系中的权利义务约定，根据合同的相对性原则，唐某并非用人单位，不是请求聂某继续履行竞业限制义务的适格主体，对于唐某的该项请求本院予以驳回。

综上所述，一审法院依照《中华人民共和国合同法》第五十二条，《中华人民共和国劳动合同法》第二十三条、第二十六条，《最高人民法院关于审理劳动争议案件适用法律若干问题的解释（四）》第六条之规定作出如下判决：驳回唐树标的全部诉讼请求。本案诉讼费 708 元，由唐树标负担。

唐某与培训中心不服一审判决，申请再审。

本院再审认为，本案再审争议的焦点为聂某是否应承担《股权赠与协议书》中的违约责任问题。

第一，《股权赠与协议书》中载明的甲乙双方是唐某与聂某，虽然协议书甲方签名处是由“黄某”签名并盖有培训中心的印章，但唐某一审中已出具书面《确认书》，确认黄某系代表唐某与培训中心签署该协议书，再审中唐某和培训中心亦确认上述协议书系唐某与聂某双方签订，并由培训中心确认，而聂某再审中也对该协议书系聂某与唐某之间订立的关系予以确认。一审关于《股权赠与协议书》应为唐某、聂某及培训中心三方协议的认定正确，再审予以维持。上述《股权赠与协议书》系三方真实意思表示，不违反法律规定，应认定为有效。

第二，《中华人民共和国劳动合同法》第二十三条第二款规定："对负有保密义务的劳动者，用人单位可以在劳动合同或者保密协议中与劳动者约定竞业限制条款，并约定在解除或者终止劳动合同后，在竞业限制期限内按月给予劳动者经济补偿。劳动者违反竞业限制约定的，应当按照约定向用人单位支付违约金。"本案《股权赠与协议书》中虽有涉及竞业限制的条款约定，但该条款系唐某转让股权的附加义务，系唐某与聂某双方之间的约定，并非用人单位与聂某之间的合同约定，一审将本案确定为竞业限制纠纷案件不当，本院予以纠正。唐某主张本案系合同纠纷案件的再审理由成立，本院予以采纳。

第三，唐某作为培训中心的出资人，将其持有的培训中心的股权利益赠与聂某，聂某应按《股权赠与协议书》的约定履行义务。根据再审查明的事实，聂某于2014年离开培训中心后，又到广州市南沙区从事培训的其他单位任职，违反了《股权赠与协议书》关于竞业限制的约定，故应承担相应的违约责任。唐某要求聂某依《股权赠与协议书》约定向其返还已收取的分配款共53,858元并支付该款项20%的违约金的主张，符合《股权赠与协议书》的约定，本院予以支持。《股权赠与协议书》关于竞业限制的条款属于聂某应履行的合同义务，聂某已因违反该义务承担违约责任，唐某还要求聂某自2014年6月起2年内不得在广州市南沙区从事培训的其他单位任职、入股或者自己开业经营培训的业务的诉请缺乏依据，本院不予采纳。

综上所述，一审基本事实认定清楚，但适用法律不当，本院再审予以纠正。依照《中华人民共和国民事诉讼法》第二百零七条、第一百七十条第一款第（二）项的规定，判决如下：

一、撤销广东省广州市南沙区人民法院（201×）穗南法民一初字第×××号民事判决；

二、聂某于本判决发生法律效力之日起15日内向唐某返还53,858元；

三、聂某于本判决发生法律效力之日起15日内支付违约金10,771.6元给唐某；

四、驳回唐某的其他诉讼请求。

本判决为终审判决。[①]

① 本部分来源于相关判决书主文，限于篇幅，有所删减，读者可自行查阅判决书全文，以全面了解案情。案件若有后续上一级法院生效判决，则以最终的生效判决为准。

高管未满服务年限就离职，公司能否撤销赠与的股权

股权激励—争议焦点

本案的焦点在于：雷某作为公司的总工程师，因股权激励获赠股权，其未满服务年限就离职，公司股东是否可以撤销赠与的股权？

案例来源

湖北省武汉市中级人民法院　上诉人雷某与被上诉人武汉某光电股份有限公司、被上诉人胡某、被上诉人刘某合同纠纷一案二审民事判决书

法院观点解读

【武汉市中级人民法院】认为：依据聘用合同的约定，某光电公司聘用雷某为总工程师，并对雷某给予股权激励，聘用期限自2009年6月20日至2023年6月20日。胡某与雷某签订的股权激励赠与协议约定，胡某向雷某无偿转让并赠与股权，雷某取得并持续拥有公司的股权的条件之一，即其作为总工程师与公司保持15年的聘用关系，否则，公司有权行使回购权，雷某应将所持的股权全部无偿转让予胡某。根据本院查明的事实，雷某在公司工作不足3年即提出辞职，单方解除聘用合同，显然未满足持续拥有公司股权的条件。根据《中华人民共和国合同法》第九十四条第（四）项的规定，公司及胡某的合同目的因雷某的违约行为无法实现，公司及胡某有权请求解除

股权激励赠与协议，并要求雷某向胡某退还其持有的公司 1.89% 的股权。

股权激励—败诉原因

本案中，雷某作为总工程师，在获赠股权不足 3 年后即离职，遭到大股东和公司起诉，一审、二审均败诉。笔者将败诉原因简要分析如下：

本案股权激励的方式采用了无偿赠与的方式，即股东胡某将激励股权采取无偿转让（即赠与）方式转让给雷某，雷某不必向胡某支付任何股权转让款，激励股权一次性交割并登记到雷某名下，但是双方对于服务年限作了约定，雷某在接受激励股权之后须在光电公司持续工作 15 年。后雷某毁约，工作不足 3 年即提出离职，故而应该按照合同约定承担返还激励股权的责任。

本案印证了一句话：天下没有免费的股权！

对于激励员工而言，无偿赠与的激励股权表面上看起来似乎是免费获得了激励股权，不需要支付任何钱款，实际上，无偿的股权激励一般都会附带一定的要求，激励高管需要积极履行激励协议中的条款，而非可以不劳而获！

股权激励—风险预防

本案中，总工程师雷某无视受赠的股权，工作不到 3 年就离职，以致引发诉讼，不得不引起企业家们的重视。在《股权激励方案》的设计中，笔者归纳以下风险预防仅供参考：

本案又是一则“股权分出去了，但激励效果没达到”的典型案例。

在笔者日常接待的诸多企业家的意识中不乏这样的误区：我采用无偿赠与的方式给予高管激励股权，对方不花一分钱就得到了可观的股权，接下来，势必会为公司努力奋斗。可让人大跌眼镜的是，高管虽然不花一个子儿得到了股权，依然会“任性”地“说走就走”，给企业带来了极大的损失。

面对高管的“说走就走”，公司如何才能将股权“想收回就收回”？笔者认为，在采取无偿赠与激励股权的方式时，需要与高管约定股权无偿赠与的附带条件。例如约定一定的服务期限、任职期间应达到的业绩目标、股权对外转让的限制、离职处理，以及其他退出机制须约定的内容，以降低高管离职带来的损失。

典型案例

2009 年 6 月 20 日，武汉某光电股份有限公司（以下简称“公司”）与雷某签订聘用合同，约定公司聘用雷某为总工程师，合同期限为自 2009 年 6 月 20 日起至 2023 年 6 月 20 日止；合同第十二条约定雷某若在本合同有效期内的任何时间无故辞去总工程师职务，或者解除合同，须依照本合同的约定向公司承担赔偿责任；第二十五条约定雷在本合同约定的聘用期间，以及该等期间终止后 2 年内不得以任何身份直接或间接从事与公司业务构成或可能构成竞争的业务中拥有或以任何形式取得直接或间接的权益或利益，且不得以任何形式或采取任何措施，从事或参与从事任何对公司构成或可能构成竞争或削弱或剥夺公司的合法利益、商业机会，或对公司的合法权益构成或可能构成侵害或削弱或减少的行为或其他业务或活动等；第二十七条约定雷某于本合同期间提出解除本合同的，应当提前 30 日以书面形式通知公司；第三十二条约定若存在本合同第十二条或第二十七条约定的情形或其他不利于公司的行为，雷某应按照本合同剩余的期间，剩余时间为 1 年以上的，按每 1 年 50,000 元的标准支付赔偿金，不足 1 年的部分为 6 个月以上的，按 1 年计付赔偿金，少于 6 个月的，按半年计付赔偿金；第三十九条约定基于合同项下的聘用方的股权激励政策，雷某与公司董事长签署的以股东持有的储备激励股权为标的的股权激励赠与协议为本合同的附属协议，签署后与本合同具有同等法律效力，附属协议未规定的适用本合同规定。该协议的附件一为受聘方薪酬待遇，约定雷某年薪200,000元（税后），其中每月从薪资中支付10,000元（税后），剩余80,000元于满1年后一次性支付。协议签订后，雷某即在公司担任总工程师。

2010年9月1日，公司形成股东会变更决议，内容为公司于2010年8月28日召开第7次股东会议，应到股东4人，实到4人，会议由董事长主持，股东通过有效决议如下：一、变更住所；二、变更股东股权，股东刘某将其在本公司的5.41%股权2,000,000元出资转让给黄某，将2.16%股权800,000元出资转让给黄某，将0.54%股权200,000元出资转让给唐某，股东胡某将1.89%股权700,000元出资转让给雷某，将0.81%股权300,000元出资转让给唐某，股东王某将0.81%股权300,000元出资转让给洪远公司，将1.89%股权700,000元出资转让给刘某，变更后为股东洪远公司出资额24,000,000元，股东刘某出资额7,540,000元，黄某出资额2,000,000元，胡某出资额1,460,000元，黄某出资额800,000元，雷某出资额700,000元，唐某出资额500,000元；三、同意修改公司章程或公司章程修正案；决议立即生效，并办理公司变更登记事宜。同日，公司就上述决议事项作出了公司章程修正案。

2012年2月15日，雷某以另谋发展为由，向公司递交辞职申请报告提出辞职申请。2012年3月19日，雷某与公司办理了离职手续。

由于雷某提前解除与公司聘用合同，未将其受赠股权予以返还，公司、胡某、刘某于2013年4月25日向原审法院提起诉讼，请求判令：一、确认公司与雷某的聘用合同解除；二、解除胡某与雷某的股权激励赠与协议，解除刘某与雷某的股权转让协议及股权赠与协议；三、雷某将其名下的公司700,000元出资额（1.89%股权）无偿返还给胡某，并协助办理工商变更登记手续；四、雷某赔偿公司600,000元；五、诉讼费由雷某承担。

原审认为：公司与雷某于2009年6月20日签订的聘用合同中约定了公司对雷某以股权赠与协议形式实施股权激励的内容，而作为激励雷某的股权来源分别是登记于胡某和刘某名下的公司股权。胡某与雷某于2010年9月2日签订的股权激励赠与协议和刘某与雷某于2011年7月3日签订股权赠与协议，是公司对雷某股权激励的具体实施行为，公司、胡某和刘某与雷某签订的聘用合同、股权赠与协议是公司对雷某进行股权激励不可分割的组成部分，公司、胡某和刘某在基于股权激励所形成的法律关系中具有共同的权利义务。因此，公司、胡某和刘某作为本案的共同原告符合法律规定。公司和雷某均确认公司与雷某之间的聘用合同因雷某辞职并于2012年3月19日办理完交接手续而解除，因此，公司与雷某之间聘用合同已实际解除。雷某承认与刘某签订的赠与公司股权协议因其服务期尚未届满即与公司解除聘用合同，导致股权激励的条件不成就，因此，雷某对刘某提出解除股权赠与协议没有异议。本案的焦点是：一、胡某是否享有请求雷某返还公司1.89%的股权的诉权，雷某是否有权继续持有公司1.89%的股权；二、刘某与雷某于2011年7月3日签订的股权转让协议的真实意思是什么，是否具备解除的条件；三、公司基于聘用合同中的竞业禁止约定，请求雷某承担违反竞业禁止所应赔偿的600,000元的违约金之诉是否应当与前述的诉讼合并审理。

一、胡某与雷某于2010年9月2日签订的股权赠与协议的目的是实施公司与雷某签订的聘用合同所承诺的公司对雷某的股权激励政策，是履行公司与雷某签订的聘用合同的组成部分，虽然胡某与雷某的股权赠与协议明确了胡某持有公司的股权是代洪远公司持有，但从本案雷某实际取得公司 1.89% 的股权的事实结果和洪远公司在诉讼中出具的情况说明来看，公司和胡某对胡某代持洪远公司的公司股权有处分权，公司和胡某基于聘用合同和股权赠与协议共同行使请求雷某返还公司 1.89% 的股权给胡某的诉权符合法律规定。

公司与雷某签订的聘用合同约定的期限为自 2009 年 6 月 20 日起至 2023 年 6 月 20 日。胡某与雷某于 2010 年 9 月 2 日签订的股权激励赠与协议约定，激励股权一次性交割并登记到雷某名下，作为取得并持续拥有标的股份的条件之一，雷某同意持续作为公司的雇员为公司提供至少不少于（ ）年的服务；第三章约定公司在发现规定的情形之日起 2 年内有权行使回购权，雷应不附带任何条件且不可撤销地将标的股权全部无偿转让予胡某。从这两份合同约定的内容可以推断，公司对雷某实施的股权激励是以雷某忠实、尽责地履行完聘用合同的期限为条件，如果雷某不能满足股权激励的条件，雷某应无偿返还胡某已转让的公司股权。本案雷某按聘用合同约定应当作为总工程师与赫天公司保持 15 年的聘用关系，但雷某在不足 3 年后即向公司提出辞职，单方解除聘用合同，显然未满足股权激励的条件。原审法院天公司和胡某请求解除股权激励赠与协议，并由雷某返还其持有的公司 1.89% 的股权主张予以支持。

二、雷某未能满足股权赠与的条件，公司和刘某请求解除股权转让协议的主张应当予以支持。而且，即使刘某与雷某签订股权转让协议与公司和雷某签订的聘用合同无关联性，雷某并未实际支付股权转让协议约定的 300,000 元转让款项，股权转让协议处于双方均未履行的状态，其协议效力也因未征求其他股东是否行使股权优先购买权的情况下处于待定状态，在股权转让协议既未生效又未履行的情况下，应对刘某主张解除股权转让协议予以支持。

综上，公司和胡某请求雷某返还其持有的公司1.89%的股权，符合公司与雷某签订的聘用合同和胡某与雷某签订的股权激励赠与协议约定的条件。公司和刘某请求解除股权赠与协议，符合公司与雷某签订的聘用合同和刘某与雷某签订的股权赠与协议约定的条件。刘某与雷某签订的股权转让协议本质上也是股权赠与协议，即刘某未收到300,000元的货币或财产情况下而向雷某出具收条，目的是为履行公司与雷某股权激励的约定，也因股权赠与条件无法成就而产生解除协议的请求权。依照《中华人民共和国合同法》第四十四条、第四十五条、第九十四条第四项、第九十七条、第一百九十四条，《中华人民共和国公司法》第七十二条，《中华人民共和国民事诉讼法》第一百四十二条的规定，原审法院判决：一、解除胡某与雷某于2010年9月2日签订的股权激励赠与协议；二、解除刘某与雷某于2011年7月3日签订的股权赠与协议；三、解除刘某与雷某于2011年7月3日签订的股权转让协议；四、雷某于判决生效之日起十日内返还胡某持有的公司1.89%的股权，并协助公司办理工商变更登记手续；五、驳回公司其他诉讼请求。

雷某不服原审法院上述民事判决，向本院提起上诉。

二审期间，当事人各方未提出新的证据。本院对原审法院查明的事实予以确认。

本院认为：根据已查明的事实，并围绕雷某的上诉请求，归纳本案争议焦点为：一、本案是否属于共同诉讼，应否合并审理；二、胡某与雷某之间的股权赠与协议是否应予解除，雷某应否向胡某返还股权；三、刘某与雷某签订股权转让协议及股权赠与协议是否应予以解除，刘某是否应向雷某返还300,000元股权转让款。本院具体评判如下：

关于胡某与雷某签订的股权激励赠与协议解除及返还股权问题。为履行公司与雷某签订的聘用合同中对雷某股权激励之约定，胡某与雷某于2010年9月2日签订了股权激励赠与协议，其内容未违反国家法律及行政法规的禁止性规定，且经公司股东会决议以及赠与人胡某即洪远公司同意，并已将赠与的股权实际交付雷某，故该股权激励赠与协议依法成立，且合法有效。依据聘用合同的约定，公司聘用雷某为总工程师，并对雷某给予股权激励，聘用期限自2009年6月20日至2023年6月20日。胡某与雷某签订的股权激励赠与协议约定，胡某向雷某无偿转让并赠与股权，雷某取得并持续拥有公司的股权的条件之一，即其作为总工程师与公司保持15年的聘用关系，否则公司有权行使回购权，雷应将所持的股权全部无偿转让予胡某。根据本院查明的事实，雷某在公司工作不足3年即提出辞职，单方解除聘用合同，显然未满足持续拥有公司股权的条件。根据《中华人民共和国合同法》第九十四条第（四）项的规定，公司及胡某的合同目的因雷某的违约行为无法实现，公司及胡某有权请求解除股权激励赠与协议，并要求雷某向胡某退还其持有的公司1.89%的股权。雷某认为胡某系代表洪远公司与其签订的激励股权赠与协议，胡某不具有原告主体资格。但事实上胡某未与雷某签订赠与协议前即系公司合法股东并持有公司6.65%的股权，双方在签订的股权激励赠与协议中虽表明胡某系代表洪远公司与雷某签订赠与协议，但并不影响胡某作为股权激励赠与合同主体行使解除权并要求股权的返还，况且洪远公司对此并无异议。雷某认为胡某不具原告主体资格的理由不能成立。

关于刘某与雷某签订股权转让协议及股权赠与协议是否应予以解

除，刘某是否应向雷某返还300,000元股权转让款的问题。刘某与雷某于2011年7月3日签订股权赠与协议和股权转让协议，同样是为了履行公司与雷某签订的聘用合同中的股权激励条款。基于刘某与雷某的约定，因协议未经股东会通过未生效，且雷某已离职，该协议已无履行可能，故应予解除。刘某与雷某签订的股权转让协议约定，刘某应向雷某转让0.81%公司股权，雷某应向刘某支付300,000元股权转让款。刘某于同月向雷某出具了收到300,000元股权转让款的收条，但雷某并未向刘某实际支付300,000元。雷某上诉请求刘某返还300,000元股权转让款意味着其认可股权转让合同的解除，其在未向刘某支付0.81%股权转让对价款的情况下，即主张刘某向其返还股权转让款，没有事实和法律依据，本院不予支持。诉讼中，虽然雷某陈述未实际支付股权转让协议项下的300,000元的原因系与公司应当向其支付的300,000元相抵，但雷某未能提供证据予以证实，故雷某的主张因事实依据不足，本院不予采信。

雷某以公司的诉讼主张是劳动争议人身属性的法律关系，胡某、刘某的诉讼主张是股权合同财产的法律关系，请求驳回公司的起诉问题。由于一审法院对公司主张的竞业禁止赔偿的诉求作为另一民事法律关系未予一并审理，故雷某要求驳回公司起诉的理由不成立，本院不予支持。

综上，原审判决认定事实清楚，适用法律正确，处理恰当。雷某的上诉理由均不能成立，其上诉请求本院依法不予支持。依照《中华人民共和国民事诉讼法》第一百七十条第一款第（一）项的规定，判决如下：

驳回上诉，维持原判。[①]

① 本部分来源于相关判决书主文，限于篇幅，有所删减，读者可自行查阅判决书全文，以全面了解案情。案件若有后续上一级法院生效判决，则以最终的生效判决为准。

第三章
股权激励的出资——大股东借款

大股东借款给激励对象出资，离职后却拒不归还借款

股权激励—争议焦点

本案的焦点在于：为实施股权激励计划，大股东武某借款给贾某 112.5 万元，用于贾某获得的激励股权的出资。贾某违约离职后拒不还款，武某是否可以要求贾某归还全部借款？

案例来源

北京市第一中级人民法院 贾某与武某间借贷纠纷二审民事判决

法院观点解读

【北京市第一中级人民法院】认为：关于案涉借款是否需要偿还，首先，贾某主张该部分款项为股权激励，无须偿还。但该主张与《承诺书》第 3 条后半部分所约定的贾某“偿还承诺人”的内容相悖，本院不予采信。其次，贾某主张该笔借款为附偿还条件的借款，现还款条件未成就故无须还款。本

院认为，还款义务是借款人在合法有效的借贷关系中对出借人所负有的基本义务，除非借贷双方另有特别约定，借款人应及时还款。本案中，依据《承诺书》第 3 条，武某、贾某均同意以贾某未来的股东分红或专项奖金偿还借款，但通观《承诺书》内容，并未约定仅能以该种方式还款，或如未获分红、奖金就不需要偿还借款，贾某主张案涉借款附还款条件，未能充分举证证明，故应认定《承诺书》第 3 条并非还款条件的约定，而是对还款方式的约定。作为借款人，贾某未能以约定的方式履行其还款义务，并不能免除其还款责任，故对贾某的该项上诉意见不予支持。

股权激励—败诉原因

本案中，贾某离职后拒不归还大股东的出资款，然一审、二审均败诉，其败诉原因简要分析如下：

某科技公司在股权激励方案的具体实施中，对于激励股权的出资采用了大股东借款给激励员工的方式。这样就涉及了两个法律关系：一个是大股东和贾某的借贷关系、一个是贾某作为激励员工与科技公司的股权激励关系。离职后，贾某认为激励股权是赠与自己的，无须偿还，因此大股东的出资款也是赠与行为。

一审、二审败诉的主要原因在于，贾某在接受激励股权后，接受了大股东 112.5 万的借款，并签订了一份《承诺书》，约定以未来几年的股东分红或者专项奖金偿还大股东的借款。但因为双方并未约定贾某仅能以分红或专项奖金偿还借款，因此，在贾某离职后，贾某应偿还大股东 112.5 万元的借款。

股权激励—风险预防

本案中，因“激励员工拒不归还大股东借款”引发纠纷，不得不引起企业家们的重视。在《股权激励方案》的设计中，笔者归纳以下风险预防，仅供参考：

在股权激励方案的设计中，须重点把控激励股权的“出资方式”带来的风险，尤其是大股东借款给激励员工出资时，应预防激励员工拿到激励股权后却“人走股走款也走”的风险。

简单而言，对于激励股权如何出资主要有下列几种方式：

第一种，是激励员工直接出资的方式，即激励员工用自有资金出资。在这种模式下，采取股权激励的公司不借款给激励员工，员工需要自筹资金，然后购买激励股权。

第二种，是员工向公司或者大股东借款的方式。这种模式创业公司使用的较多。作为激励员工来说，虽然想要激励股权，但手头资金并不充裕，因此，公司就采取一个折中的方式，一般由大股东提供借款给激励员工。需要注意的是，上市公司不适宜采用借款给员工的方式，股权激励管理办法明确，不得为股权激励对象提供贷款或者任何财务资助。

第三种，无须出资，即公司或者大股东将股份无偿赠与给员工，员工不用出一分钱就可以获得激励股权，双方各取所需，皆大欢喜。

我们尤其需要注意的是第二种方式。在大股东借款给员工出资时，如果在股权激励文件中并未约定还款期限、借款利息、还款来源，则很容易产生纠纷，导致股权激励达不到应有的效果。另外，为了预防“人走股走款也走”的风险，在设计《股权激励方案》时需注意加上逾期还款的逾期利息等违约责任。

典型案例

一审法院认定事实：2013年7月21日，武某出具《承诺书》一份，载明：就科技公司增发股权激励公司高管郑某、吴某、贾某、刘某一事，本人作为董事长，特承诺如下：郑某、吴某、贾某、刘某向公司出资人民币450万元（以增加注册资本的形式），郑某、吴某、贾某、刘某成为股东；出资方式：郑某、吴某、贾某、刘某以货币的方式出资，该450万元出资由承诺人借钱给郑某、吴某、贾某、刘某完成出资，再以郑某、吴某、刘某的未来几年的股东分红或者专项奖金偿还承诺人。落款处有武某、郑某、吴某、贾某、刘某的签名。2013年11月21日，科技公司股东会决议，同意吸收7人为新的股东。后武某通过银行转账方式于2013年11月26日向贾某转账112.5万元。后贾某对该款项一直未予归还。

一审判决认为，合法的民事合同关系受法律保护，合同双方当事人应按合同约定切实履行合同义务。本案中，贾某向武某借款并出具借款凭证，双方之间形成借贷合同关系，该合同关系系双方当事人的真实意思表示，未违反法律法规的强制性规定，应予认定合法有效，当事人均应全面履行各自义务。现武某已经按约定提供了借款，贾某未能偿还借款，虽双方没有约定还款期限，但贷款人可以在合理期限内向借款人主张返还，故贾某应承担返还借款的责任。武某要求贾某偿还借款的诉讼请求，具有事实和法律依据，该院予以支持。贾某辩称系赠与行为，证据不足，该院不予采信。综上所述，依据《中华人民共和国合同法》第一百九十六条、第二百零六条和《中华人民共和国民事诉讼法》第六十四条之规定，判决：贾某于判决生效后七日内返还武某借款112.5万元。

二审中，当事人围绕上诉请求提交了新的证据，本院组织当事人进行了证据交换和质证。贾某向法院提交了3份证据：证据1.武某、公司与吴某签订的协议书及武某、公司与郑某签订的协议书，证明贾某在签订《承诺书》的时候，没有借款的意思表示，承诺书中的借款是虚拟借款；证据2.上海市徐汇区人民法院（2017）沪0104民初30198号民事判决书，证明贾某并非主动离职，是公司、武某违法解除贾某的劳动关系，法院也判决其向贾某支付赔偿金。证据3.劳动手册、就业失业登记证，证明贾某不存在武某主张的去其他与公司有竞争关系的公司工作的情况。武某未提交新的证据，其对贾某提交的证据发表质证意见称：对证据真实性均无异议，但不认可证明目的、关联性。证据1是相关人员另行对股权作出最终的处理，恰恰可以看出郑某、吴某均将股权转让给了武某，以股权对价偿还了向武某的借款，证明武某的借款是真实的。而本案贾某坚持持有公司股权，也没有与武某协商股权的最终处理，故其借款仍未还清。证据2可以看出，2015年3月贾某虽未离职，但已不在公司进行任何劳动，公司是否赔偿贾某与本案无关。证据3体现不出真正的劳动关系，也证明不了贾某是否实际有工作，与本案无关。本院经审查认为，武某对贾某提交证据的真实性没有异议，本院对证据的真实性亦不持异议。证据1的签约主体并非本案当事人双方，且从协议书内容看，各方所约定的法律关系为："虚拟债务"的债务人同意将所获得的公司股权无偿退还给债权人武某，以偿还"虚拟债务"。可见，虽协议书使用"虚拟债务"的表述，但并不是指该笔债务非真实债务之意，否则"虚拟债务"的债务人无退还股权、清结"虚拟债务"之必要，故本院对证据1的证明目的不予确认。证据2、3的待证事项与本案诉争焦点缺乏关联，本院亦不予确认。

本院对一审法院查明的事实予以确认。

本院认为，通观本案，二审争议焦点为双方是否存在借贷关系，及如果双方存在借贷关系，贾某是否应当还款。

对于双方是否存在借贷关系，本院认为，武某、贾某均对《承诺书》的内容及各自签名的真实性不持异议，故就本案而言，《承诺书》是武某、贾某真实意思表示，其内容亦不违反法律、行政法规的强制性规定，应属有效。《承诺书》第3条载明，“出资方式：郑某、吴某、贾某、刘某以货币的方式出资，该450万元出资由承诺人借钱给郑某、吴某、贾某、刘某完成出资，再以郑某、吴某、贾某、刘某的未来几年的股东分红或者专项奖金偿还承诺人。”该约定表明贾某出资款的来源为向武某借款，可以体现贾某、武某就武某向贾某出借款项用于增资一事形成借贷合意。其后，武某向贾某转账112.5万元，实际支付了案涉款项，贾某主张案涉债务为“虚拟债权”，缺乏依据，本院不予采信。贾某主张双方为劳动合同关系，应首先经过劳动仲裁。本院认为，本案所审理的纠纷是贾某和武某的民间借贷纠纷，通过前述认定，可以确认武某与贾某之间存在民间借贷法律关系，虽《承诺书》亦体现了与公司股权激励相关的内容，但就本案而言，并不涉及贾某与公司的劳动合同纠纷。故对贾某该项上诉意见不予支持。

关于案涉借款是否需要偿还，首先，贾某主张该部分款项为股权激励，无须偿还。但该主张与《承诺书》第3条后半部分所约定的贾某“偿还承诺人”的内容相悖，本院不予采信。其次，贾某主张该笔借款为附偿还条件的借款，现还款条件未成就故无须还款。本院认为，还款义务是借款人在合法有效的借贷关系中对出借人所负有的基本义务，除非借贷双方另有特别约定，借款人应及时还款。本案中，依据《承诺书》

第3条，武某、贾某均同意以贾某未来的股东分红或专项奖金偿还借款，但通观《承诺书》内容，并未约定仅能以该种方式还款，或如未获分红、奖金就不需要偿还借款，贾某主张案涉借款附还款条件，未能充分举证证明，故应认定《承诺书》第3条并非还款条件的约定，而是对还款方式的约定。作为借款人，贾某未能以约定的方式履行其还款义务，并不能免除其还款责任，武某主张贾某偿还借款，具有事实和法律依据，应予支持，故对贾某的该项上诉意见不予支持。

对于当事人的其他诉辩意见，本院并非未予考虑，但均不影响本院在前述认定基础上对本案进行处理。

综上所述，贾某的上诉意见不能成立，应予驳回；一审判决认定事实清楚，适用法律正确，应予维持。依照《中华人民共和国民事诉讼法》第一百七十条第一款第一项规定，判决如下：

驳回上诉，维持原判。①

① 本部分来源于相关判决书主文，限于篇幅，有所删减，读者可自行查阅判决书全文，以全面了解案情。案件若有后续上一级法院生效判决，则以最终的生效判决为准。

公司借款给高管出资，仍难留人心，最终“人走股走钱难回”

股权激励—争议焦点

本案的焦点在于：公司借款给副总刘某，用于激励股权的出资，然刘某离开公司后拒不归还该笔出资，公司要求收回激励股权却败诉，原因何在？

案例来源

北京市高级人民法院 北京市第一中级人民法院 北京博某国际中小企业投资顾问有限公司等与刘某合同纠纷二审民事判决书

法院观点解读

【北京市高级人民法院】认为：再审申请人请求撤销原审判决，依法改判确认申请人与被申请人签订的《核心员工股权激励协议》已经解除。本院经审查认为，原审法院根据查明的事实及相关法律，所作判决并无不当，本院应予支持。当事人对自己的诉讼主张有提供证据的责任，否则应当承担不利后果。申请人管理公司与材料公司因未提交合法有效的新证据，故博某公司与康某新公司的再审理由缺乏事实与法律依据，本院不予支持。驳回管理公司与材料公司的再审申请。

股权激励—败诉原因

本案历经一审、二审、再审，管理公司和材料公司却节节败退、连连败诉，导致无法收回离职高管的股权，笔者将败诉原因简要分析如下：

首先，本案股权激励方案最大的败笔在于：对于员工不出资情况下的股权回购未作任何约定！

对于激励股权的出资设计，我们先来简要回顾一下本案所使用的方案：刘某作为投资公司的副总裁，成为材料公司股权激励的核心员工，刘某与管理公司签订的股权激励协议约定刘某需以自有资金购买激励股权，并应一次性足额缴纳认购激励性股票的对价。对于自有资金不足的核心员工，公司制定了借款政策。刘某在签订了激励协议后，告知公司需要安排借款，于是材料公司为刘某代缴了注册资金。刘某在获得激励股权后，拒不签署借款合同，亦不返还出资款，故而三方成讼。

鉴于与刘某签订的股权激励协议中并未约定，如果刘某拒不缴纳出资款的处理方式，因而，对于公司要求收回激励股权的诉请，一审、二审、再审均未支持。

股权激励—风险预防

本案中，公司败诉的结果不得不引起企业家们的重视。在《股权激励方案》的设计中，笔者归纳以下风险预防，仅供参考：

如果公司或者大股东借款给激励员工出资，而公司在实施股权激励方案时对于“未按照约定出资的退出机制”没有明确约定，特别是对于高管未按照约定出资的违约责任未作约束，则面临的最大风险在于：高管获得股权后，不愿意归还借款，而高管手中的股权亦难以收回。

笔者在为一些创业公司处理股权激励纠纷时，注意到一个普遍的奇怪现象：虽然股权激励协议中约定了大股东借款给高管用于购买激励股权，但对于高管应该什么时候归还借款，以及如果拒不归还借款公司是否有权收回股权，均未作约定。一旦双方的“蜜月期”过了，高管“卷股而走”时，公司才发现《股权激励方案》设计中的疏漏，直接导致激励股权无法收回的后果。而此时，悔之已晚！

典型案例

再审申请人北京博某投资管理有限公司（以下简称“管理公司”）及北京某材料股份有限公司（以下简称“材料公司”）因与被申请人刘某合同纠纷一案，不服北京市第一中级人民法院（201×）一中民（商）终字第 ××× 号民事判决，向本院申请再审，本院依法组成合议庭对本案进行了审查，现已审查终结。

管理公司与材料公司申请再审称：原审法院适用法律错误，判决不公，为了维护其合法权益，依据《中华人民共和国民事诉讼法》第二百条第六项之规定提出再审申请，请求撤销原审判决，依法改判确认申请人与被申请人签订的《核心员工股权激励协议》已经解除，并有被申请人承担本案诉讼费。

刘某未提交书面意见。

本院经审查认为，原审法院根据查明的事实及相关法律，所作判决并无不当，本院应予支持。当事人对自己的诉讼主张有提供证据的责任，否则应当承担不利后果。申请人管理公司与材料公司因未提交合法有效的新证据，故管理公司与材料公司的再审理由缺乏事实与法律依据，本院不予支持。

综上，管理公司与材料公司的再审申请不符合《中华人民共和国民事诉讼法》第二百条规定的情形。依照《中华人民共和国民事诉讼法》第二百零四条第一款之规定，裁定如下：

驳回管理公司与材料公司的再审申请。[①]

① 本部分来源于相关判决书主文，限于篇幅，有所删减，读者可自行查阅判决书全文，以全面了解案情。案件若有后续上一级法院生效判决，则以最终的生效判决为准。

股权激励方案有疏漏，“阴阳合同”险遭败诉

股权激励—争议焦点

本案的焦点在于：同时存在《股权激励协议》和《股权转让合同》，而且股权价格不相一致，究竟该以哪份协议确定股权价格？

案例来源

广东省高级人民法院　广州市中级人民法院　彭某、广州某日用品有限公司股权转让纠纷再审审查与审判监督民事裁定书

法院观点解读

【广东省高级人民法院】认为：在公司经营状况良好的情况下，彭某以显著低于《股权与激励股权协议》中所确认的股权价格购买曾某所持股权，不符合常理。因此，二审法院综合全案证据，结合公司经营情况以及彭某与公司之间劳动争议等情况，认为公司、曾某关于《股东转让出资合同书》是为办理股权变更工商登记提供便利，并非其真实意思表示，彭某获得股权的依据是《股权及激励股权协议》的主张较为可信，并无不当。彭某已实际取得公司 10% 的股权，且办理了变更登记，其称《股权及激励股权协议》未实际履行的理由不能成立，二审法院判决彭某应依照《股权及激励股权协议》所确定的价格向股权出让人曾某支付股权出让金 200,001 元，并无不当。综上，

彭某申请再审的理由不成立，本院不予支持。

股权激励—败诉原因

本案中，激励股东彭某再审最终败诉。其败诉原因简要分析如下：

本案中，出现了两个股权价格，究竟按照哪一个价格支付，双方各执一词。25 万余元的价格来自《股权及激励股权协议》的约定，即彭某自 2012 年 2 月 16 日起担任公司营销副总经理，2012 年 9 月 20 日与公司签订《股权及激励股权协议》，约定彭某有权以 25 万元的价格购买公司 5% 的实际股权，及以 1 元的价格购买公司 5% 的激励股权。

另一个价格则只有 5 万，来自《股东转让出资合同书》中的约定，即 2013 年 6 月 25 日，曾某与彭某签订《股东转让出资合同书》，彭某从曾某处受让公司 10% 的股份，并经变更工商登记彭波成为公司股东。但彭某并未与公司解除《股权与激励股权协议》。

而广东省高级人民法院最终判决彭某败诉，主要原因在于：曾某与彭某的《股东转让出资合同书》是为办理股权变更工商登记提供便利，故而约定了 5 万的股权价格，并非真实的股权价格。因此，彭某应按照《股权及激励股权协议》约定支付激励股权价格。

股权激励—风险预防

本案中，因股权价格约定不明引发诉讼，不得不引起企业家们的重视。在《股权激励方案》的设计中，笔者归纳以下风险预防，仅供参考：

笔者在为一些企业设计《股权激励方案》时，注意到一般公司在实施股权激励方案时，比较倾向于采用“股权转让”的方式将激励股权“授予”激励员工。而在办理工商变更登记时，时常会使用“工商版的股权转让合同”，为了避免缴纳高额的所得税，往往以一个极低的价格进行激励股权的工商变更，甚至以1元转让股权。此时，我们需要重点预防的一个风险就是：在激励股权转让时，切勿搞混“阴阳合同”导致“弄假成真”，将极低的“工商版价格”变成“真正的激励股权价格”。

典型案例

再审申请人彭某因与被申请人广州某日用品有限公司（以下简称“公司”）曾某，一审第三人某股权转让纠纷一案，不服广东省广州市中级人民法院（201×）粤××民终×××××号民事判决，向本院申请再审。本院依法组成合议庭对本案进行了审查，现已审查终结。

彭某申请再审称：一、彭某取得股权是基于股权转让而非股权激励，二审法院将股权转让与股权激励两个并存的事实混为一谈，认定事实缺乏依据。彭某所主张的股权转让有《股权转让出资合同书》《收据》《股东会决议》等证据为证，可证明彭某取得曾某10%的股权经工商登记，已经支付了相应的股权转让款，公司、曾某未能就上述事实提供反证。二、二审法院认定彭某取得股权是通过股权激励不符合事实。首先，《股权及激励股权协议》约定的条件未成就，彭某认购股权的条件是连续两年回款达到约定数额，在劳动仲裁案件中公司明确表示彭某未完成2013年度和2014年度的销售指标，公司不可能给予彭某股权；其次，股权激励约定的时间未到。股权激励约定的受让时间为2013年6月30日至2015年6月29日，而股权转让的时间为2013年6月25日，公司提前、超额给予彭某股权利益，亦不符合常理。三、《股东转让出资合同书》与《股权与激励股权协议》之间是相互独立的，公司的证据只能证明双方之间存在《股权与激励股权协议》，但不足以推翻《股东转让出资合同书》，不足以否定股权转让与股权激励同时存在。转让股权的价格应当遵从当事人意思自治原则，二审法院以股权价格相差10倍则认定公司的陈述成立，显失公平。综上，请求依法再审本案。

本院经审查认为，彭自2012年2月16日起担任公司营销副总经理，2012年9月20日与公司签订《股权及激励股权协议》，约定彭某有权以25万元的价格购买公司5%的实际股权及以1元的价格购买公司5%的激励股权。2013年6月25日，曾某与彭某签订《股东转让出资合同书》，彭某从曾某处受让公司10%的股份，并经变更工商登记彭某成为公司股东。但彭某并未与公司解除《股权与激励股权协议》，也不存在《股东转让出资合同书》取代《股权与激励股权协议》的情形。公司、曾某称《股东转让出资合同书》是为办理股权变更工商登记提供便利，并非其真实意思表示，要求彭某按照《股权及激励股权协议》约定支付对价50万元。彭某称《股东转让出资合同书》合法有效且已经支付股权转让金5万元，不应再向公司、曾某支付股权转让金。结合《营销副总经理聘用协议》及《股权与激励股权协议》，可知彭某获得公司股权与其担任营销副总经理职务及工作业绩密切相关。双方在2012年9月签订的《股权与激励股权协议》所约定的股权价格为每股5万元，2012年9月至2013年6月期间公司均正常经营。本案中没有证据显示2012年9月至2013年6月期间，公司存在公司资产或经营状况恶化等可能导致股权价格巨幅降低的情形。公司与彭某签订的《营销副总经理聘用协议》中约定，公司每季度按实际回款总金额的1%支付给彭某作为季度提成。2015年5月，彭某在与公司的劳动争议案件中，要求公司支付2013年度、2014年前三季度的提成达到59万余元的情况，可反映出彭某知悉公司经营状况良好的事实。在公司经营状况良好的情况下，彭某以显著低于《股权与激励股权协议》中所确认的股权价格购买曾某所持股权，不符合常理。因此，二审法院综合全案证据，结合公司经营情况以及彭某与公司之间劳动争议等情况，认为公司、曾关于《股东转让出资合同书》是为办理股权变更工商登记提供便利并非其真实意思表示，彭某获得股权的依据是《股权及激励股权协议》的主张较为可信，并无不当。彭某已实际取得公司10%的股权且办理了变更登记，其称《股权及激励股权协议》未实际履行的理由不能成立，二审法院判决彭某应依照《股权及激励股权协议》所确定的价格向股权出让人曾某支付股权出让金200,001元，并无不当。综上，彭某申请再审的理由不成立，本院不予支持。

依照《中华人民共和国民事诉讼法》第二百零四条第一款、《最高人民法院关于适用的解释》第三百九十五条第二款规定，裁定如下：

驳回彭某的再审申请。[①]

① 本部分来源于相关判决书主文，限于篇幅，有所删减，读者可自行查阅判决书全文，以全面了解案情。案件若有后续上一级法院生效判决，则以最终的生效判决为准。

第四章
绩效考核是矛，还是盾

公司以绩效考核不合格为由取消分红权是否合法

股权激励—争议焦点

本案的焦点在于：公司采用的是“虚拟股权激励”的方式，以激励员工绩效考核不合格为由，取消员工王某的股权激励，却缘何败诉？

案例来源

上海市第一中级人民法院 上海某企业信用征信有限公司诉王某追索劳动报酬纠纷一案

法院观点解读

【上海市第一中级人民法院】认为：根据《CTC公司股权激励基本规章（决案）》，被上诉人王某于2009年达到合伙人条件，其从下年即2010年享有合伙人权利。王某于2010年12月31日向信用公司提出辞职，并最后工作至2011年1月13日。《CTC公司股权激励基本规章（决案）》虽规定执业合伙人与公司终止用工劳动关系，公司有权收回股份，但王某2010年全年为公司提供劳动，其仍有权获得在职期间的2010年度的分红。公司辩称，因王某2010年度考核不合格，故其无权取得2010年度的劳动分红，但公司未提供王某2010年度考核不合格的充分证据，故本院对此辩称不予采信。

股权激励—败诉原因

本案中，信用公司一审、二审均败诉，被判决须支付考核不合格员工王某的分红款，其败诉原因简要分析如下：

信用公司实行的《CTC公司股权激励基本规章（决案）》实则是一种“虚拟股权激励”，即激励股份持有人只在任职期间有效；执业合伙人每年考评一次，以决定合伙人的升降和退出，当年评定达到合伙人条件的从下年开始享有合伙人权利，但该权利必须在第二年的考核中符合要求，否则不享有合伙人权益；与公司终止用工合同关系，公司有权收回股份等。

王某因优异的表现和出众的工作能力，在通过考核后被授予3%的虚拟股权，可以享受公司内部的分红。后王某离职，信用公司认为离职员工不应享受分红权利，故而以王某2010年考核不合格为由，拒绝支付王某2010年在职期间的分红款。但是，在诉讼中公司却未提供王某2010年度考核不合格的充分证据，因而败诉。

股权激励—风险预防

本案中，信用公司败诉的结果不得不引起企业家们的重视。在《股权激励方案》的设计中，笔者归纳以下风险预防，仅供参考：

在为企业设计过的激励计划中，至少一半以上的企业希望笔者在《股权激励协议》中约定，以公司的年终绩效考核结果作为激励股权分红或者期权行权的前提条件。如果激励员工上一年度的绩效考核结果为“不合格”，则取消该员工的分红或者股权期权等。

实践中，如果激励员工和公司因为“绩效考核结果”发生争议，则往往不得不诉至法院。而在“证据为王”的民事诉讼中，公司如果以员工“绩效考核不合格”为由取消激励股权的分红，则需要向法院提供考核不合格的证据，如果公司主张员工“考核不合格”，却没有任何的证据予以证明，则会面临败诉的结果。

笔者希望通过本案例提醒企业家，在实施股权激励的过程中，“绩效考核”作为单位对于激励员工业绩的一种单方判断权，应当通过预先设立的考核程序和考核标准进行。如果企业仅把“绩效考核”作为任意评价员工的一把“尚方宝剑”，则会失去激励员工对公司的“信任”，最终会导致企业的股权激励“名存实亡”。

典型案例

王某系外省市来沪从业人员，于2007年10月30日进入甲公司工作，担任信用分析师。2007年12月30日，双方订立期限为2007年12月30日至2008年12月29日的劳动合同。2008年12月29日，双方续订劳动合同，期限至2010年12月29日止。2010年12月31日，王某向信用公司提出辞职。2011年1月13日，王某签署了离职交接单，最后工作至当日。信用公司按3,000元的月薪标准发放王某2011年1月1日至13日工资614.60元。

2011年12月6日，王某向上海市徐汇区劳动争议人民调解委员会申请调解，调解不成后于同日向上海市徐汇区劳动人事争议仲裁委员会申请仲裁，要求信用公司：一、支付2010年度提成27,792.30元及自

2011 年 1 月 13 日起按银行同期贷款利率支付利息；二、补足 2007 年 12 月至 2010 年 12 月的社会保险费差额。该仲裁委于 2012 年 1 月 5 日作出徐劳人仲（2011）办字第 2115 号仲裁裁决，认为王某要求信用公司支付的 2010 年度提成不属于劳动报酬性质，且王某要求信用公司自 2011 年 1 月 13 日起按银行同期贷款利率支付利息非该会处理范围，故该会对王某该两项申诉请求均不作处理，并裁决对王某要求信用公司补足 2007 年 12 月至 2010 年 12 月社会保险费差额的申诉请求不予支持。王某不服该裁决，遂向原审法院提起诉讼。

原判另查明，信用公司于 2007 年实行的《CTC 公司股权激励基本规章（决案）》规定：草案所拟定之股权按照不同部门或公司设定，并按照相关公司赢利状况执行，合伙人总人数控制在员工总数的 1/3 以内；执业合伙人的评定每年进行一次，经过股东认可的员工并按照工作年限、职位、岗位级别、业绩、综合素质等标准进行评定；股份持有人只在任职期间有效；执业合伙人每年考评一次，以决定合伙人的升降和退出，当年评定达到合伙人条件的从下年开始享有合伙人权利，但该权利必须在第二年的考核中符合要求，否则不享有合伙人权益；执业合伙人主动离开公司应提前至少 1 个月通知；与公司终止用工合同关系，公司有权收回股份等。

2009 年 3 月 13 日，信用公司向甲出具“华予信公司业务合伙人股权凭证”，内容为“兹有信用公司（以下称‘本公司’）员工王先生，因其优异的表现和出众的工作能力，根据的考核并经本公司全体股东讨论一致通过，决定赠与王先生本公司股权 3%（调查业务），以资奖励。”该股权凭证注明“本股权凭证只作公司内部分红权证明，不可引作其他用途”。

2010年2月23日，信用公司通过银行转账形式向王某支付2009年度分红24,447元。

2010年9月16日，信用公司两位股东徐某和王某签订股权转让协议，徐某将其持有的10%股份一次性转让给王某。该协议列明股权价值计算明细，其中"截至2010年7月31日尚未进入统计的奖励和分红114,502.63……④运作管理，王某，部门完成单元的×14完成单元1,171.3×14% = 16,398；⑤运作7月奖励22,235；⑥未分红部分，利润的11%（3%+3%+5%）540,405.77×11% = 59,444.63"。

2011年2月24日，王某向上海市长宁区劳动人事争议仲裁委员会申请仲裁，要求信用公司支付赔偿金35,000元、2011年1月1日至13日工资差额3,885.40元、2010年第四季度奖励6,825元、2010年年终奖励7,600元、2010年团队管理奖33,600元。该仲裁委于2011年5月30日作出长劳人仲（2011）办字第256号仲裁裁决：信用公司应当自裁决生效之日起7日内支付甲2011年1月1日至13日工资差额2,999.97元、2010年第四季度奖励6,825元、2010年团队管理奖384元，对王某的其他请求不予支持。王某不服该裁决，向上海市长宁区人民法院提起诉讼。该院于2011年12月15日作出（201×）长民一（民）初字第××××号民事判决：信用公司于判决生效之日起10日内支付甲2011年1月1日至13日工资差额3,063.56元、2010年第四季度奖励6,825元、2010年团队管理奖1,584.52元、驳回王某其他诉讼请求。双方均不服该判决，向上海市第一中级人民法院提起上诉。该院于2012年5月8日作出（201×）沪一中民三（民）终字第×××号终审判决：一、维持上海市长宁区人民法院（201×）长民一（民）初字第××××号民事判决主文第一、二、四项；二、变更上海市长宁区人民法院（201×）长民一（民）初字第 ×××× 号民事判决主文第三项为：信用公司于判决生效之日起10日内支付甲2010年团队管理奖3,339.90元。

原判又查明，原审法院于2011年9月2日立案受理王某诉信用公司股东资格确认纠纷一案。在原审法院组织该案的调解中，信用公司表示“2009年3月13日我方确实给了王某‘调查业务’的股权，此凭证只是用于内部分红权的证明，公司每年考核一次，考核通过本年度可以有分红权。另外，王某已经离职，按照我方规定离职员工已不享有此待遇”。因王某未按规定预交案件受理费并明确表示撤回起诉，故原审法院于2011年10月26日作出（201×）徐民二（商）初字第 ×××× 号民事裁定：该案按撤诉处理。

原审诉讼中，信用公司为证明其2010年度利润为94,064.91元，向原审法院提交了如下证据：

一、“中华人民共和国企业所得税年度所得税年度纳税申报表（A类）”，主管税务机关于2011年4月28日受理，该表第13行“三、利润总额（10+11−12）”为94,064.91元；

二、填报日期为2011年5月18日的“2010年度企业法人年检报告书”，登记机关为上海市工商行政管理局徐汇分局，其中利润表上显示“四、利润总额”与上述证据中的利润金额一致。

王某对该两份证据的真实性无异议，但表示该两份证据上的利润金额仅是向相关部门申报的数据，未经审计，不能将信用公司自行制作的财务数据作为认定依据，且与股东转让协议中明确截至7月底的利润相比，相互矛盾。王某坚持申请对信用公司2010年度的利润进行审计，并同意预缴相关审计费用。信用公司于2012年10月25日向原审法院提交“关于法院拟决定审计的异议”，对审计提出异议，明确表示不予配合审计。

王某在原审第二次庭审中当庭出示了信用公司2009年度年检报告作为反驳证据，该报告中的“全年净利润”为61,203.95元。信用公司认为该证据已过举证期限，但对该证据的真实性没有异议。其解释称，因甲2009年度表现不错，公司愿意多支付，与公司的利润无关。此外，信用公司在原审第一次庭审中却表示，2009年度分红是按照内部利润的3%向王某发放。

原审法院审理后依照《中华人民共和国劳动法》第七十八条、《中华人民共和国劳动合同法》第三十条第一款的规定，判决如下：信用公司于判决生效之日起7日内支付甲2010年度分红27,792.30元。案件受理费10元，减半计5元，免予收取。

在本院二审中，上诉人甲公司要求维持原审判决主文，改判其无须支付被上诉人甲2010年度分红27,792.30元。王某则不接受信用公司的上诉主张。

经审理查明，原判认定事实正确，双方对此均无异议，本院予以确认。双方除原审法院查明的事实之外，均无事实需要补充。

本院认为，上诉人信用公司于2009年3月13日根据《CTC公司股权激励基本规章（决案）》向被上诉人王某出具“华予信公司业务合伙人股权凭证”“决定赠与甲先生本公司股权3%（调查业务），以资奖励”，该股权凭证注明“本股权凭证只作公司内部分红权证明，不可引作其他用途”。从前述内容看，信用公司向王某出具的“华予信公司业务合伙人股权凭证”实为一种虚拟的股权激励，该股权激励赋予员工的分红权属于甲薪酬的组成部分，当属劳动争议范畴。信用公司关于王某本案所主张的标的不属于劳动报酬的辩称，本院不予采信。

根据《CTC公司股权激励基本规章（决案）》，被上诉人王某于2009年达到合伙人条件，其从下年即2010年享有合伙人权利。王某于2010年12月31日向上诉人信用公司提出辞职，并最后工作至2011年1月13日，《CTC公司股权激励基本规章（决案）》虽规定执业合伙人与信用公司终止用工劳动关系，信用公司有权收回股份，但王某2010年全年为信用公司提供劳动，其仍有权获得在职期间的2010年度的分红。信用公司辩称，因王某2010年度考核不合格，故其无权取得2010年度的劳动分红，但信用公司未提供王某2010年度考核不合格的充分证据，故本院对此辩称不予采信。

关于上诉人信用公司2010年度的利润。信用公司主张其2010年度的利润为94,064.91元，为此提供了2010年度所得税纳税申报表和企业法人年检报告书予以证明。王某对该两份证据本身的真实性没有异议，但对证明内容提出异议，认为未经审计不能作为认定依据，并提供了信用公司2009年度企业法人年检报告书结合信用公司实际发放的2009年度分红的事实予以反驳。信用公司2009年度企业法人年检报告书显示的该年度利润为61,203.95元，王某2009年度获得的分红为24,477元，双方确认王某2009年度的分红是信用公司内部利润的3%。按照信用公司提供的2009年度企业法人年检报告书载明的利润和3%的分红比例，计算所得2009年度分红的金额与王某实际获得的2009年度分红数额存在较大差额，对此信用公司解释称，公司是按照内部利润的3%发放分红的，因王某2009年度表现不错，公司愿意多支付，但该解释缺乏说服力，本院不予采纳，进而认为信用公司提供的2010年度企业法人年检报告书上的利润数据不能真实反映信用公司2010年度的利润，该利润数据不能作为本案分红的计算依据。又因在王某坚持要求对信用公司

2010年度利润进行审计的情况下，信用公司明确拒绝配合审计，致使本可查清的信用公司2010年度利润的事实无法通过审计结论予以认定，信用公司应承担不利的后果。综上，本院根据信用公司两位股东徐某和王某于2010年9月16日签订的股权转让协议中载明的截至2010年7月31日未分红利润为540,405.77元，推算出信用公司2010年度的利润为926,409.89元（540,405.77元/7个月 ×12个月）。根据信用公司利润的3%的分红比例，信用公司应当支付甲2010年度分红27,792.30元。信用公司要求不支付王某2010年度分红27,792.30元的上诉请求，因缺乏依据，本院不予支持。

综上所述，原审法院根据查明的事实依法所作的判决正确，应予维持。上诉人信用公司的上诉请求理由不能成立，本院不予支持。依照《中华人民共和国民事诉讼法》第一百七十条第一款第（一）项之规定，本院判决如下：

驳回上诉，维持原判。①

① 本部分来源于相关判决书主文，限于篇幅，有所删减，读者可自行查阅判决书全文，以全面了解案情。案件若有后续上一级法院生效判决，则以最终的生效判决为准。

因股权激励绩效考核设计有疏漏，佰草集一审、二审均败诉

股权激励—争议焦点

本案的焦点在于：佰草集以易某绩效考核不合格，而将易某的激励股权进行注销，并将其辞退，其做法是否合法？

案例来源

上海市第二中级人民法院　上海佰草集美容投资管理有限公司与易某劳动合同纠纷二审民事判决书

法院观点解读

【上海市第二中级人民法院】认为：佰草集公司承认易某的上级主管曾向易某发送《年度绩效考核说明会（SPA）》及3个附件，在此情形下，易某要求按该文件作为其绩效考核的执行依据，原审法院予以认同，并无不当。本院认为，用人单位对劳动者实施年度绩效考核，属于用人单位对劳动者全年工作业绩的一种单方判断权，系用人单位行使的自主管理权之一。用人单位行使此种单方判断权，应当通过预设的考核程序和考核指标进行。尽管在《〈2014年绩效计划与考核表〉拟定的21个问答》中提到“对员工综合评价的维度除了绩效，还有价值观、能力/潜力的维度”，但价值观、能力/潜力

等项目的具体内容和含义，佰草集公司并未设定有效客观的评价体系，而且这些因素如何在最终的考核结果上反映出来，佰草集公司并未提供充分的证据证明。鉴于佰草集公司至今未提供与绩效等级为“D”相对应的考核标准，原审法院据此否定易某绩效等级为“D”的考核结果，并无不妥。由此，原审法院对佰草集公司作出的“不能胜任本岗位工作”解除理由不予采信，并认定佰草集公司行使单方解除权缺乏事实和法律依据，本院认同。

股权激励—败诉原因

本案中，因股权激励绩效考核引发纠纷，佰草集公司最终败诉，未能收回考核不合格员工的激励股权，其败诉原因主要在于公司的“股权激励方案”中，对于绩效考核的设计存在以下几个败笔：

败笔一：佰草集虽然在《〈2014 年绩效计划与考核表〉拟定的 21 个问答》中提到“对员工综合评价的维度除了绩效，还有价值观、能力 / 潜力的维度”，但对于价值观、能力 / 潜力等项目的具体内容和含义，并未设定有效客观的评价体系。

败笔二：对于员工年度被评定为“D”时，未能结合员工在年度内业绩、行为及能力的综合评估结果得出员工绩效考核得分。

败笔三：未能预设绩效考核为“D”的考核标准，以至于无法在法庭中说明易某绩效考核为“D”的依据。

我们可以预判一下，如果易某的考核结果被法院认定为“D”的话，则易某因公司股权激励计划而持有的 18,000 股限制性股票，就会被佰草集公司予以注销。但是，易某的考核结果一旦被法院判决推翻的话，则公司注销其 18,000 股股票的决定也随之被推翻，公司将其解聘的决定也将随之无效。

因此，因佰草集“股权激励方案”设计中的缺陷，导致了其一审、二审均败诉的结局，不得不令人深思。

股权激励—风险预防

本案中，佰草集败诉的结果不得不引起企业家们的重视。在《股权激励方案》的设计中，笔者归纳以下风险预防，仅供参考：

为了预防激励员工"躺在股权上睡觉"，公司在对核心员工进行股权激励时，往往会将绩效考核的结果与股权激励结合起来。如果激励员工的上一年度绩效考核结果为不及格，则会直接影响激励股权的分红、解锁，或者认购等。反过来，企业家们需要预防的一个风险是，如果绩效考核的结果一旦被法院判决推翻，则公司因员工绩效考核不合格作出的决定，例如解聘、不分红、注销股权等也会随之无效。

公司对于员工的绩效考核属于一种单方的判断权，应当通过预设的考核程序和考核指标严格进行。如果公司不按照预设程序和指标进行考核，只是"任性"或"随意化"地考核，则可能面临致命的败诉风险。

典型案例

上海佰草集美容投资管理有限公司（以下简称"佰草集公司"）因劳动合同纠纷一案，不服上海市虹口区人民法院一审民事判决，提起上诉。

原审法院经审理查明，易某于2004年7月20日进入上海家化国际商贸有限公司工作，2010年9月1日被安排至上海双妹实业有限公司工作，2013年9月1日起被安排至佰草集公司工作，担任营运发展经理，双方签订了期限至2016年8月31日的劳动合同，合同约定易某每月固定工资为税前12,980元。2015年8月6日，佰草集公司向易某送达了《劳动合同解除通知书》，内容为：根据易某的工作表现考核，公司认为其不能胜任本岗位工作，于2015年3月1日调整工作岗位，并于2015年4月16日至2015年4月17日期间安排其参加培训，但经该等调岗和培训后，易某仍被认定为不胜任工作。在此情况下，公司决定于2015年8月6日解除与易某的劳动合同关系。公司将依法向易某支付劳动合同解除的1个月代通知金及经济补偿金191,999.90元（税前）。之后，佰草集公司将上述款项汇入易某银行卡内。2015年9月23日，易某至上海市虹口区劳动人事争议仲裁委员会申诉，要求佰草集公司自2015年8月7日起与易某恢复劳动关系。审理中，佰草集公司提起反请求，要求易某返还公司为其配备的价值4,017.09元的笔记本电脑一台和公司门禁卡一张。上海市虹口区劳动人事争议仲裁委员会合并审理后，于2015年11月5日作出裁决。

原审法院另查明：佰草集公司实行年度绩效考核制度，2014年实行的年度绩效考核管理系统正式在公司内网（家园）上线。操作流程为：员工需通过家园在线的端口进入填写本人的年度绩效计划，直接主管根据员工填写提交绩效计划表进行在线审核和确认，并且逐级审核、复核至部门负责人审批确认。根据易某《2014年度绩效计划与考核表》显示：易某于2014年8月28日初次在线提交绩效计划，最终其年度绩效计划于2014年9月1日经部门负责人审核通过。易某于2015年1月12日提交2014年度绩效自评，同日直接主管完成初评，2015年1月15日部门负责人完成绩效等级复评，易某2014年度绩效考核得分为2.135分。2015年2月13日易某收到其年终绩效考核等级为“D”（未达标）的电子邮件。2015年3月1日佰草集公司将易某的工作岗位调整为营运发展专员，后向其发送了《员工沟通函》和《职位说明书》，2015年4月16日至4月17日佰草集公司安排易某参加《时间与压力管理》培训课程。培训课程结束后，佰草集公司为易某设定了为期2个月（2015年5月1日至2015年6月30日）的考核期及相应的考核目标（将年度目标折算为2个月），并向易某发送了绩效改进考核方案。方案显示：考核项目由新客人、新产品销售、异业合作及督查工作组成。每项单项得分相加为本次考核期综合得分：未达成目标为0–60分，达成目标（合格）为61–90分……考核期满，佰草集公司评定易某考核结果未能达到考核目标。

原审法院经审理后认为：本案中，佰草集公司现主张易某存在上述情形，并根据该规定与易某解除了劳动合同，易某对此不予认可，佰草集公司应负举证责任。首先，易某对于佰草集公司2014年度实行的年度绩效考核及具体操作流程没有异议，但对于佰草集公司对其2014年度考核的过程及结果存在异议。根据本案查明事实，佰草集公司因易某2014年度年终绩效考核等级为“D”（未达标），不能胜任目前岗位的要求对易某安排了培训并换岗，而佰草集公司对于易某绩效综合评分为2.14分，根据易某提供的佰草集公司2014年绩效管理相关规定中反映出该分值属于“C”（部分达标）。佰草集公司对此规定真实性予以认可，称在实际操作中已不适用，但并没有对此提供证据证明。另，佰草集公司称：易某2014年度年终绩效考核等级为“D”（未达标），除了上述分值外，还要结合易某行为即能力等综合评估，但佰草集公司对此除提供易某与上级邮件往来证据，没有等级为“D”的对应证据，而根据易某主张，往年均有分数与最终评定挂钩，并提供了2012年度员工绩效与能力再考察评定表（适用于年终绩效等级为“C”的经理级员工）佐证。其次，对于佰草集公司安排易某的培训时间为2天，内容为《时间与压力管理》，此培训并不属于上述法律规定的“不胜任工作的培训”。再，佰草集公司对于易某的“换岗考核方案”系纯粹针对易某而设定，没有相应的规章制度予以参照。综上，原审法院认为，佰草集公司没有证据证明易某存在“劳动者不能胜任工作，经过培训或者调整工作岗位，仍不能胜任工作的”情形，佰草集公司因此与易某解除劳动合同没有依据，易某要求恢复劳动关系原审法院予以支持。另，易某由于对于仲裁其余裁决没有提出异议，而易某返还佰草集公司价值4,017.09元的笔记本电脑一台及返还佰草集公司门禁卡一张的裁决不影响易某与佰草集公司恢复劳动关系。综上，原审法院依照《中华人民共和国劳动合同法》第四十条、《最高人民法院关于民事诉讼证据的若干规定》第二条的规定，判决：一、上海佰草集美容投资管理有限公司自2015年8月7日起与易某恢复劳动关系；二、自本判决生效之日起7日内，易某返还上海佰草集美容投资管理有限公司价值4,017.09元的笔记本电脑一台及门禁卡一张。

原审判决后，佰草集公司不服，向本院提起上诉。

上诉人佰草集公司诉称：易某自2013年9月1日起至佰草集公司工作，双方劳动合同期限自2013年9月1日至2016年8月31日，易某所任职位为营运发展经理，从事销售类岗位，却自2014年始即出现消极怠工、业绩表现差的问题。最终在2015年1月进行的2014年度的工作绩效考核中，被评定为等级“D”（不达标）。对此，佰草集公司依法调整易某的工作岗位至营运发展专员，并后续安排易某参加了有关纠正其工作问题的培训。培训后经过2个月的考核期，易某仍然不达标。无奈之下，佰草集公司解除了与易某的劳动合同。然而，原审判决依据易某提交的2014年8月5日盛某转发的邮件及3份附件，片面理解佰草集公司的考核制度，机械地将佰草集公司员工取得的个人绩效评分与员工考核等级直接挂钩。首先，该份邮件系公司用以指导各部门经理级管理层如何帮助下属设定其年度目标，并非公司直接与部门经理以下级别的员工（包括易某）约定其年度考核的具体标准。易某为主任级职员，根本不在该份邮件的收件人之列，仅仅是经其主管转发取得相关内容。且该文件是公司的内部文件，不具有执行性。其次，根据该份邮件附件中的《2014 年年度绩效管理说明》PDF 内容，其中第 6 项也明确规定，“员工绩效等级（PG）的评定由员工个人的绩效分数与部门业绩综合决定”“部门评价之后，需要在公司范围内复评”。最终员工等级的 A、B、C、“D”档仍将按比例进行调整，进行部门内的强制分布。可见，该考核标准制定之初，也从未将员工个人的绩效分数的 1–5 分与最终等级的 A–D 级别简单对等，该项第 1 点的表格仅是原则上的对应，不是最终结果。且同为该邮件附件的《〈2014 年绩效计划与考核表〉拟定的 21 个问答》中第 20 项明确：“问：这张考核表的考核结果是对员工最终的综合评价吗？”“答：本表是对员工年度绩效达成的评价，不是对一个员工的综合评价。公司对员工综合评价的维度除了绩效，还有价值观、能力 / 潜力的维度。”可见，绩效分数并不是最终结论。佰草集公司作为用人单位，对员工日常工作分阶段进行考核是用人单位经营自主权的体现，员工的工作表现优劣、工作能力高低、工作态度端正与否，应当也只能由用人单位作出基本判断。佰草集公司依据《劳动合同法》第四十条第（二）项的规定，对考核不达标不能胜任工作的员工，依法给予转岗，并且给予培训和考察的机会。现易某在考核期工作表现并无改善，也未能认识到其工作中存在的客观问题，经其主管多次沟通无果，为保证公司对团队的正常管理秩序，佰草集公司依照法律要求谨慎履行了全部的解除程序，不存在瑕疵。退一步讲，即使佰草集公司对易某的解除不当构成违法，目前双方早已失去互信，且佰草集公司提供的组织架构图也表明营运部已调整为销售部，易某的职位也有他人接替，客观上已不存在继续履行的可能性。在劳动合同即将于2016年8月31日到期的情况下，原审判令恢复劳动关系不妥。故佰草集公司提起上诉，请求二审法院确认佰草集公司解除与易某的劳动合同合法，改判无须自2015年8月7起恢复与易某的劳动关系。被上诉人易某辩称：佰草集公司实行年度绩效考核制度。2014年8月5日，易某的上级主管通过电子邮件发送2014年度的绩效考核标准，易某属于该绩效考核标准适用人员之一。按照佰草集公司提交的《员工年度绩效计划与考核表》，易某2014年度的绩效考核评分是2.135分，虽不认可，但即便是该绩效分数，根据易某提交的绩效考核标准，绩效分数在2.0和3.0之间的是“C”档，也属于部分达标，现公司最终认定绩效等级为“D”档，可佰草集公司至今未提供考核的依据和标准。尽管佰草集公司声称绩效等级确定要结合评价，但是综合评价并不等于佰草集公司可以脱离考核标准和考核分数，无任何依据的给易某一个年度绩效考核等级为“D”档的结果。鉴于易某年度考核不应为“D”档，故佰草集公司将易某定性为不能胜任工作，缺乏事实依据。佰草集公司对易某作出培训和调岗后，又以易某在2个月考核期内仍不能胜任工作为由解除劳动合同，可是公司仅规定月度、季度和年度的绩效考核，从未规定过双月度考核，而且公司也未在考核前将该考核制度及其方式对被考核人进行公示，故佰草集公司的此类考核亦缺乏依据。

本院经审理查明，原审查明事实属实，本院予以确认。

本院认为，在劳动争议诉讼中，用人单位对其作出解除行为的合法性负举证责任。佰草集公司以易某2014年度年终绩效考核等级为“D”

未达标为由，指称易某不能胜任工作而对其安排调岗位以及培训和考核，后在考核期内仍不能胜任工作，遂解除双方劳动合同。易某以《年度绩效考核说明会（SPA）》及3个附件文件为据，认为2014年度考核分数为2.135分，是绩效等级“C”档（部分达标），而非“D”档（未达标），故不同意公司的调岗及培训和考核期安排，更不认可公司的解除决定。对《年度绩效考核说明会（SPA）》及3个附件，佰草集公司否认易某系该文件的接收人员，并声称该文件是公司内部文件，“用以指导各部门经理级管理层如何帮助下属设定其年度目标”，然佰草集公司提交的证据并未能证明此份文件仅系指导和帮助性质的内部文件。现佰草集公司承认易某的上级主管曾向易某发送《年度绩效考核说明会（SPA）》及3个附件，在此情形下，易某要求按该文件作为其绩效考核的执行依据，原审法院予以认同，并无不当。审理中，双方认可易某2014年度的绩效考核评分为2.135分，该分数来源于佰草集公司提交的《员工年度绩效计划与考核表》。对此，易某主张应按照《年度绩效考核说明会（SPA）》及3个附件的规定，2.135分对应的绩效等级是C档，属于部分达标，并非是未达标的“D”档。佰草集公司则主张评定绩效等级不应与绩效分数直接挂钩，还要看工作胜任力、平时表现、公司价值观等综合表现。本院认为，用人单位对劳动者实施年度绩效考核，属于用人单位对劳动者全年工作业绩的一种单方判断权，系用人单位行使的自主管理权之一。用人单位行使此种单方判断权，应当通过预设的考核程序和考核指标进行。尽管在《〈2014年绩效计划与考核表〉拟定的21个问答》中提到“对员工综合评价的维度除了绩效，还有价值观、能力/潜力的维度”，但价值观、能力/潜力等项目的具体内容和含义，佰草集公司并未设定有效客观的评价体系，而且这些因素如何在最终的考核结果上反映出来，佰草集公司并未提供充分的证据证明。鉴于佰草集公司至今未提供与绩效等级为“D”相对应的考核标准，原审法院据此否定易某绩效等级为“D”的考核结果，并无不妥。由此，原审法院对佰草集公司作出的“不能胜任本岗位工作”解除理由不予采信，并认定佰草集公司行使单方解除权缺乏事实和法律依据，本院认同。在佰草集公司构成违法解除劳动合同的情况下，根据《劳动合同法》第四十八条的规定，劳动者要求继续履行劳动合同的，用人单位应当继续履行；劳动者不要求继续履行劳动合同或者劳动合同已经不能继续履行的，用人单位应当支付赔偿金。现易某要求继续履行劳动合同，原审法院予以准许，亦无不可。综上所述，原审认定事实清楚，判决并无不当。依照《中华人民共和国民事诉讼法》第一百七十条第一款第（一）项之规定，判决如下：

驳回上诉，维持原判。①

① 本部分来源于相关判决书主文，限于篇幅，有所删减，读者可自行查阅判决书全文，以全面了解案情。案件若有后续上一级法院生效判决，则以最终的生效判决为准。

第五章

期权激励，想说爱你不容易

违反阿里巴巴商业行为准则，被取消上千万股票期权，得不偿失

股权激励—争议焦点

本案的争议焦点主要在于：若付某违反了《阿里巴巴集团商业行为准则》和股权激励协议相关规定，阿里巴巴是否可以取消付某上千万元的股票期权？

案例来源

浙江省高级人民法院 付某与淘宝（中国）软件有限公司、阿里巴巴集团控股有限公司合同纠纷二审民事判决书

法院观点解读

【浙江省高级人民法院】认为：根据2005年、2007年股份激励计划规定，如股份激励计划参加人因“特定事由”被终止期权的，阿里集团公司有权撤销其未行使期权（不论是否已归属），如已行权认购股票，公司有权随时以

该类股票的原始认购价回购。

付某前述违反《阿里巴巴集团商业行为准则》的行为，同时也构成2005年、2007年股权期权激励计划中关于“特定事由”第（IV）条款“实质性地不履行其作为‘服务提供者’之正常义务、不遵守主管之合理指导或不遵守‘公司’或其‘子公司’之政策或行为准则”；第（V）条款“作出任何对‘公司’或者其任何‘子公司’之品牌、声誉或利益有重大不利的行为”的情形。故阿里集团公司撤销和按付某原始行权价回购其三份期权授予通知书项下未行权期权和已行权股票，系行使合同权利。付某关于其不必遵守《阿里巴巴集团商业行为准则》以及该商业行为准则不应适用其此前行为的上诉理由，不能成立。

股权激励—败诉原因

本案中，付某一审、二审均败诉，面临被阿里巴巴收回近千万价值的激励期权，其败诉原因简要分析如下：

用一句话可概括付某惨败的原因：贪心不足蛇吞象！

贪心的后果有点严重，损失也有点大。付某败诉造成的直接后果就是，近千万价值的激励期权面临被阿里巴巴全部收回。

我们先来看看案涉有关的阿里巴巴股权激励方案。2005年12月31日，付某与阿里集团公司签订《阿里集团公司2005年股份激励计划股票期权授予通知》，约定：除非本通知书另行定义，2005年股份激励计划中定义的用语在与本通知书所涉之授予协议中应具有相同的定义，本通知书应作为该等授予协议的一部分，并应被视为纳入了授予协议。在符合计划以及授予协议的条款和条件的前提下，付某被授予如下认购公司之普通股份的期权：授予号为05–1860；授予日期为2005年12月31日；首个归属日为2005年10月18日；每股行权价格为3.50美元；授予股票总数为10,000股；期权类型为

NSO（非法定股票期权）。初次行权日期授予 25% 的期权股份，此后只要在当日仍然是服务提供者，在每个公历月月末授予 1/48 的期权股份。授权日后经过 6 年不得行权。该协议项下期权经 1:4 转化为股权，实际授予 40,000 股，每股 0.875 美元。付某已全部行权，其中 27,500 股已由付某变卖，尚余 12,500 股。

本案中，阿里集团公司通过与付某签署相关协议的方式，共授予付某阿里集团公司股票期权 70,800 股，其中已行权 70,400 股。已行权的股票中，有 35,000 股已由付某变卖；另 35,400 股被阿里集团公司决定按照行权价格回购。

付某在淘宝软件公司任职期间，向自己经手业务的客户“无息借款”并为对方“不当提供额外利益”的行为，导致淘宝软件公司利益的损失，违反了《阿里巴巴集团商业行为准则》，属于股票期权授予合同中 2005 年激励计划、2007 年激励计划关于“特定事由”。

而造成付某败诉的直接原因在于:《阿里巴巴集团商业行为准则》及三份股权激励计划规定的“特定事由”中，对于违反上述规定者，阿里巴巴集团有权撤销和按付某原始行权价回购其三份期权授予通知书项下未行权期权和已行权股票。

让人扼腕叹息的是，付某作为一名 70 后员工，本应成为人人羡慕的“阿里巴巴千万富翁”之一，可谁曾想，最终却因为自己的一点私欲，而落得被阿里巴巴收回期权的境地。

股权激励—风险预防

本案中，阿里巴巴与淘宝员工的期权之诉，不得不引起企业家们的重视。在《股权激励方案》的设计中，笔者归纳以下风险预防，仅供参考：

期权授予后，如果没有相应的风险防范机制，后果将不堪设想！

笔者曾为一家正在实施股权激励方案的企业做过一个尽职调查。这家企业实施的是时下热门的“期权激励计划”，但笔者发现企业的退出机制设计得过于简陋，只简单规定了“激励员工离职后不得对期权进行行权”，而没有任何针对员工“忠诚度”的风险防范条款。

我们知道，在职场中，企业老板最看重员工的“忠诚度”，一个不忠诚的人是很难得到企业的认可和信任的，当然，更不可能有提升的机会。如果在企业的期权激励计划中，将一个“忠诚度”不够的员工列入激励名单，那么，当“不忠诚”的员工利用在公司的职权向客户非正常借款、提供不当额外利益给客户，甚至于故意泄露公司商业秘密，使企业蒙受重大的损失，那么，企业还能允许这样的员工继承持有公司的期权吗?

答案当然是“NO”！

阿里巴巴集团在本案中已经给了我们一个可借鉴的经验，即可以就员工违反“忠诚度”设置相关的风险防范条款：在期权的股权激励中，当激励员工出现了“不忠诚”的行为，违反了激励协议时，企业有权收回或者取消员工的所有期权。

典型案例

付某于2013年10月14日向一审法院提起本案诉讼称：付某系淘宝软件公司前员工，持有阿里集团公司的股票期权。淘宝软件公司是阿里集团公司在境内的运营企业。付某于2011年4月30日通过电子邮件发送给阿里集团公司咨询补办股票证书事宜，阿里集团公司在邮件内确认了股票批次、数量以及股票证书的发放状态，并告知付某补办证书的相关要求以及所需支付补办证书的工本费。2011 年 5 月 12 日，付某将相关费用通过银行汇款给阿里集团公司，但至今阿里集团公司未履行相关股票证书交付义务。付某于 2012 年 11 月 21 日通过邮件向阿里集团公司催促交付股票证书，阿里集团公司通过邮件回复因付某违反了阿里巴巴集团商业行为准则，付某的期权被全部收回。付某于 2012 年 11 月 22 日发送邮件提出相关疑问并要求提供相关依据和证据，但阿里集团公司至今未能提供。因股权系付某在淘宝软件公司任职时，通过股本交换的方式获得的薪酬（阿里集团公司的期权）交换成阿里集团公司上市的股份，淘宝软件公司作为授予员工期权福利的主体，阿里集团公司作为股权的实际发行者，均应当履行交付股票及股票证书的义务。付某作为淘宝软件公司的员工，在签订劳动合同时，基于股票期权因素，完全可能降低了在职时的薪酬要求。另根据《财政部国家税务总局关于个人股票期权所得征收个人所得税问题的通知》财税〔2005〕35 号第二条的规定，股票期权是因员工在企业的表现和业绩情况而取得的与任职、受雇有关的所得，应当按照“工资、薪金所得”计算缴纳个人所得税。因此，股票期权是付某在淘宝软件公司工作而获得的利益，是职工薪资、福利的一部分，除非出现法定情形，否则不能随意剥夺。本案并无证据证明付某已经严重违反公司规章制度，且已经行权的股票期权已转化为实际持股的权利，淘宝软件公司和阿里集团公司没有正当理由予以剥夺。其剥夺股权所依据的期权计划和商业行为准则，没有经过职工代表大会或者全体职工讨论通过，对付某没有约束力。且付某也非阿里集团公司员工，阿里巴巴集团商业行为准则对付某没有约束力。且根据我国合同法的规定，这些存在限制或剥夺员工权利的条款，违反法律法规的强制性规定应属无效的格式条款。综上，淘宝软件公司和阿里集团公司取消付某的股票期权，没有事实和法律依据。请求法院判令：淘宝软件公司和阿里集团公司立即向付某交付阿里集团公司35,400股的股票证书并办理相关登记手续。

一审法院审理认为：阿里集团公司系英属开曼群岛法人，本案为涉外合同纠纷，当事人在《阿里集团公司2005年股份激励计划》和《阿里集团公司2007年股份激励计划》中均约定应适用英属开曼群岛法律。在审理过程中，双方均要求适用中华人民共和国法律，根据《中华人民共和国涉外民事关系法律适用法》第四十一条的规定，本案以中华人民共和国法律为准据法。综合双方当事人的主张，本案争议焦点为：一、当事人就股票期权授予合同建立了什么法律关系；二、付某负担合同义务的条款是否违反法律规定，是否属于加重责任、排除主要权利的格式条款；三、付某的行为是否构成股票被回购的约定事由。分述如下：

一、当事人就股票期权授予合同建立的法律关系。股票期权激励制度是一种现代公司治理制度。在实行股票期权激励制度的公司，公司与员工之间通过签订相关协议，由公司授予员工在将来一定期限内以预先确定的价格和条件价格购买公司股权的资格作为财产性激励，旨在促使公司、员工之间建立以拥有业绩收益分享权为基础的激励机制，将被激励对象的利益与公司的效益相挂钩，组成利益共同体，促使被激励对象如同对待自己利益一样对待公司利益，从而为公司贡献个人最大价值。具体到本案而言，付某任职的淘宝软件公司属于阿里集团公司旗下公司，阿里集团公司对关联公司的员工进行股票期权激励，与通常意义上的股票期权激励相比，只存在主体关联性方面的差异，虽然构建模式不同，但核心目标和性质仍相同……

综上，付某和阿里集团公司之间通过《阿里集团公司2005年股份激励计划》《阿里集团公司 2005 年股份激励计划授予通知》《阿里集团公司 2007 年股份激励计划》《阿里集团公司 2007 年股份激励计划授予通知》，分别订立了三份股票期权授予合同。这些合同属于平等民事主体之间设立、变更、终止民事权利义务关系的协议。由此产生的纠纷属于合同纠纷，应适用调整平等民事主体之间合同关系的法律法规。故本院根据合同性质，以及双方争议的内容，确定本案案由为合同纠纷。

二、付某负担合同义务的条款是否违反法律规定，是否属于加重责任、排除主要权利的格式条款。在本案股票期权授予合同中……付某主张相关条款属于无效的格式条款，不予支持。关于付某提出其诉前并不知晓相关规定或约定的抗辩意见，经一审法院查明，付某已通过公司网络学习认证《阿里巴巴集团商业行为准则》且该准则颁布施行于付某违规行为发生之前，所签署的授予通知书中对激励计划也存在明确定义和援引，其对相关规定和约定属于知道或者应当知道的状态，这些规定和约定应属于合同条款的一部分，对合同双方均具有约束力。

三、付某的行为是否构成股票被回购的约定事由。付某基于 2005 年激励计划和 2007 年激励计划……另外，虽然在股票期权授予合同的签订和履行过程中，淘宝软件公司予以执行或协助，但均以阿里集团公司的名义作出，相关合同内容也明确了阿里集团公司的合同主体地位，故淘宝软件公司并非股票期权授予合同的当事人，因此付某向淘宝软件公司主张合同权利，缺乏合同依据，不能得到支持。

综上，付某的诉讼请求不能成立，一审法院依判决：驳回付某的诉讼请求。

付某不服一审法院前述民事判决，向本院提起上诉

本院认为：因被上诉人阿里集团公司系英属开曼群岛法人，故本案

为涉外合同纠纷。关于本案的法律适用，虽然当事人在《阿里集团公司2005年股份激励计划》和《阿里集团公司2007年股份激励计划》中均约定争议应适用英属开曼群岛法律。但一审诉讼中，双方当事人均要求适用中华人民共和国法律审理本案。故一审法院根据《中华人民共和国涉外民事关系法律适用法》第四十一条的规定，以中华人民共和国法律为准据法审理本案正确，本院予以确认。综合双方当事人的二审诉辩主张，本院对本案二审争议焦点归纳并评析如下：

一、一审认定《阿里集团公司2005年股份激励计划》和《阿里集团公司2007股份激励计划》的真实性与合法性是否正确。

淘宝软件公司和阿里集团公司在一审中共同提交该两份股份激励计划，用以证明该两份激励计划中均对“特定事由”作出定义；并规定在激励计划参加人出现“特定事由”时，阿里集团公司有权撤销参加人未行使的期权或者对已行权的股票按原始购买价回购。付某在一、二审诉讼中对该两份激励计划的内容部分有异议，部分没有异议。付某对该两份计划中载明的关于计划的目的、定义、计划管理、适格性、计划期限、期权期限、行权价格和对价、不可转让、股权认购权、针对股本变更、兼并或出售资产之调整、期权和股票购买权之授予时间、计划之修正和终止等内容，认为与事实相符，均不持异议；但其对特定事由、因特定事由终止期权行使等有关撤销期权或回购股票期权的内容持有异议，提出两份激励计划系阿里集团公司单方制作和保留，完全可能依据自身的诉讼需要或其他利益需要随时进行更改，其真实性存疑，并提出即使两份激励计划的内容形式真实，但有关限制或剥夺员工期权的内容因违法而无效。

首先，关于讼争阿里集团公司2005年、2007年股份激励计划的真实性问题。本案中，虽无关于该两份股份激励计划文件具体公布时间的证据，但根据查明的事实，付某与阿里集团公司先后签订的授予号分别为05-1860、06-0228、08-R0319的三份期权授予通知书中首部均载明了授予通知中所引注的相关用语具有2005年或2007年股份激励计划的相应含义，且授予通知书构成并纳入2005年或2007年股份激励计划的一部分，即2005年、2007股份激励计划和期权授予通知书共同构成付某与阿里集团公司签署的期权授予合同之内容。付某作为期权授予合同一方当事人，应视为其已经收到与知晓2005年、2007年股份激励计划内容。付某之所以可以参加2005年、2007年股份激励计划，并行权认购7万余股期权股票，正是基于该两份股份激励计划的实施与履行。此外，该两份股份激励计划内容相对完整，涵盖股份期权激励的方方面面，既有关于激励计划的目的、相关定义、期权管理、期限、行权对价、股票支付、不可转让、变更、计划修正等条款内容，也势必会有关于期权行使终止或终止事由或条件等条款内容。关于“特定事由”或“因特定事由终止”期权行使的定义条款，均出现在2005年、2007年激励计划文本的中间。且讼争两份股权激励计划适用于淘宝软件公司和阿里集团公司及其他关联公司的众多参加者。诉讼中，付某也并没有提供与讼争两份股份激励计划内容不同的版本。现付某对该两份激励计划内容做选择性认可，理由难以令人信服。据此，付某关于淘宝软件公司和阿里集团公司为本案诉讼或其他利益需要，随时对相关条款进行修改以剥夺员工期权的质疑，依据不足。阿里集团公司2005年、2007年股份激励计划的真实性可以认定。

其次，关于讼争两份股份激励计划的合法性问题。付某上诉认为即使可以认定2005年、2007年股份激励计划的内容真实，但其中有关剥夺员工期权股票的内容违反法律规定，不具有合法性，应认定无效。本院认为，股份期权激励并不属于企业员工依据劳动法领域应当依法享有的劳动薪酬或福利，而是企业创始人或者股东赋予具备一定条件的员工或经营管理者等参加人的一种额外激励，也是一种长效激励举措。企业创始人或股东之所以愿意让渡部分股份，目的是为了留住或吸引优秀员工和人才，增强参加人对企业的归属感、认同感，能恪职敬业，将自身利益与企业发展紧密联系，关注企业长期发展并分享企业成长所带来的收益。本案中，2005 年、2007 年股份激励计划第 1 条也明确载明计划的宗旨为：“本计划旨在为重要职位吸纳和保持可获得的最佳人选，为雇员、董事和顾问提供额外激励，并促进公司业务的成功发展。”股份期权激励既然作为一种额外激励，参加人可以廉价行权，企业则往往对股份期权激励计划的参加人在对公司的忠诚、勤勉、廉洁、职责等方面提出一定的要求，当股份期权激励计划参加人违反计划的相关约定时，其股份期权可能会被终止、限制或剥夺，这符合权利义务对等原则。因此，股份期权激励的参加人是否愿意签订股份期权合同、期权到期是否愿意行权认购等取决于参加人自身的选择与真实意思表示，但一旦双方签订合同，则有关双方权利义务应按照双方签订的期权合同约定的内容予以确定与履行。本案中，阿里集团公司 2005 年、2007 年股份激励计划构成付某与阿里集团公司签订的期权合同的重要内容，双方的权利义务应遵守 2005 年、2007 年股份激励计划的规定。经审查，付某与阿里集团签订的三份期权合同双方签约主体适格，意思表示真实；2005 年、2007 年股份激励计划的内容，包括付某提出异议的关于特定事由的定义，以及因特定事由期权行使终止等相关规定，并未违反我国法律法规的禁止性规定，也不存在免除公司责任、加重参加人责任或者排除参加人主要权利而应认定无效的情形。故该两份股份激励计划的合法性应予以确认。

综上，一审判决确认淘宝软件公司和阿里集团公司提供的 2005 年、2007 股份激励计划的证据效力，并据此认定相关事实，并无不当。

二、一审认定付某变相补贴客户 184 万元以及向该客户法定代表人温某无息借款 60 万元是否正确。

付某在淘宝软件公司任职负责拓展网店业务工作期间，向其引入的渠道代理商买吧公司的法定代表人温某两次无息借款、利用职务便利动用公司资源为买吧公司变相补贴应由其自行承担的费用的事实……一审判决依据淘宝软件公司和阿里集团公司超过举证期限提交的且未经付某质证的证据材料认定付某利用职务变相补贴客户的金额为 184 万元，以及借款金额为 60 万元欠妥当，应予以纠正。但付某该两项行为的具体金额对于认定付某违反阿里巴巴集团商业行为准则，构成 2005 年、2007 年股份激励计划规定的"特定事由"的行为定性并无影响。

三、一审判决是否遗漏付某已经行权的事实认定。

付某上诉称讼争股权期权其已经按股份激励计划的约定施行了行权手续，已按约定支付了行权对价，并交纳了个人所得税，一审判决遗漏该节事实认定，该事实对本案判决结果有一定影响。本院认为……如股份激励计划参加人因"特定事由"被终止期权的，阿里集团公司有权撤销其未行使期权（不论是否已归属），如已行权认购股票，公司有权随时以该类股票的原始认购价回购。因此，付某对讼争期权股份已经行权的事实，对本案实体处理并无影响。

四、关于阿里集团公司撤销或回购付某股票期权的依据。

付某上诉称其系淘宝软件公司的员工，不必遵守《阿里巴巴集团商业行为准则》；且 2009 年 12 月公布的《阿里巴巴集团商业行为准则》

对付某此前的行为不应具有溯及力，不应以违反商业行为规则撤销或回购期权股票。本院认为……再次，付某前述违反对公司忠诚、谨慎和廉洁义务的行为，落入《阿里巴巴集团商业行为准则》第3条第1款“利益冲突”、第3条第3款“礼品、赠与、娱乐与其他款待”、第3条第5款“资产的保护与适当使用”，以及第4条第4款“对违反行为的报告”等规定。根据该商业行为准则第4条第6款“对违反行为的惩戒”的规定，任何员工故意违反前述等相关规定或者未能遵守所述条款的都将会被解雇。本院经审查，《阿里巴巴集团商业行为准则》第4条第6款“对违反行为的惩戒”的规定中，并没有关于撤销员工期权或回购股份的惩戒规定。2011年5月24日，淘宝软件公司向付某发送的解雇通知中载明解雇付某解除双方劳动合同关系的依据是阿里巴巴集团商业行为准则。因此，《阿里巴巴集团商业行为准则》构成淘宝软件公司解除付某劳动合同关系的依据。但本院注意到，阿里集团公司撤销或回购付某期权股票，并非依据商业行为准则的规定，而是依据付某与阿里集团公司签订的作为期权合同重要组成部分的2005年、2007年股权期权激励计划的规定。该两份股权期权激励计划均对“特定事由”和“因特定事由终止”期权计划作出了明确规定。付某前述违反《阿里巴巴集团商业行为准则》的行为，同时也构成2005年、2007年股权期权激励计划中关于“特定事由”第（IV）条款“实质性地不履行其作为‘服务提供者’之正常义务、不遵守主管之合理指导或不遵守‘公司’或其‘子公司’之政策或行为准则”；第（V）条款“作出任何对‘公司’或者其任何‘子公司’之品牌、声誉或利益有重大不利的行为”的情形。故阿里集团公司撤销和按付某原始行权价回购其三份期权授予通知书项下未行权期权和已行权股票，系行使合同权利。付某关于其不必遵守《阿里巴巴集团商业行为准则》以及该商业行为准则不应适用其此前行为的上诉理由，不能成立。

综上所述，一审判决认定事实清楚，适用法律和实体处理正确。阿里集团公司撤销付某未行权期权及回购已行权股票，有相应事实依据和合同依据。付某的上诉理由均不能成立，不予支持。依照《中华人民共和国民事诉讼法》第一百七十条第一款第（一）项之规定，判决如下：

驳回上诉，维持原判！[①]

① 本部分来源于相关判决书主文，限于篇幅，有所删减，读者可自行查阅判决书全文，以全面了解案情。案件若有后续上一级法院生效判决，则以最终的生效判决为准。

行权条件过低，离职工程师要求确认期权获胜

股权激励—争议焦点

本案的焦点在于：张某作为公司的互联网 RTC 工程师，在工作两个半月后被公司解聘，科技公司是否还需要支付 2.5 万股的股票期权？

案例来源

杭州市滨江区人民法院 张某与杭州某信息科技有限公司合同纠纷一审民事判决书

法院观点解读

【杭州市滨江区人民法院】认为：原、被告之间的顾问合同关系明确，系双方当事人真实意思表示，且不违反法律规定，本院予以确认。双方均应按约履行各自的义务。合同明确约定原告享有 10,000 股 / 月公司发展股票期权，原告在被告处工作两个半月，应依法享有 20,000 股股票期权，原告的诉请部分予以支持。

股权激励—败诉原因

本案中，杭州某信息科技公司败诉，导致无法收回离职员工的股权，其

败诉原因简要分析如下：

就股权激励的模式而言，本案中的科技公司采用的是期权的激励模式。科技公司和张某签订的技术顾问合同约定，张某担任科技公司移动互联网RTC工程师，每周工作一天，顾问费分为两部分：一是每月基本顾问费5000元，二是每月10,000股的公司股票期权。

而对于张某股票期权的授予，从本案现有的材料来看，科技公司并未设置期权的行权条件，只是简单地约定“每月10,000股的公司股票期权”。如此一来，张某只要达到每月上班的基本要求，就可以获得该股票期权。另外，更重要的是，科技公司对员工离职后是否须退还激励股权，均未作约定。因此，科技公司输得一败涂地。

用一句话来总结科技公司败诉的原因：行权条件过于简单，退出机制具有疏漏。

股权激励—风险预防

本案中，科技公司败诉的结果不得不引起企业家们的重视。在《股权激励方案》的设计中，笔者归纳以下风险预防，仅供参考：

在期权激励的场合，企业应重视“行权条件设置过低”所带来的巨大风险。

笔者在为企业设计期权激励方案时，建议企业原则上须设置一定的“行权条件”，此时，应注意把握一个合适的度。如果“行权条件”设置过低，员工很容易就能获得激励股权，那么，股权激励的效果就会大打折扣；反之，“行权条件”过高，比如有的公司将行权条件设置为“公司净利润增长每年保持200%”，那么，因很难达到行权条件，员工就会怀疑公司所谓的股权激励只是“画大饼”的忽悠行为，不仅达不到激励员工的目的，反而会激化双方矛盾，得不偿失。

典型案例

原告张某诉称：原、被告于2015年3月12日签订技术顾问合同，约定原告担任被告移动互联网RTC工程师，每周工作一天，顾问费分为两部分，一是每月基本顾问费5000元，二是每月10,000股的公司股票期权。原告在被告公司工作两个半月，6月7日被告通知原告以后不能来公司上班，解除技术顾问合同。然后，公司股票期权拒绝给付，多次协商被告一直置之不理。故诉请法院判令：一、确认原告享有被告公司2.5万股股票期权；二、诉讼费由被告承担。

原告张某为主张自己的诉讼请求，向法院提供：证据1.技术顾问合同一份，证明自2015年3月12日起原被告双方存在技术顾问劳务关系，顾问费分为两部分，一是每月的基本顾问费5000元，二是每月10,000股的股票期权。证据2.微信聊天记录一份，证明被告答应给予原告股票期权的事实，被告解除技术顾问合同的事实。证据3.工作时间表、银行打卡明细各一份，证明原告在被告公司担任技术顾问时间为两个半月。证据4.微信聊天记录一份，证明原告工作时间。

被告辩称，原告所诉与事实不符。原、被告签订的技术顾问合同中明确规定每周必须保证一天来公司上班，但在合同履行期间，原告擅自中断合同规定的每周一天工作时间，导致合同不能正常履行，公司产品研发严重受阻，而不得不另外寻求其他资源。原告提供的证据前后有矛盾，不能相互印证，如在和被告法定代表人的聊天记录里亲口承认5月份来了2天，后又说3天，还提供工作时间记录表，标明5月来公司共5天。被告在3月29日与原告签订兼职技术顾问合同时，原告欺骗被告说是一家大公司的在职视频专家，实际早在3月29日之前已经离开大公司，开发一个近似黄色网站的产品。在实行合同期间，被告发现原告投入时间远远达不到我们合同规定的要求，技术也不合格。原告没有迅速地了解现有技术构架，没有达到从事规定项目提供技术解决方案的能力，违反合同法第52条第一款规定。股票期权是公司激励有贡献、优秀员工的一种手段，而且均是按公司财务规定每股必须缴付一定费用才能获得购买公司原始股的权利。故此，请求驳回原告的诉讼请求。

被告为支持自己的上述抗辩，向法院提供聊天记录一份，证明原告因工作时间不足单方解除技术顾问合同，签订合同时隐瞒身份。

对原告提供的证据经庭审质证，本院作如下确认：一、被告对原告提供的证据1和证据3中的打款凭证的真实性、合法性、关联性均无异议，本院均予以确认。二、被告对原告提供的证据2的真实性无异议，但认为是原告单方解除技术合同的。本院对该证据的真实性予以确认.三、被告对原告提供的证据3中的工作时间表有异议。本院认为该证据系原告单方出具，被告不予确认，不符合证据的形式要件，本院不予确认。四、被告对原告提供的证据4的真实性予以认可，但认为是原告单方解除合同。本院对该证据的真实性予以确认。

对被告提供的证据经庭审质证，本院作如下确认：原告对被告提供的证据的真实性、合法性、关联性均有异议，认为是被告单方制作无法确定真实性，被告单方解除合同；股票期权原告无法行权并不代表弃权；原告是保证每周上班一天的，某一天不上班并不代表一周内都没有上班；原告并未隐瞒身份，签订合同时的确是另一家公司的工程师。本院认为该证据系被告单方出具，原告不予确认，不符合证据的形式要件，本院不予确认。

根据上述有效证据和当事人的陈述，本院对案件事实认定如下：

2015年3月12日，原、被告签订技术顾问合同一份，约定原告担任被告移动互联网 RTC 工程师，每周工作一天；顾问费为：公司发展股票期权：10,000 股 / 月（每半年核发一次股票期权凭证），每月基本顾问费 5000 元；除非一方单独终止，该技术顾问职务长期有效；任何一方要解除合同应提前 3 天通知等。

原告在被告公司实际工作两个半月，被告支付原告顾问费 12,500 元。现双方已确认解除顾问合同。

本院认为，原、被告之间的顾问合同关系明确，系双方当事人真实意思表示，且不违反法律规定，本院予以确认。双方均应按约履行各自的义务。合同明确约定原告享有 10,000 股 / 月公司发展股票期权，原告在被告处工作两个半月，应依法享有 20，000 股股票期权，原告的诉请部分予以支持。被告的辩解没有事实和法律依据，本院不予采纳。依据《中华人民共和国合同法》第六十条、第一百零七条、《中华人民共和国民事诉讼法》第六十四条之规定，判决如下：

一、确定原告张某享有被告公司 20,000 股股票期权；

二、驳回原告张某的其他诉讼请求。[①]

---

① 本部分来源于相关判决书主文，限于篇幅，有所删减，读者可自行查阅判决书全文，以全面了解案情。案件若有后续上一级法院生效判决，则以最终的生效判决为准。

以提前解聘高管的方式，逃避股票期权的兑现，构成违约

股权激励—争议焦点

本案的焦点在于：任某作为三一重某股权激励的对象，在任某离职后，是否可以要求公司支付三一公司等值股票期权对应的同等价值补偿?

案例来源

上海市第一中级人民法院 三一重某有限公司诉任某劳动合同纠纷一案二审民事判决书

法院观点解读

【上海市第一中级人民法院】认为：对于任某是否可主张该权益的实现。三一公司提出，依据奖励证书的规定，该奖励的兑现日期为2014年12月31日，在此之前任某基于任何原因离开公司（不含内部调动）皆不得兑现该奖励。本院认为，一方面，基于前面所述，双方之间其实就该奖励而言成立的系双务合同关系，因此，任何一方皆需本着诚实信用原则切实履行合同义务。三一公司违法解除劳动关系，导致任某在2014年12月31日之前离开公司……事实上，上述规定内容显然不合理，因为如若三一公司不想据此履约，则会选择在奖励到期日前违法解除合同。如果法院支持了该条款的效力，则

显然助长了三一公司的违法行为，也放任了三一公司违背诚信的行为。因此，本院认定三一公司通过提前解除劳动合同的方式逃避兑奖承诺的行为构成违约，应承担继续履行的违约责任。

股权激励—败诉原因

本案中，三一公司一审、二审均败诉，法院判其需支付任某股票期权的同等利益补偿，其败诉原因可用一句话简而概之：

违法解聘高管，意欲逃避股权激励的兑现，惨遭败诉！

我们先来看一下三一公司的股权激励方案。任某自2003年3月8日开始，与长沙三一重某B签订劳动合同，正式成为集团的一名员工。2011年6月，任某按照三一公司要求调到上海三一公司工作，职务为商务部招标部长，工资为年薪18万元。公司为任某提供一定的激励方式，依据奖励证书的规定，奖励兑现日期为2014年12月31日。36.1万元的奖励中，20%以现金形式予以发放，80%以兑换日收盘价折算成三一重某等值股票期权发放。在兑现日期之前，任某基于任何原因离开公司（不含内部调动）皆不得兑现该奖励。

戏剧性的是，2011年12月14日夜间，三一公司的上级公司某集团审计监察部以接到匿名举报为由，对任某进行经济审查，其后给予任某自动离职的处分决定，并拒绝对任某是否有经济问题给出一个明确说法。

是否，醉翁之意不在酒？

然而，这么煞费苦心解聘高管的行为，被法院认定为违法解除劳动合同。如此一来，三一公司选择在奖励日期前违法解聘高管，搬起砖头砸了自己的脚，法院二审判其需要承担违约责任，三一公司一审、二审均败诉。

股权激励—风险预防

本案中，三一公司败诉的结果不得不引起企业家们的重视。在《股权激励方案》的设计中，笔者归纳以下风险预防，仅供参考：

切勿忽视违法解除劳动合同带来的风险！

在股权激励的退出机制设计上，很多企业都会将“离职”即丧失激励股权或者激励股权收益作为首选条款。不可否认，“人在股在，人走股留”是退出机制的首选条款、黄金条款。

但是，笔者需要提醒企业的是，切勿将退出条款作为“任性条款”来使用。股权激励的目的是为了激励员工，让员工从“要我干”到“我要干”，助力企业一起发展。如果企业只是把退出条款当作“霸王条款”来看待，任性地“随意打发”工作近十年的员工，不仅会寒了老员工的心，更会降低股权激励的效果，得不偿失。

实践中，笔者经常接触到这样一些案例：企业在实施股权激励之后，员工积极性大增，企业的业绩得到大幅发展，老板看着热火朝天的员工不禁喜上眉梢。但是，企业又不愿意到期兑现承诺。怎么办呢？企业往往自作聪明，选择在到期日之前将员工解聘，以为这样就可逃避激励股权的兑现。而本案一审、二审的败诉结果带来的警示是：如果企业违法解聘以逃避股权激励承诺的，将承担违约责任！

典型案例

上诉人三一重某有限公司（以下简称“三一公司”）因其他合同纠纷一案，不服上海市奉贤区人民法院（201×）奉民三（民）初字第××××号民事判决，提起上诉。原审认定，2006年5月起，任某与三一公司先后签订劳动合同两份。2011年8月，任某调至上海三一重某有限公司（以下简称“上海三一公司”）工作。同年11月9日，任某与上海三一公司签订劳动合同一份，期限自2011年11月1日至2014年10月31日止。2011年12月14日，上海三一公司以开会为由通知任某至三一公司，之后任某接受××集团审计监察部调查。12月15日，由审计监察人员陪同任某回到上海三一公司，当日下午，任某离开上海三一公司。2012年2月，上海三一公司给任某律师一份离职证明，载明：“任某……2011年11月1日入职上海三一公司任商务本部招标部部长。该同志自2011年12月15日起无故旷工至今，根据国家相关法律法规及公司制度规定，其行为视为自动离司。”2012年3月8日，任某向上海市奉贤区劳动人事争议仲裁委员会（以下简称“奉贤区仲裁委”）申请仲裁，要求上海三一公司支付违法解除劳动合同赔偿金等，奉贤区仲裁委于2012年5月7日作出裁决，支持了任某的部分仲裁请求，因任某不服，遂诉讼至原审法院。原审法院经审理后，认定公司上海三一公司与任某解除劳动合同系违法解除，遂于2013年9月25日作出判决，支持了任某要求上海三一公司支付违法解除劳动合同赔偿金等请求。因上海三一公司不服该民事判决，遂提起上诉，经二审法院审理后，亦认定上海三一公司与任某解除劳动合同系违法解除，于2014年1月21日作出终审判决，判决维持了原审法院（201×）奉民三（民）初字第×××号民事判决书主文第二项、第三项，现该法律文书已生效。2014年4月，任某向原审法院提起诉讼，要求三一公司支付股权奖金人民币36.1万元等（以下币种相同），后于同年10月10日以证据不足及支付时间未到为由撤回起诉。

2015年7月，任某再次诉讼至原审法院，要求三一公司支付股权奖金36.1万元。原审另查明，三一公司与上海三一公司系关联公司。任某诉称，2003年3月8日开始，任某与长沙三一重某B签订劳动合同，正式成为××集团的一名员工。2006年7月，任某按照集团要求调到三一公司（工作地点为昆山）工作。2011年6月，任某按照三一公司要求调到上海三一公司工作（工作地点为上海市奉贤区××大道××园区），职务为商务部招标部长，工资为年薪18万元。在此期间，任某的工资仍由三一公司支付，社保等仍然按照在昆山时缴纳方式由三一公司在长沙缴纳。2011年12月14日夜间，三一公司的上级公司××集团审计监察部以接到匿名举报为由将任某非法拘禁对任某进行审查。15日下午，任某从公司离开，并在当晚由律师向公司领导电话请假，公司领导当时接受了请假请求，并告知集团内部正在对任某进行调查，暂时停职，待调查有结论后再恢复职务。

2011年12月22日、23日，任某妻子两次会同律师至上海三一公司找领导要求公司给任某一个明确的说法，但公司领导要求任某在家等待公司调查结果，待结果出来后再给任某一个回复。之后，××集团审计部、上海三一公司到任某曾经负责的客户、政府负责人等处调查任某经济问题的证据，并在2011年12月20日发公函给任某的客户，告知任某已离开公司。2012年2月24日，任某代理律师再次到上海三一公司联系了解集团及公司的调查结果及处理意见。上海三一公司书面告知，三一公司已依照公司规章制度给予任某自动离职的处分决定，并拒绝对任某是否有经济问题给出一个明确说法。无奈，任某向法院提起诉讼，要求上海三一公司支付工资及违法解除劳动合同赔偿金，获得法院支持。2014年2月，任某起诉至法院，要求三一公司支付任某股权奖金36.1万元等，因考虑到证据不足及支付期限未到，任某撤回起诉。现时间已超过2014年12月31日，支付时间已成就，故起诉至法院，要求三一公司支付股权奖金36.1万元。三一公司辩称，本案受理程序有误，没有经过仲裁前置程序，奉贤区仲裁委也裁决撤销了任某的请求。请求法院驳回任某的诉讼请求。原审法院认为，债是按照合同的约定或者依照法律的规定，在当事人之间产生的特定的权利和义务关系。享有权利的人是债权人，负有义务的人是债务人。债权人有权要求债务人按照合同的约定或者依照法律的规定履行义务。

本案中，从奖励证书说明第一条、第二条、第三条载明的内容来看，兑现日期为2014年12月31日，36.1万元奖励中，20%以现金形式予以发放，80%以兑换日收盘价折算成三一重某等值股票期权发放。现三一重某的股票权证于2011年8月23日摘牌，也就是说现已无法以兑换日收盘价折算成三一重某等值股票期权发放，三一公司亦未明确未能发放等值股票期权权证用何同等利益补偿，故原审法院认为80%的同等利益补偿是以人民币的方式予以补偿；再者从说明第四条载明的内容来看，任某未存在兑现的否定条件。对三一公司认为本案已经一审、二审的判决，适用“一事不再理”的原则。对此，原审法院认为，所谓“一事不再理”是指双方的争议事项已在他案中经人民法院作出实体处理。本案中，第一，原审法院（201×）奉民三（民）初字第××××号及（201×）沪一中民三（民）终字第××××号民事判决，该案中三一公司系原审法院为查明事实追加其作为第三人第三人参加诉讼；第二，该案中一审、二审法院均未对三一公司作出实体的处理；第三，本案非劳动争议案件范畴，是普通的民事案件范畴。故不论本案的纠纷是否经劳动仲裁或仲裁结果如何，均不影响原审法院对本案的处理。故本案不适用“一事不再理”原则。对三一公司认为任某已于2012年5月合同到期及系任某自动离职、兑现条件不具备的问题，原审法院认为，从（201×）奉民三（民）初字第××××号及（201×）沪一中民三（民）终字第×××号民事判决查明及认定的事实来看，任某从三一公司处至上海三一公司工作系内部调动所致，且系上海三一公司违法终止了与任某的劳动关系，故三一公司的该抗辩理由不成立。综上所述，三一公司理应按约履行，故任某的诉讼请求，原审法院予以支持。原审法院依照《中华人民共和国民法通则》第八十四条、《中华人民共和国民事诉讼法》第六十四条第一款的规定，于2015年10月16日作出判决：三一重某有限公司于判决生效之日起10日内支付任某人民币361,000元。如果未按判决指定的期间履行给付金钱义务，应当依照《中华人民共和国民事诉讼法》第二百五十三条的规定，加倍支付迟延履行期间的债务利息。案件受理费6,715元，减半收取计3,357.50元，由三一重某有限公司负担。

一审判决后，三一公司不服，上诉于本院，诉称：首先，该奖励证书明确规定，在兑现日期前任何原因的离司（不含内部调动）皆不得兑现。该奖励的兑现日期为2014年12月31日，但任某已于2012年3月被三一公司终止合同，故其无权要求兑现该奖励。其次，原审法院对此进行处理违反了"一事不再理"原则。任某曾起诉上海三一公司，要求其支付工资、经济补偿金以及基于奖励证书的36.1万元股权权益。该案中，三一公司被追加为第三人。法院最终驳回了任某提出的该项诉请。显然，任某再起诉三一公司主张该项利益，违背了"一事不再理"的法律原则。再次，就双方之间的奖励性质而言，属于民法上的赠与关系而非劳动争议关系，因此，该案件属于普通的民事案件。既然属于赠与关系，在未履行前，赠与人可以随时撤销该赠与。原审认定有误，故三一公司请求撤销原审判决，改判为驳回任某的全部诉讼请求。被上诉人任某辩称，原审认定事实清楚，适用法律正确。请求驳回三一公司的上诉请求，维持原判。

本院经审理查明，原审法院认定的事实无误，本院依法予以确认。本院认为，本案的争议焦点为：认定三一公司是否需要向任某支付36.1万元奖励款项。首先，就本案法律性质而言，一方面，2012年5月23日，任某曾向上海市奉贤区劳动人事争议仲裁委员会提起劳动仲裁，要求三一公司支付工资、年终奖金、股权权益36.1万元等各项费用。仲裁委员会认定任某请求的股权权益非劳动人事争议仲裁委员会受理范围，故其对此不予处理。2015年6月15日，任某再次就该36.1万元的奖励问题向该仲裁委员会提出申请，该会于2015年7月3日作出仲裁决定书，撤销了该仲裁案件。显然，仲裁委员会并未认定就上述奖励所发生的争议属于劳动争议。因此，任某通过民事诉讼主张权益并无不可。

另一方面，被上诉人也提出，双方之间成立的并非劳动争议法律关系而是民事法律关系。结合本案情况，本院认定本案属于民事法律性质。其次，就该奖励的法律关系而言，被上诉人提出，双方之间成立的系赠与法律关系。本院认为，三一公司给员工提供该奖励，确系有激励员工、给予员工某种福利的意思在内，因此，难谓完全排除赠与的含义。然而，从双方之间的关系以及该奖励证书的性质分析，任某取得该种奖励并非仅基于三一公司的赠与，更多的是任某基于其工作表现以及三一公司对任某以后工作的期待而获得的期待权，该期待权的实现有赖于任某通过工作付出的对价，也有赖于三一公司在任某付出工作对价后积极履行自己的承诺。因此，本院认同原审意见，认定双方之间构成债的关系，当然，这种债并非如三一公司所言属于单务性质的赠与之债，而是双务性质的一般合同之债。在任某付出自己的对价后，三一公司必须履行自己的义务即在到期日按照奖励证书的承诺履行自己的义务。退一步分析，即使如三一公司所言，双方之间成立赠与关系，则该赠与也并非无偿，而是负担了义务，即任某必须任某必须在切实履行自己义务的基础上才可以取得该奖励。根据合同法第一百九十条的规定，赠与可以附义务。赠与附义务的，受赠人应当按照约定履行义务。显然，即使三一公司提出双方之间成立赠与关系的理由成立，其也不得随意撤销赠与。

再次，任某是否可主张该权益的实现。三一公司提出，依据奖励证书的规定，该奖励的兑现日期为2014年12月31日。在此之前，任某基于任何原因离开公司（不含内部调动）皆不得兑现该奖励。本院认为：一方面，基于前面所述，双方之间其实就该奖励而言成立的系双务合同关系，因此，任何一方皆需本着诚实信用原则，切实履行合同义务。双方之间的劳动纠纷经法院审理认定，三一公司违法解除劳动关系，导致任某在2014年12月31日之前离开公司。显然，三一公司构成违约，应承担违约责任。另一方面，该奖励证书上的文字属于三一公司单方面规定，并未与任某进行协商。事实上，上述规定内容显然不合理，如若三一公司不想据此履约，则会选择在奖励到期日前违法解除合同。如果法院支持了该条款的效力，则显然助长了三一公司的违法行为，也放任了三一公司违背诚信的行为。因此，本院认定三一公司通过提前解除劳动合同的方式逃避兑奖承诺的行为构成违约，应承担继续履行的违约责任。

最后，本案审理是否违背了“一事不再理原则”。任某曾于2012年6月就劳动合同纠纷起诉上海三一公司，该案件中三一公司系第三人。该案中任某提到要求上海三一公司支付股权权益36.1万元。法院在判决时未认定上海三一公司需向任某承担该项责任，也未审理三一公司就该奖励问题与任某之间关系如何以及三一公司是否需承担支付义务。显然，法院并未在任某与三一公司之间就此奖励问题进行实体处理。同时，三一公司自己亦承认，双方就此成立的并非劳动争议纠纷而系民事纠纷，因此，原审法院从民法角度而非劳动法角度处理双方之间的该项争议，并未违反“一事不再理”原则。原审根据本案实际以及三一公司的违约情节，结合三一重某权证于2011年8月23日已被摘牌，故无法以兑现日收盘价折算成股票期权的事实，认定三一公司需向任某支付款项36.1万元，合法有据。综上所述，原审所作判决并无不当，本院应予维持。上诉人三一公司的上诉请求，缺乏依据，本院不予支持。据此，依照《中华人民共和国民事诉讼法》第一百七十条第一款第（一）项之规定，判决如下：

驳回上诉，维持原判。二审案件受理费人民币6,715元，由上诉人三一重某有限公司负担。

本判决为终审判决。①

① 本部分来源于相关判决书主文，限于篇幅，有所删减，读者可自行查阅判决书全文，以全面了解案情。案件若有后续上一级法院生效判决，则以最终的生效判决为准。

海天：股权激励案打了 5 年官司，究竟谁是最后的赢家

股权激励—争议焦点

本案的焦点在于：段某作为海天公司的骨干员工，享有期权的股权激励，其离职后，海天集团和海天调味是否依旧需要支付 40,000 股的期权回购款？

案例来源

广东省佛山市中级人民法院 段某与广东海天集团股份有限公司、佛山市海天调味食品股份有限公司劳动争议二审民事裁定书

法院观点解读

【广东省佛山市中级人民法院】认为：海天集团公司在二审诉讼中确认段某还有 40,000 股是 2013 年 7 月 30 日前可以行权，但还没有行权，并称关于该 40,000 股计算为股权回购款的金额，因为考核系数没有定，所以不能确定；如果考核系数确定之后，计算为股权回购款需要扣除购股成本，而该 40,000 股的购股成本是根据当时增资的 2.18 元 / 股，授权完成之后有一定的分红权，所以用 2.18 元减除对应的分红，至于分红当时是多少，认为当时是会计师事务所计算的，具体还不清楚，分红每年也不同。因此，如何计算段某的股权回购款，其考核系数应为多少，以及股权回购款是否需要扣除购股成本，购股成本如何确定，均需要查明。综上，原审判决对上述事实没有作出认定，

导致本案主要事实不清，影响了案件的正确处理。若本院对上述问题直接作出认定和处理，将违反两审终审的原则，剥夺当事人上诉的权利，故应将本案发回重审。

股权激励—败诉原因

本案可谓是一场旷日持久的股权激励之诉！

“有人烟处，必有海天。”可以说，在国内调味品市场，海天味业已经没有对手了。海天酱油已经连续多年稳坐“调味界一哥”的宝座，而海天调味的市值已从上市之初的500亿元飙升到1600亿元左右。海天调味在上市之前就开启了股权激励计划，极大激发了员工的积极性。因此，海天公司与激励员工段某等的股权激励之诉，引起了业界极大的关注。

2014年1月，段某向佛山市禅城区人民法院，要求海天公司支付40,000股的期权回购款。

2014年5月，佛山市禅城区人民法院驳回段某的起诉。

2014年5月，段某向佛山市中级人民法院提起上诉。

2014年7月，佛山市中级人民法院起诉作出裁定，允许段某撤诉。

2014年7月，段某向佛山市禅城区劳动人事争议仲裁委员会申请仲裁。

2014年7月，佛山市禅城区劳动人事争议仲裁委员会，作出决定不予受理。

2014年7月，段某第二次向佛山市禅城区人民法院起诉，要求海天公司支付40,000股的期权回购款。

2014年10月，佛山市禅城区人民法院第二次驳回段某的起诉。

2015年5月，段某第二次向佛山市中级人民法院提起上诉。

2015年4月，佛山市中级人民法院起诉作出裁定，将案件发回重审。

2015年9月，佛山市禅城区人民法院第三次驳回段某的起诉。

2015年10月，段某第三次向佛山市中级人民法院提起上诉。

2016年5月，佛山市中级人民法院判决：被上诉人海天集团公司与被上诉人海天调味公司共同向上诉人段某支付股权回购金557,356元。段某胜诉！

2017年10月，广东省人民检察院就本案向广东省高级人民法院提起抗诉。

2017年11月，广东省高级人民法院作出裁定：本案由该院提审。

双方虽然足足打了8个官司，历时5年之久，然而，对于本案再审的结果，截至目前，笔者尚未在裁判文书网等公开渠道获知判决结果。此时，探讨谁输谁赢已经没有实际意义，我们或许应该反思以下几点：

如何规避股权激励的诉讼风险？

在股权激励中，如何设计一个完美的退出机制？

期权的激励方式中，如何将考核和期权的授予及变现进行衔接？

股权激励—风险预防

本案中，海天集团和激励员工长达5年旷日持久的诉讼之累，不得不引起企业家们的重视。在《股权激励方案》的设计中，笔者归纳以下风险预防，仅供参考：

痛点一：考核机制不规范、不透明，后果不堪设想！

这是本案股权激励方案的第一个痛点。笔者注意到，在二审庭审中，虽然海天调味公司在诉讼中确认段某在2011年考核结果是65%、2012年考核结果是100%，但关于该两年的考核结果的档次，在二审法庭调查时并没有予以明确，并称其主张段某2009年绩效及工作表现达不到要求、2010年绩效目标完成差、2013年段某因绩效达不到岗位要求，但依据及证据还在查找中。

鉴于考核结果对应的考核系数会直接影响到期权回购，海天公司在本案中未能提供段某的考核情况对应的证据，导致法庭无法确认考核系数而裁定发回重审。

痛点二：违法解聘员工将给股权激励诉讼带来致命的败诉风险！

本案股权激励方案的第二个痛点，则是在庭审中对于解聘段某的理由前后矛盾。虽然在二审庭审中，海天公司声称因段某不能胜任工作故而将其解聘，但离职证明书上仅写明因合同期满公司不续签，并没有任何段某不能胜任工作的陈述。

根据我国《劳动合同法》第40条的规定，劳动者不能胜任工作，经过培训或者调整工作岗位，仍不能胜任工作的，单位可以支付经济补偿后进行辞退。

因此，如果公司在没有证据证明员工不能胜任工作的情况下，而将员工以不胜任工作为由解聘，则属于违法解除劳动合同。

在期权股权激励的退出机制设置中，往往会规定员工离职则不能享受期权的确权或者变现利益。因此，员工离职与否则成为公司是否需要支付股权或者期权回购款的关键点。反之，一旦员工离职的事实被推翻，则公司毫无疑问会面临败诉的后果。

典型案例

段某因与海天集团公司、被上诉人海天调味公司劳动争议纠纷一案，不服广东省佛山市禅城区人民法院一审民事判决，提起上诉。

原审法院经审理后，依照《中华人民共和国劳动争议调解仲裁法》第二十七条、《中华人民共和国民事诉讼法》第六十四条第一款的规定，判决：驳回段某的诉讼请求。

上诉人段某不服原审法院上述判决，向本院提起上诉。

被上诉人海天调味公司答辩称：一、海天调味公司不是本案适格被告，应依法驳回段某对海天调味公司的起诉。1. 签订股权回购协议及补充协议的主体是海天集团公司，非海天调味公司。与段某签订《回购协议》及《协议之补充》主体是海天集团公司，并非海天调味公司，根据合同相对性原则，《回购协议》及《协议之补充》仅约束海天集团公司。2. 用于奖励的股权属于海天集团公司。段某所获得的奖励股权是由员工持股会持有的海天集团公司的股权，并非海天调味公司的股权。只有股权的所属公司海天集团公司才有资格与股东签订《回购协议》，其他主体没有资格签订《回购协议》。因此，《回购协议》及《协议之补充》只能约束海天集团公司，而不能约束第三方。3. 海天集团公司与海天调味公司系两个独立法人。海天集团虽然是海天调味公司的股东，但两者均属独立法人，自负盈亏，权利义务清晰，海天集团公司对段某授予奖励股权，属于海天集团公司的单方行为，无任何法律规定海天调味公司对此应当承担连带责任。另外，虽然海天集团公司与段某约定发放股权回购金的条件是发放时段某在海天调味公司工作，但双方约定的股权回购金发放条件不能作为认定段某与海天调味公司存在奖励股权有关法律关系的依据。

二、股权回购金不属于工资，不属于劳动法调整范围，本案不属于劳动争议。1. 股权回购金不属于现行法律法规规定的工资。根据原劳动部颁布的《工资支付暂行规定》以及广东省《工资支付条例》的规定，工资的定义是“以财产实物货币发放的劳动报酬”。段某所主张的奖励股权回购金是基于奖励股权产生，奖励股权本质上属于期权，按照证监会发布的《上市公司股权激励管理办法（试行）》第 19 条的规定，期权是一项权利，并非财产实物。国务院批准、统计局发布的《关于工资总额构成的规定》规定，“对购买本企业股票和债券的职工所支付的股息（包括股金分红）和利息不列入工资总额的范围。”由上可见，若将奖励股权列入工资范畴，明显与现行法律法规关于工资的定义相冲突。2. 奖励股权回购金不符合工资特征：（1）工资是用人单位支付给劳动者的劳动报酬，然而根据《回购协议》及《协议之补充》，奖励股权是海天集团公司授予段某的，而海天调味公司及段某双方均认为海天集团公司不是段某的用人单位。（2）劳动者只要向用人单位提供了劳动，用人单位就必须向劳动者支付劳动报酬，而且不能低于法定最低工资。但奖励股权更强调契约性，如果不符合约定的条件，海天集团公司无需向段某支付奖励股权回购金。（3）奖励股权的所得远远超出日常工资收入，属于高回报所得，根据获利与风险相一致的原则，奖励股权的获得与固定的工资有显著的区别。不但《劳动法》不应当强行介入奖励股权领域，而且，按照“股票期权”的授权理论，“授权”应理解为对未来股东权利的分割，应属于公司法调整的范畴。

三、海天调味公司不与段某续签劳动合同，没有违反任何法律强制性规定：1. 海天调味公司与段某的劳动关系已依法终止。法律没有强制性规定劳动合同到期后用人单位和劳动者双方必须续签，仅规定因用人单位提出不续签的情况下须向劳动者支付经济补偿金。因此，段某的劳动合同到期后，海天调味公司有权决定是否与之续签劳动合同。海天调味公司决定不与之续签劳动合同并向段某足额支付了经济补偿金后，已经履行了用人单位的全部法定义务，双方的权利义务已全部结清。2. 段某不具备海天调味公司所要求的续签劳动合同条件。段某于 2005 年 7 月入职海天调味公司。2009 年，段某因绩效及工作表现达不到岗位要求，从高级城市经理降职为城市经理；2010 年，段某在因绩效目标完成差、工作计划落实不到位，被调整工作岗位（从宜春销售组调至怀化销售组）；2011 年，段某因绩效及工作表现达不到岗位要求，被调整工作岗位（从怀化销售组调至鞍山销售组）；2013 年，段某因绩效及工作表现依然达不到岗位要求，再次被调整工作岗位（从鞍山办调至宜昌办）；段某自调入宜昌办工作后，工作态度、工作能力仍然没有任何改变，导致宜昌市场的销售状况非但没有任何提升，反而在库存、产品终端表现力方面有所恶化。段某因不能胜任工作，被降职一次、调整工作岗位三次，仍然不能胜任工作。3. 段某事后对海天调味公司不与其续签劳动合同的决定提出异议违背诚信原则。段某本人收到海天调味公司的《终止劳动合同通知书》后接受不续签劳动合同的决定，并于 2013 年 6 月 30 日在劳动合同中书面确认不续签劳动合同，海天调味公司向段某支付经济补偿金 69,300 元。之后，段某没有提出任何异议，在起诉时也没有提出异议，直至一审判决对其不利才提出异议，明显违背诚信原则，同时已超出仲裁时效。

四、段某的仲裁请求已超过劳动仲裁时效。根据劳动争议仲裁调解法的规定，劳动争议申请仲裁的期间为一年。段某于 2013 年 6 月 30 日离职，但于 2014 年 7 月 11 日才向劳动人事争议仲裁委员会申请劳动仲裁，无论段某与海天调味公司之间是否存在劳动争议或段某基于劳动关系向海天调味公司主张任何权利，均已超过一年的劳动仲裁时效，法院应当驳回段某的诉讼请求。

综上所述，段某的上诉理由全部不成立，请求二审法院依法驳回上诉，维持原判。

二审诉讼期间，双方当事人均未向本院提交新的证据。

本院经审查认为：本案属于劳动争议纠纷。本案中，第一，虽然根据海天集团公司与段某签订的《广东海天集团有限公司奖励股权回购协议》和《广东海天集团有限公司奖励股权回购协议之补充》的约定，段某 2013

年的奖励股权回购金的支付时间为2013年7月30日前，而段某于2013年7月1日离职。但段某于2013年7月1日离职是由于海天调味公司与段某不再续签劳动合同。至于海天调味公司与段某不再续签劳动合同的原因：首先，在本案二审诉讼法庭调查时，海天调味公司称2013年6月30日到期之后，没有与段某续签合同的时候，公司有向段某本人告知的内容是其不胜任工作。但回答法庭关于“告知内容是否有相应的依据”的询问时，海天调味公司称需要庭后跟当事人核实是否有材料能反映当时的情况。而段某认为，2013年6月21日，海天调味公司向段某发出终止劳动合同通知书，内容是劳动合同于2013年6月30日到期，现通知不再续签劳动合同。2013年6月30日，海天调味公司向段某出具离职证明书，证明书的内容为：段某从2005年7月7日起在海天调味公司工作，因合同期满公司不续签，并没有海天调味公司所陈述的内容。其次，关于海天调味公司在一审诉讼中提交的邮件截图，拟证明段某自调入宜昌办工作后，工作态度、工作能力没有任何改变，导致宜昌市场的销售状况非但没有提升，反而在库存、产品终端表现力方面有所恶化；段某因不能胜任工作，被降职一次、调整工作岗位三次后，仍然不能胜任工作。对此，海天调味公司在二审诉讼中解释称邮件截图是段某的上级负责人郭某、陈某、吴某对段某工作表现的综述是同一时间作出，并称这些情况说明是基于什么原因作出不清楚。

由于海天调味公司在二审诉讼中确认段某在2011年考核结果是65%，2012年考核结果是100%，关于该两年的考核结果的档次，海天调味公司在二审法庭调查时并没有予以明确，并称其主张段某2009年绩效及工作表现达不到要求、2010年绩效目标完成差、2013年段某因绩效及工作表现依然达不到岗位要求的依据及证据还在查找中。因此，本案关于段某在海天调味公司工作期间的实际工作表现及考核情况，以及海天调味公司与段某不再续签劳动合同的原因，事实不清。第二，海天集团公司在二审诉讼中确认段某还有40,000股是2013年7月30日前可以行权，但还没有行权，并称关于该40,000股计算为股权回购款的金额，因为考核系数没有定，所以不能确定；如果考核系数确定之后，计算为股权回购款需要扣除购股成本，而该40,000股的购股成本是根据当时增资的2.18元/股，授权完成之后有一定的分红权，所以用2.18元减除对应的分红，至于分红当时是多少，认为当时是会计师事务所计算的，具体还不清楚，分红每年也不同。而段某称股权回购款需要扣除购股成本的事其不知道，之前支付的股权回购款中没有扣除购股成本，合同中也没有关于购股成本的约定。因此，如何计算段某的股权回购款、其考核系数应为多少，以及股权回购款是否需要扣除购股成本、购股成本如何确定，均需要查明。综上，原审判决对上述事实没有作出认定，导致本案主要事实不清，影响了案件的正确处理。若本院对上述问题直接作出认定和处理，将违反两审终审的原则，剥夺当事人上诉的权利，故应将本案发回重审。综上所述，依照《中华人民共和国民事诉讼法》第一百七十条第一款第（三）项的规定，裁定如下：

一、撤销广东省佛山市禅城区人民法院（201×）佛城法湾民初字第××号民事判决；

二、将本案发回广东省佛山市禅城区人民法院重审。

本案二审案件免收案件受理费。

本裁定为终审裁定。[①]

① 本部分来源于相关判决书主文，限于篇幅，有所删减，读者可自行查阅判决书全文，以全面了解案情。案件若有后续上一级法院生效判决，则以最终的生效判决为准。

激励股东违反竞业限制约定，公司能否取消给予的期权收益

股权激励—争议焦点

本案的焦点在于：王某被授予期权后，成立了一家与技术公司子公司相同经营范围的公司，那么，技术公司能否取消王某已经获得的期权收益，并要求违约赔偿金？

案例来源

广东省深圳市中级人民法院 深圳市华某检测技术股份有限公司与王某合同纠纷二审民事判决书

法院观点解读

【广东省深圳市中级人民法院】认为：技术公司与王某自愿签订《授予期权协议书》，双方当事人均应依约履行各自义务。王某已对技术公司授予的期权进行行权且取得收益，但王某出资设立的北京某环境检测研究中心存在与技术公司子公司相同的经营范围，其行为已违反《授予期权协议书》的约定。技术公司主张王某返还行权所得收益即178,583.75元，该院予以支持。因技术公司在本案中并未举证证明其因王某违约所遭受的实际损失，故本院可认定双方约定的上述违约金标准高于因王某违约所造成的损失，原审法院

依公平合理的原则将违约金调整为5万元并无不妥。综上，技术公司的上诉请求不能成立，本院不予支持。

股权激励—败诉原因

本案中，激励员工王某一审、二审均被判返还期权收益给技术公司，其败诉原因简要分析如下：

我们先来看一下王某享受的股权激励方案。王某作为公司的核心人员，技术公司、王某双方签订《授予期权协议书》，主要内容包括：技术公司拟向王某授予股票期权；王某在职期间及自离职之日起1年内，不得从事与公司及下属子公司所属行业相同或者类似的工作，不得以直接或间接方式投资、经营与公司及下属子公司有竞争关系的机构，不直接或间接从事或夺取与公司及下属子公司具有竞争性的业务，否则，王某应当将其因行权所得全部收益返还给技术公司，并承担与其行权所得收益同等金额的违约金，给技术公司造成损失的，还应同时向技术公司承担赔偿责任。

而王某之所以一审、二审均败诉，其原因主要在于：《授予期权协议书》对王某进行了竞业限制的约定，而王某在职期间成立了一家与技术公司子公司经营范围相同的公司，违反了《授予期权协议书》的约定。因此，王某应该将期权行权所得全部收益返还给技术公司，并应支付违约金给技术公司。

股权激励—风险预防

在职员工自己开公司干私活，股权激励何错之有？

比起激励员工离职带来的损失，更让老板害怕的是：在职员工一边享受着激励股权，一边忙着自己开公司；而让老板痛彻心扉的是，在职员工开的公司居然是利用公司的资源来干私活，最后老板成了为他人做嫁衣裳!

是可忍，孰不可忍!

而本案却给出了极佳的解决方案：为预防享受激励股权的员工自己干私活给公司带来损失，一方面，公司为留住核心人才，推出了期权的股权激励方案；另一方面设置了双层“防护罩”——风险防范条款，一旦激励员工违约自己开公司干私活，则公司有权收回全部期权收益，并可要求违约员工赔偿违约金。这样一来，极大地防范了员工干私活带来的风险和损失。

典型案例

上诉人华测检某股份有限公司（以下简称“华测公司”）因与被上诉人王某授予期权合同纠纷一案，提起上诉。

原审法院审理查明：2011年8月9日，华测公司、王某双方签订《深圳市华测检测技术股份有限公司关于对中层管理人员及核心技术人员的股票期权激励计划之授予期权协议书》（以下简称《授予期权协议书》），该协议书涉案的主要内容包括：华测公司拟向王某授予股票期权；王某在职期间及自离职之日起1年内，不得从事与华测公司及下属子公司所属行业相同或者类似的工作，不得以直接或间接方式投资、经营与华测公司及下属子公司有竞争关系的机构，不直接或间接从事或夺取与华测公司及下属子公司具有竞争性的业务，否则，王某应当将其因行权所得全部收益返还给华测公司，并承担与其行权所得收益同等金额的违约金，给华测公司造成损失的，还应同时向华测公司承担赔偿责任。

王某分别于2013年5月13日、2013年5月21日、2014年6月17日、2014年7月4日对华测公司授予期权的股票进行买卖，扣除相关税费后，王某通过两次行权共获利人民币（以下币种均为人民币）178,583.75元。

2013年12月11日，北京中科××环境检测研究中心由股东张×艳、股东王某分别出资7万元、5万元注册成立，张×艳为法定代表人，王某任监事。该公司工商登记的经营范围为技术检测、技术开发、技术咨询、技术服务、技术转让；计算机技术培训；家庭劳务服务；销售建筑材料、机械设备、五金交电；机械设备租赁。2013年12月27日，该研究中心变更登记为股东张×艳出资375万元、股东王某出资125万元。2014年2月26日，该研究中心变更登记为股东张×艳出资375万元、股东候×出资125万元。

另查：华测公司子公司北京华测北方公司于2007年5月14日成立，经营范围为：技术检测、技术开发、技术咨询、技术服务、技术培训。王某与北京华测公司存在劳动关系，王某于2008年9月26日入职，任业务经理，于2014年5月份离职。

在审理中，王某主张期权的激励属于劳动报酬的一部分，是附条件的绩效回报，并主张违约金过高。

华测公司在原审中请求法院判令：一、王某依照合同向华测公司返还收益及支付违约金共417,840元；二、王某承担本案诉讼费及送达费。

原审法院审理认为：华测公司与王某自愿签订《授予期权协议书》，双方当事人均应依约履行各自义务。王某已对华测公司授予的期权进行行权且取得收益，但王某出资设立的北京中科××环境检测研究中心存在与华测公司子公司相同的经营范围，王某的行为已违反《授予期权协议书》的约定，华测公司主张王某返还行权所得收益即178,583.75元，该院予以支持。王某主张期权的激励属于劳动报酬的一部分，该院不予采纳。《授予期权协议书》约定违约金为承担与行权所得收益同等金额，该违约金约定过高，根据公平合理原则及本案实际情况，该院酌定违约金为5万元。依照《中华人民共和国合同法》第六十条、第一百零七条、第一百九十二条、第一百九十四条之规定，判决：一、王某在判决生效之日起五日内返还华测公司收益178,583.75元；二、王某在判决生效之日起5日内给付华测公司违约金5万元。如果未按判决指定的期间履行给付金钱义务，应当依照《中华人民共和国民事诉讼法》第二百五十三条之规定，加倍支付迟延履行期间的债务利息。一审案件受理费3784元，由王某负担。

上诉人华测公司不服原审判决，向本院提起上诉称：一、原审法院认定王某两次行权获利178,583.75元与事实不符。根据华测公司提供的证据，王某实现个人所得为208,920元，王某依据《中华人民共和国个人所得税法》缴纳的个人所得税款的计税所得依据也是208,920元，故原审法院获利所得的事实认定不清。二、原审法院认定违约金5万元法律适用不当：1.依据华测公司与王某的《授予期权协议书》的前言，王某已充分了解协议的相关内容，也就是说协议书中的违约金已获得王某的充分理解及认可；2.根据协议内容，王某不得从事与华测公司或其下属子公司相同或类似的工作，如有违反应当支付获益等额的违约金，非概括约定的违约金，属于惩罚性条款；3.王某于2013年12月11日与他人设立北京中科××环境检测研究中心，2013年12月27日王某与其合伙人对上述公司增资488万元，王某在明知存在竞业禁止的义务仍投资相关行业，实属故意行为；4.王某的违约行为给华测公司及其子公司带来的损失无法估量，首先其开设上述公司在未来一定会与华测公司及其子公司存在业务竞争，争夺华测公司的商业机会。再者，王某在实施违约行为后，华测公司的子公司仍向其发放了半年的薪水超过 6 万元，王某离职后，华测公司的子公司重新培养一名中层管理人员需花费几年时间及巨额资金。同时，华测公司在为王某行权所计提成本达到 2.84 万元。综上，请求二审法院：一、撤销原审判决；二、改判王某依合同约定向华测公司返还收益及支付违约金共 417,840 元；三、判令王某承担本案诉讼费及送达费。

被上诉人王某未提交书面答辩意见，口头辩称：王某同意原审判决认定的收益金额及违约金数额。

双方当事人对原审法院查明的事实均没有异议，本院予以确认。本院另查明：华测公司在一、二审中均确认王某对其授予期权的股票进行买卖而获得的利润在扣除相关的税费后为 178,583.75 元。

本院认为：本案为授予期权合同纠纷，华测公司在一、二审中均确认王某对其授予期权的股票进行买卖而获得的利润在扣除相关的税费后为 178,583.75 元，其上诉主张王某实现个人所得为 208,920 元与其确认的事实不相符，本院不予采信。本案的争议焦点为原审法院将王某应支付的违约金调整为 5 万元是否公平合理。

双方当事人虽然在《授予期权协议书》中约定因王某违约应将行权所得的全部收益返还华测公司，并承担与行权所得收益同等金额的违约金，但违约金的性质一般以补偿性为主，旨在达到弥补守约方因违约方违约行为所遭受的损失，因华测公司在本案中并未举证证明其因王某违约所遭受的实际损失，故本院可认定双方约定的上述违约金标准高于因王某违约所造成的损失，原审法院依公平合理的原则将违约金调整为 5 万元并无不妥。综上，华测公司的上诉请求不能成立，本院不予支持。原审判决认定事实清楚，适用法律正确，本院予以维持。依照《中华人民共和国民事诉讼法》第一百七十条第一款第（一）项、第一百七十五条之规定，判决如下：

驳回上诉，维持原判。

二审案件受理费 7568 元，由上诉人负担。

本判决为终审判决。[①]

① 本部分来源于相关判决书主文，限于篇幅，有所删减，读者可自行查阅判决书全文，以全面了解案情。案件若有后续上一级法院生效判决，则以最终的生效判决为准。

入职 offer 给予的期权，为何入职后灰飞烟灭

股权激励—争议焦点

本案的焦点在于：李某被聘为 CEO 后，为留住李某，公司总裁胡某在入职 offer 中约定给予李某 10% 的期权。那么，问题在于：李某能否依据入职 offer 直接成为公司股东？

案例来源

广东省高级人民法院 李某、胡某合伙协议纠纷、股东资格确认纠纷再审审查与审判监督民事裁定书

法院观点解读

【广东省高级人民法院】认为：李某与胡某之间并未发生股权转让的事实。李某依据涉案 offer 文件主张其与胡某就公司 10% 股权达成转让合同，因此而成为公司的股东。但是根据一、二审查明的事实，涉案 offer 文件并没有胡某将其在公司 10% 股权转让给李某的意思表示，李某亦未提交证据证明其向已向胡某支付对价。其次，涉案 offer 文件约定给予李某的“股票期权”并非公司法意义上的完整股权。涉案 offer 文件约定给予李某所谓的“股权”实为一种股权激励待遇，该待遇仅限于李某任职期间，且对公司事务并不享有表决权。至于李某提出的涉案 offer 文件并未约定离职后无条件放弃权益而是

由公司回购的主张，因缺乏事实依据，本院不予采信。

股权激励—败诉原因

本案中，李某一审、二审再审均败诉，导致无法拿到offer中的激励股权，其败诉原因简要分析如下：

用一句话概括李某败诉的原因：入职offer≠股权激励！

我们先来看一下本案的入职offer所述的股权激励方案。胡某作为公司法定代表人及公司总裁，向李某发送一份入职offer，其约定内容为：

（1）欢迎李某加入公司，李某在公司的职务将是技术合伙人；

（2）作为公司的成员之一，李某在目前阶段的薪资和股票期权如下：

税前薪资：人民币1.8万元/月，试用期按1.8万元发放，试用期为6个月；

股票期权：拿出10万元人民币注资公司，持有公司10%的原始股份；为了确保公司后续融资的顺利和公司管理上的独立性，该股份的投票权为创始人统一投票代理人胡某。作为公司股份持有者可参与公司分红、公司B轮的股份转让。注资金额由胡某垫付，两年后，公司将给予10万元的奖励，返还注资金额。公司所有持有股份的创始人，只能在公司在职期间享有股份的所有权益，离职后将不再拥有任何股份权益。公司所有股东在公司因其战略资源或者新的资本时，都一起同比稀释。

而公司CEO李某之所以一审、二审、再审均败诉，主要原因在于：入职offer≠股权激励！ offer中给予的“股权期权”需要后续以完善的协议进行约定，李某应该在入职后要求与公司签订相关的一系列“期权股权激励协议”以保障自己的权益。

纵观本案，CEO李某虽然主张10%公司股权应归自己所有，但是李某既未能提供创始人胡某已经转让股权给自己的证据，亦不能证明自己已通过出资或者增资的方式成为公司股东，因此，李某只能节节败退，自尝苦果。

股权激励—风险预防

一定要签订股权激励协议！

一定要签订股权激励协议！

一定要签订股权激励协议！

重要的事情说三遍。

笔者在日常处理股权激励的纠纷时，注意到一个较为奇怪的现象：很多公司并没有与员工签订《股权激励协议》，导致后期纠纷不断，让人叹息。

本案给人的教训不可谓不深刻！在offer中，胡某给予李某的激励股权是在其入职时一次性给予，但是致命的缺陷在于：公司在为吸收高端人才而实施股权激励的过程中，却没能设计一套完整的股权激励计划以及配套的股权激励协议，仅在offer中进行简单约定，最终引发本案纠纷。

笔者希望通过本案提醒企业：一定要重视“股权激励权利来源”的问题！

我们注意到，李某和胡某主要焦点之一在于offer中授予李某的期权，到底是由创始人胡某通过股权转让给李某，还是通过增资方式实现的，这其实是股权激励中的“股权来源”问题。在此提醒企业家们：在实施股权激励时，首先需要明确激励股权的来源，并在相关协议中进行约定，这样才能达到“皆大欢喜”的股权激励效果，避免纠纷的产生。

典型案例

再审申请人李某因与被申请人胡某、深圳市某科技有限公司（以下简称“科技公司”）及一审第三人深圳市某基金管理企业（有限合伙）等股东资格确认纠纷一案，不服广东省深圳市中级人民法院民事判决，向本院申请再审。本院依法组成合议庭对本案进行了审查，现已审查终结。

李某申请再审称：一、本案有新的证据足以推翻一、二审判决所认定的事实。李某提交的公司 2016 年年报和另案民事判决书可以作为新的证据，分别证明胡某对科技公司的出资已经全部实缴和新一元公司关于李某的离职证明与事实不符。二、原一、二审判决存在事实认定错误。一审法院采信胡某主张，认定涉案 offer 文件给李某的股权系通过增资实现，且因增资损害其他股东权益而导致其他股东不同意的事实系错误的，二审判决对涉案 offer 文件的所表达的意思进行扩大解释，违背意思自治原则。综上，李某请求依法予以再审。

本院经审查认为：本案系股东资格确认纠纷，根据李某申请再审的请求和理由，本案争议的焦点是李某请求法院确认其为科技公司股东的诉讼请求应否得到支持。对此，本院分析如下：首先，李某与胡某之间并未发生股权转让的事实。李某依据涉案 offer 文件主张其与胡某就科技公司 10% 股权达成转让合同，因此而成为科技公司的股东，但是根据一、二审查明的事实，涉案 offer 文件并没有胡某将其在科技公司 10% 股权转让给李某的意思表示，李某亦未提交证据证明其向已向胡某支付对价，故一、二审法院均不予确认李某与胡某之间成立股权转让合同，并无不当。其次，涉案 offer 文件约定给予李某的“股票期权”并非公司法意义上的完整股权。涉案 offer 文件约定给予李某所谓的“股权”实为一种股权激励待遇，它以注资科技公司10万元为前提，以参与公司分红及B轮股份转让为主要待遇，该待遇仅限于李某任职期间，且对公司事务并不享有表决权。同时，李某亦未能举证证明其已经完成注资或者由胡某代为垫付出资，应当承担举证不能的法律后果。最后，李某申请再审提交的公司2016年年报显示胡某已经完成实缴出资的事实与本案并无关联，不足以证明胡某已代李某支付10万元出资款；×号民事判决并非生效判决，亦不应当作为认定本案事实的证据。至于李某提出的涉案offer文件并未约定离职后无条件放弃权益而是由公司回购的主张，因缺乏事实依据，本院不予采信。基于以上分析，李某申请再审的请求和理由，均缺乏事实和法律依据，依法不应支持。

综上，李某的再审申请，不属于《中华人民共和国民事诉讼法》第二百条规定的再审事由。依照《中华人民共和国民事诉讼法》第二百零四条第一款，《最高人民法院关于适用的解释》第三百九十五条第二款规定，裁定如下：

驳回李某的再审申请。[①]

① 本部分来源于相关判决书主文，限于篇幅，有所删减，读者可自行查阅判决书全文，以全面了解案情。案件若有后续上一级法院生效判决，则以最终的生效判决为准。

第六章

限制性股权，到底是谁限制了谁

新东方宁波校长的股权激励之诉，谁才是最后赢家

股权激励—争议焦点

本案的焦点在于：新东方宁波分校校长在离职后，是否还能要求行权4500股新东方普通股，以获得激励股权？

案例来源

浙江省宁波市中级人民法院，任某与北京新东方教育科技（集团）有限公司劳动合同纠纷二审民事判决书

法院观点解读

【浙江省宁波市中级人民法院】认为：本案二审争议的焦点在于上诉人就2014年5月31日到期的4500股股权的行权条件是否成就。根据上诉人提供的《股票授予协议》载明，上诉人获得讼争股票的条件为其自2012年7月23日至2015年5月31日任职于被上诉人公司或者其下属公司，在行权日期

之前出现劳动合同变更或解除的，被上诉人有权取消全部或部分赠与股票。该条件与双方当事人签订的《薪酬确认书》中的约定相符合。故本院确认上述条件即为被上诉人单方作出的上诉人获得相应股份行权的条件。关于行权条件是否成就。2014 年 2 月 27 日起，上诉人已不担任宁波新东方学校校长职务也与智愚公司解除了劳动合同，故不符合《股票授予协议》承诺的 2014 年 5 月 31 日到期的股票的行权条件。由于上诉人主张的 4500 股股票行权条件不成立，故其主张的相应损失缺乏基础事实，本院对此不予支持。

股权激励—败诉原因

本案中，新东方宁波校长任某一审、二审均败诉，其要求行权的主张未能得到二审支持，其败诉原因简要分析如下：

新东方在本案中实施的是“限制性股票”的股权激励计划，新东方聘任某在宁波新东方学校担任校长。任某，1978 年生，新东方 2010“梦想之旅”第三条线讲师，2003 年加入沈阳新东方学校，2008 年春调任兰州新东方学校校长助理 3 个月，同年 11 月作为宁波新东方校长上任。

毫无疑问，任某是一个相当优秀的人才，新东方为了留住任某对其进行了股权激励。《新东方教育科技集团限制性股票授予协议》（以下简称《股票授予协议》）的股权计划为：

股权激励计划（2006），股票数量为普通股数量 11000，赠与日期 2012 年 7 月 23 日，行权期日分别为：2013 年 5 月 31 日到期数量 2000，2014 年 5 月 31 日到期数量 4500，2015 年 5 月 31 日到期数量 4500。该协议另载明员工获得股票的条件为自 2012 年 7 月 23 日至 2015 年 5 月 31 日任职于新东方教育科技集团或其下属公司，在行权日期之前出现劳动合同变更或解除的，公司有权取消全部或部分赠与股票。

而宁波新东方校长任某之所以一审二审均败诉，原因在于新东方在股权激励计划中设置了“行权条件”，即任某只有在满足“自2012年7月23日至2015年5月31日任职于被上诉人公司或者其下属公司”这一条件时方可以“行权”，而任某2014年2月已经离开了新东方，因此，任某当然丧失行权条件。

股权激励—风险预防

本案中，新东方与宁波分校校长的股权激励纠纷不得不引起企业家们的重视。在《股权激励方案》的设计中，笔者归纳以下风险预防，仅供参考：

1. 股权激励“行权约定条款”不明确将产生极大风险

新东方作为国内一线教育品牌，被业界称为“外语教学帝国”，于2006年在美国纽约证券交易所上市，是中国第一家在美国上市的教育机构。试想一下，如果新东方的股权激励方案中“行权约定条款”未作约定或者约定不明，则意味着激励员工可能很容易就能行权，并且有可能在离职后依然还能享受激励股权的行权。如此一来，太容易得到的股权总是不会让人珍惜，也无法激发员工的工作积极性，激励计划形同虚设。更危险的是，如果允许员工离职后依然可以行权，则会导致员工只注重短期利益，实践中不乏员工在参加股权激励计划后，工作一年甚至半年就“逃之夭夭”。

而新东方在本案股权激励方案的一大亮点就是，对于激励员工的“行权条件”做了服务年限的约定，如果激励员工提前辞职，则无法获得所有激励股权的行权。

因此，笔者在为企业设计股权激励方案时，一般建议企业将服务年限、业绩达标或者绩效考核等设置为“行权条件”，并且约定离职即丧失行权条件，以此来规避相应风险。

2. 退出机制与“行权条件”未能衔接配套的风险

企业在设置“行权条件”时，往往会忽略“行权条件”与“退出机制”的衔接配套，由此带来的风险就是，因为退出机制的不完善，员工离职后其已经行权的激励股权难以收回！因此，在退出机制的设计中，可约定员工“行权”后一定时间内离开公司的，则对于已经行权的激励股权，公司有权强制予以回购部分或者全部。

典型案例

上诉人任某因与被上诉人新东方公司劳动合同纠纷一案，不服宁波市江东区人民法院于2015年8月26日作出的（201×）甬东民初字第×××号民事判决，向本院提起上诉。本院于2015年10月9日立案受理后，依法组成合议庭进行了审理。经过阅卷和询问当事人，事实已核对清楚，决定径行判决。本案现已审理终结。

原审法院审理认定：任某原系新东方公司员工，新东方公司安排任某在宁波新东方学校担任校长，双方签有劳动合同。《新东方教育科技集团限制性股票授予协议》（以下简称《股票授予协议》）载明股权计划：股权激励计划（2006），股票数量为普通股数量11000，赠与日期2012年7月23日，行权期日分别为：2013年5月31日到期数量2000，2014年5月31日到期数量4500，2015年5月31日到期数量4500。该协议另载明员工获得股票的条件为自2012年7月23日至2015年5月31日任职于新东方教育科技集团或其下属公司，在行权日期之前出现劳动合同变更或解除的，公司有权取消全部或部分赠与股票。2012年7月26日，双方当事人签订《劳动合同终止协议》，约定双方于2012年4月1日订立的期限自2012

年4月1日至2017年3月31日的劳动合同自2012年7月25日终止，该终止协议另约定自2012年7月26日起，任某与智愚有限公司（以下简称“智愚公司”）签订劳动合同。2012年7月26日，任某与智愚公司签订了《劳动合同》。2012年7月26日前后，任某的工作岗位，职责等均无变化。

2013年6月1日，任某与新东方公司签订《新东方教育科技集团运营决策层目标任务与薪酬确认书》（以下简称《薪酬确认书》），就任某的薪酬待遇进行约定，同时约定若任某在财年内主动辞去职务，则不得享受任何奖金分配和股权分配。

2014年2月27日，任某与智愚公司签订《协商解除劳动关系协议》，该协议约定任某与智愚公司协商解除劳动合同，智愚公司向任某支付离职补偿款458,276元，同时约定在智愚公司向任某支付补偿款后，智愚公司的所有劳动合同项下的义务履行完毕。

任某为劳动合同纠纷向宁波市劳动人事争议仲裁委员会申请仲裁。该仲裁委于2015年1月4日以仲裁请求不属于劳动争议处理范围为由作出不予受理案件通知书。

任某不服仲裁不予受理决定，于2015年4月16日诉至原审法院。起诉称：任某于2003年8月进入新东方公司从事教学工，其间新东方公司出台了股权激励计划，以赠与股权的方式对任某进行激励。2012年7月23日，新东方公司赠与任某新东方普通股共计11,000股，其中2000股任某可在2013年5月31日行权，4500股可在2014年5月31日行权，剩余的4500股可在2015年5月31日行权，任某在2013年5月31日行权后，对剩余的股权无法行权，经与新东方公司协商未果，遂起诉至法院。请求判决：一、新东方公司交付任某可交易的员工激励股票4500股新东方普通股；二、新东方公司赔偿任某损失211,349元。

新东方公司在原审中辩称：不同意任某的诉讼请求。首先，股票授予协议约定任某行权的条件为必须任职至2015年5月31日，现双方的劳动合同已经早于该日解除，故新东方公司有权取消赠与股票；其次，双方当事人解除劳动合同之时，新东方公司向任某支付了经济补偿金，双方约定新东方公司的所有劳动合同项下的义务已履行完毕，双方之间无其他争议。综上，请求驳回任某的诉讼请求。

原审法院审理认为：任某主张新东方公司在赠与其股权时并未告知其行权时必须在职，任某的该陈述与其于庭审中提交的《股票授予协议》相矛盾，现任治某未提供证据推翻该协议的真实性，故该协议应为真实有效，该协议约定员工获得股权的条件是2015年5月31日之前任职于新东方教育集团或下属公司，现任某于2014年2月27日起不在宁波新东方学校任职，也未任职于新东方公司或下属公司的其他职务，故任某行权条件不成就，依据该协议任某无权就剩余9000股新东方普通股行权。因此，对于任某的诉讼请求，原审法院难以支持。据此，原审法院依照《中华人民共和国劳动法》第七十八条及《最高人民法院关于适用〈中华人民共和国民事诉讼法〉的解释》第九十条的规定，作出判决：驳回任某的诉讼请求。案件受理费10元，减半计5元，免予收取。

宣判后，原审原告任某不服一审判决，上诉至本院，请求：撤销原判，改判支持上诉人一审诉讼请求。事实和理由如下：

一、原判认定事实错误。上诉人于2012年7月起就与被上诉人解除了劳动合同，上诉人认为原判中认定的“原告的工作岗位，职责等均无变化”显属以偏概全，主次未分。虽然在劳动关系变化前后上诉人一直担任宁波新东方学校校长的职位，而原判却忽略了一个庭审中已经经过确认的关键事实，也即“上诉人任某作为劳动者，在劳动关系变更后由谁对其进行管控”。事实是，在劳动关系变更后，对上诉人的工作尤其是人事方面的管理工作一直由案外人智愚公司进行而非被上诉人。经过庭审调查确认，2012年7月劳动关系发生变更后，上诉人所有薪酬待遇（包括社保、工资、福利等）都由智愚公司独立核算发放，双方之间不再存在劳动关系，上诉人也不再作为原用人单位的被上诉人管控。在此变更之后，被上诉人已经无权再与上诉人进行所谓的薪酬确认，上诉人与被上诉人之间发生的“薪酬确认”行为并无基础法律关系可依，应当认定无效。对于《薪酬确认书》中的内容与被上诉人在2012年7月和上诉人洽谈解除劳动合同前薪酬问题时的说法前后不一。被上诉人在让上诉人签订该份确认书时，企图剥夺上诉人应当取得的薪酬待遇，而就此居然对上诉人没有任何就有关股权激励事项的设限变化的说明和提示，其正是利用了上诉人对法律理解的不足与其相对智愚公司的优势地位诱导上诉人签订了该文件，该文件除了效力上存在瑕疵外，就条款内容也存在极大的对劳动者不公平与不合理性。

二、原判适用法律错误。首先，在原判中的说理部分，原判驳回上诉人诉讼请求的唯一依据即为认定《股票授予协议》真实有效。上诉人在一审庭审中提交了该份证据，且在提交该份证据时已经向原审法院特别阐述了证据的来源以及自身对该份证据的看法。就薪酬问题，该文件的内容与双方之间的口头协商并不完全吻合。故上诉人对该未见的内容仅部分认可。具体地说，其实该份协议上诉人在转入智愚公司前后被上诉人并未出示。上诉人没有得到过任何形式的告知，也没有允诺过被上诉人可以开出这么苛刻的条件。其次，本案的《股票授予协议》系单方意思表示，未经上诉人签名不能作为“协议”生效。再次，在前期洽谈股权激励的过程中，被上诉人曾向上诉人提出股权赠与或将该股权部分直接折现作工资现金直接发放的择一概念，并将选择权交于上诉人。故股权赠与作为薪酬的一部分在上诉人1年工作周期已满9个月的情况下，设置未满1年便要全部收回的限制明显属于霸王条款，并严重侵害了上诉人作为劳动者的合法权益。该条款在效力上并不合法。最后，在双方劳动关系确认及《股票授予协议》在一方未签字认可，没有发生法律效力的情况下，上诉人已初步举证其对于11,000股享有期权，就有关薪酬的计算或者收回方法应当由被上诉人举证，否则由其承担举证不能的后果，而原审判决将举证责任分配给上诉人，要求上诉人举证推翻其本来就没有完全认可也未生效的协议，属举证责任分配错误。

新东方公司辩称：原审判决认定事实清楚，适用法律正确，请求二审法院驳回上诉，维持原判。

二审期间，双方当事人均未提供新的证据。

本院依据有效证据及当事人陈述等，经审理查明的事实与原审判决载明的认定事实一致，予以确认。

本院认为：本案二审争议的焦点在于上诉人就2014年5月31日到期的4500股股权的行权条件是否成就。用人单位应当按照劳动合同的约定和国家规定，向劳动者及时足额支付劳动报酬。除此以外，用人单位以激励劳动者为目的，在附加一定的工作业绩或者服务年限等条件下，单方作出的给予劳动者现金、有价证券、物品或其他财物形式的奖励的承诺在条件成就时应当履行。现有证据不能证明双方当事人对讼争股权赠与存在协议约定，故不属于前述由合同约定的传统意义上的劳动报酬。上诉人主张双方当事人之间就此曾达成口头协议，并未提供相应证据，被上诉人对此也不予认可，故本院对此不予采信。根据上诉人提供的《股票授予协议》载明，上诉人获得讼争股票的条件为其自2012年7月23日至2015年5月31日任职于被上诉人公司或者其下属公司，在行权日期之前出现劳动合同变更或解除的，被上诉人有权取消全部或部分赠与股票。该条件与双方当事人签订的《薪酬确认书》中的约定相符合。故本院确认上述条件即为被上诉人单方作出的上诉人获得相应股份行权的条件。上诉人主张《股票授予协议》中载明的条件与先前双方当事人协商结果不符，缺乏事实依据，本院不予支持。关于行权条件是否成就。虽然上诉人与被上诉人之间的劳动合同于2012年7月26日终止，上诉人也未提供证据证明之后与之签订劳动合同的智愚公司系被上诉人的下属公司。但被上诉人仍按照《股票授予协议》承诺向上诉人交割2013年5月31日到期的股票，应该说是作了对上诉人有利的解释。而且也与上诉人在这期间仍担任宁波新东方学校的校长职务相关联。但2014年2月27日起，上诉人已不担任宁波新东方学校校长职务也与智愚公司解除了劳动合同，故不符合《股票授予协议》承诺的2014年5月31日到期的股票的行权条件。原审法院对此不予支持，并无不当。由于上诉人主张的4500股股票行权条件不成立，故其主张的相应损失缺乏基础事实，本院对此不予支持。

综上，上诉人的上诉请求及理由，缺乏事实和法律依据，不予支持。原审判决认定事实清楚，适用法律正确，程序合法，予以维持。依照《中华人民共和国民事诉讼法》第一百七十条第一款第（一）项之规定，判决如下：

驳回上诉，维持原判。

本判决为终审判决。[①]

---

① 本部分来源于相关判决书主文，限于篇幅，有所删减，读者可自行查阅判决书全文，以全面了解案情。案件若有后续上一级法院生效判决，则以最终的生效判决为准。

富安娜："天价"股权激励索赔案，谁是最后的赢家

股权激励—争议焦点

作为A股市场高度关注的"天价"股权激励索赔系列案之一，本案的焦点在于：在富安娜上市前夕，部分激励股东拿到激励股票后，就纷纷跳槽至竞争对手。对于高管"离职+圈钱"的行为，富安娜能否要求高达8121.67元的违约索赔？

案例来源

广东省高级人民法院，深圳市富安娜家居用品股份有限公司与李某、范某等合同纠纷再审复查与审判监督民事裁定书

法院观点解读

【广东省高级人民法院】认为：关于《承诺函》的效力问题。《承诺函》是李某、范某等以股东身份出具，是其鉴于在富安娜公司任职且以优惠条件获得富安娜公司限制性股票而对富安娜公司作出有关任职方面的承诺。该函中关于违约金的约定不同于劳动合同法规定的由劳动者承担违约金的法律强制性、禁止性规定。格式条款只是在有歧义的情况下应作出对提供者不利的解读，并非一概无效。《承诺函》中关于对李某等任职方面的限制并未违反法律、法规的强制性、禁止性规定。

关于所判违约金是否过高问题。《承诺函》对提前辞职的激励对象所能获得的股份投资收益进行限制，并不违反公平原则。因李某等在签订《承诺函》至富安娜公司上市3年内辞职，违反承诺，应依约将被限制的部分收益，即违约金，返还富安娜公司。

股权激励一败诉原因

A股市场的股权激励隐患，用八个字总结最为贴切："高管离职＋抛股圈钱！"

2007年6月，富安娜制定《限制性股票激励计划》，向激励对象发行700万股限制性股票，主要用于激励公司及下属控股子公司董事、监事、高及业务骨干，希望以股权激励的方式吸引和留住优秀人才，并快速推进A股上市计划。

为了配合IPO的进程，富安娜决定终止该计划，并将限制性股票转化为普通股，并与激励对象签署了《承诺函》，双方在《承诺函》中约定：激励员工"自承诺函签署日至公司上市之日起3年内，不以书面的形式向公司提出辞职、不连续旷工超过7日、不发生侵占公司资产并导致公司利益受损的行为，若违反上述承诺，自愿承担对公司的违约责任并向公司支付违约金"。

对于违约金的计算方式，《承诺函》中亦进行了约定，违约金＝（激励对象持有的富安娜公司股份在证券市场可以公开抛售之日的收盘价－激励对象发生上述违反承诺的情形之日的上一年度的富安娜公司经审计的每股净资产）×（本承诺函签署日激励对象持有的富安娜股份＋激励对象持有的富安娜公司股票在证券市场可以公开出售之日前赠送的红股）。

在获得激励股权之后，一些高管纷纷在上市前夕提出离职申请，并跳槽至富安娜的主要竞争对手之一的某星家纺。2009年12月30日，富安娜成功登陆中小板，因股权激励而产生的一大批百万富翁随之诞生。而对于上市前夕拿了股票就跳槽的高管，富安娜愤而拿起法律武器，向法院提起了民事诉讼，要求判令各离职被告分别赔偿违约金累计达 8121.67 万元。

“天价”股权激励索赔案系列案由此拉开序幕。

富安娜诉求的 8000 多万违约金，堪称 A 股“史上最贵股权激励违约金”，而“承诺函”的效力则成为决定案件生死的关键点。为此，激励员工在庭审中提出了相反的意见，认为“承诺函”是富安娜单方面伪造的，自己根本没有签订过任何承诺函。案情变得扑朔迷离，让人费解。

本案历经一审、二审、再审，对于“承诺函”的效力，广东省高级人民法院最终一锤定音，认定“承诺函”系有效约定，并判决违反约定的股权激励员工需向富安娜支付高额的违约金。

股权激励—风险预防

本案中，激励员工拿了股票就跳槽的行为，不得不引起企业家们的重视。在《股权激励方案》的设计中，我们需要考量如下风险点：

怎样才能避免“股权分出去了，但激励效果没达到”的悲剧？

富安娜的“天价”股权激励索赔系列案，可谓是一个教科书级别的案例，其带来的深刻教训在于：股权是分出去了，但是人也跑路了！笔者注意到，富安娜的诸多激励员工拿了激励股票后，却选择上市前夕“跑之夭夭”了，其原因在于，激励员工认为股权是属于自己的，即便自己离职也可以享受上市之后的股价攀升价值，误以为自己坐等就可成为一个“百万富翁”。

可以说，如果没有“承诺函”，富安娜将面临“股权激励没有效果”，并且“激励员工带着股票跳槽”的困境。而“承诺函”的签署，让富安娜挽回了金钱上的损失，同时也起到了对在职激励高管的一种警示作用。

富安娜一系列的股权激励索赔案胜诉之后，可以预料的是，签署了“承诺函”的在职激励高管会谨慎考虑自己的离职，并会更加珍惜公司给予的激励股权。

因此，切勿忽视“承诺函”在股权激励中的风险防范作用。

典型案例

再审申请人李某等因与被申请人富安娜家居用品公司（以下简称“富安娜公司”）合同纠纷六案，不服广东省深圳市中级人民法院一审民事判决，向本院申请再审。本院依法组成合议庭进行了审查，现已审查终结。

李某等申请再审称：一、李某等2009年向富安娜公司辞职，富安娜公司于2012年12月25日才向一审法院提起本案诉讼。富安娜公司提起本案诉讼已经超过法定诉讼时效期间，依法应予驳回其诉讼请求。二、涉案《承诺函》存在明显的造假嫌疑；违反了关于不得与劳动者约定由劳动者承担违约金的法律强制性、禁止性规定；具有格式条款的性质；违背了同股同权的公司法基本原则，应认定为无效。三、富安娜公司不存在直接的经济损失，反而因股权激励方案的实施获得长足发展，要求李某等承担支付股票转让款之外的其他义务，判决的违约金明显过高，违背了公平合理原则；判决李某等自2013年1月9日起向富安娜公司支付利息缺乏事实和法律依据；即使最终认定李某等需支付违约金，亦应根据其在承诺的服务期间内的任职期限长短来计付。综上，请求对本案进行再审。

富安娜公司发表意见称：一、《承诺函》是李某等以优惠价格认购富安娜公司增发股份作为富安娜公司股东出具的，该函所述违约金不违反法律法规的强制性、禁止性规定，依法有效。《承诺函》不属于格式条款，其对当事人设定一定程度的行为限制具有自身正当性，是合法有效的。二、富安娜公司股票于2009年12月30日上市，李某等于2012年12月30日前不得向富安娜公司提出辞职，否则承担违约责任。如果发生违反承诺的情形，应在持有公司股票在证券市场可以公开出售之日后3个交易日向公司支付违约金，即诉讼时间期间应从李某等承诺支付违约金期限届满的次日起计算。李某等所持股票可以公开抛售之日为2012年12月30日，因该日为非交易日，涉案股票可以公开抛售之日顺延至2012年12月31日。李某等应于此后3个交易日前即2013年1月8日前向富安娜公司支付违约金。本案诉讼时效应自2013年1月9日起计算。富安娜公司于2012年12月26日起诉并未超过诉讼时效。三、李某等的辞职行为违反了《承诺函》约定的义务，导致富安娜公司股权激励目的不能实现，应向富安娜公司支付违约金。该违约金是富安娜公司先期给付李某等利益的返还。综上，请求驳回李某等的再审申请。

本院认为：根据当事人的诉辩请求与理由，按照所涉问题的逻辑顺序，本案争议焦点如下：一、《承诺函》的效力问题；二、富安娜公司提起本案诉讼是否超过诉讼时效问题；三、所判违约金是否过高问题。

关于《承诺函》的效力问题。李某等称《承诺函》造假主要是认为日期造假，并未能提交证据证实其本人在《承诺函》上的签名系伪造，其以《承诺函》涉嫌造假为由否认《承诺函》的效力，本院不予支持。《承诺函》是李某等以股东身份出具，是其鉴于在富安娜公司任职且以优惠条件获得富安娜公司限制性股票而对富安娜公司作出有关任职方面的承诺。该函中关于违约金的约定不同于劳动合同法规定的由劳动者承担违约金的法律强制性、禁止性规定。格式条款只是在有歧义的情况下应作出对提供者不利的解读，并非一概无效。《承诺函》中关于对李某等任职方面的限制并未违反法律、法规的强制性、禁止性规定。李某等向富安娜公司购买的是限售股，与流通股性质并不相同。限售股转换为流通股、与流通股同股同权需附条件。综上，李某等称《承诺函》应认定为无效的主张，缺乏事实和法律依据，本院不予采纳。

关于富安娜公司提起本案诉讼是否超过诉讼时效问题。李某等在《承诺函》中承诺，"若发生上述违反承诺的情形，本人应在持有公司的股票在证券市场可以公开抛售之日后3个交易日内向公司支付违约金。"李某等所持股票可以公开抛售之日为2012年12月30日，由于该日为非交易日，公开出售之日顺延至2012年12月31日。李某等违反承诺后，应于此后3个交易日即2013年1月8日前向富安娜公司支付违约金。本案诉讼时效应自2013年1月9日起算。富安娜公司于2012年12月26日提起本案诉讼并未超过诉讼时效。

关于所判违约金是否过高问题。《承诺函》对提前辞职的激励对象所能获得的股份投资收益进行限制，并不违反公平原则。根据约定，违约金=（激励对象持有的富安娜公司股份在证券市场可以公开抛售之日的收盘价—激励对象发生上述违反承诺的情形之日的上一年度的富安娜公司经审计的每股净资产）×（本承诺函签署日激励对象持有的富安娜股份+激励对象持有的富安娜公司股票在证券市场可以公开出售之日前赠送的红股）。因李某等在签订《承诺函》至富安娜公司上市3年内辞职，违反承诺，应依约将被限制的部分收益，即违约金，返还富安娜公司。李某等未按时支付，逾期支付的行为给富安娜公司造成利息损失，一审法院判决李某等向富安娜公司支付相关利息，二审法院予以维持，并无不当。

综上，李某等的再审申请不符合《中华人民共和国民事诉讼法》第二百条规定的应当再审的情形。依照《中华人民共和国民事诉讼法》第二百零四条第一款之规定，裁定如下：

驳回李某等的再审申请。[1]

① 本部分来源于相关判决书主文，限于篇幅，有所删减，读者可自行查阅判决书全文，以全面了解案情。案件若有后续上一级法院生效判决，则以最终的生效判决为准。

总经理离职后，未解锁的限制性股票，该何去何从

股权激励—争议焦点

本案的焦点在于：刘某作为美国 PD 公司中国区的总经理，美国 PD 公司是否有权在其离职后对其未解锁的限制性股票予以全部取消？

案例来源

上海市第二中级人民法院 刘某与美国 PD 系统公司上海代表处、美国 PD 系统公司劳务合同纠纷二审民事判决书

法院观点解读

【上海市第二中级人民法院】认为：美国 PD 公司于 2012 年 11 月 30 日通知刘某解除雇佣关系，系行使聘用书赋予的单方解除权，并无不妥。其次，关于股权折价款，美国 PD 公司、美国 PD 公司上海代表处提供的证据能证实美国 PD 公司于 2010 年 12 月 17 日给予刘某 10,000 股限制性股票作为奖励，明确约定于 2011 年 12 月 17 日解禁 5000 股、于 2012 年 12 月 17 日解禁 5000 股，如果在此期间双方终止雇佣关系，未解禁的限制性股票取消授予。美国 PD 公司于解除聘用关系同时取消刘某的股权，亦无不妥。

股权激励—败诉原因

本案中，刘某一审、二审均败诉，导致未解锁的限制性股票被美国公司收回，其败诉原因简要分析如下：

限制性股票（restricted stock）一般用于上市公司的股权激励计划中，指上市公司按照预先确定的条件授予激励对象一定数量的本公司股票，激励对象只有在工作年限或业绩目标等符合股权激励计划规定条件的，才可出售限制性股票并从中获益。

限制性股票方案的设计从国外的实践来看，限制主要体现在两个方面：一是获得条件的限制；二是出售条件的限制，即一般经过禁售期后，激励对象才有权分批把自己被授予的实股解锁出来进行出售。

我们先来看一下本案中美国PD公司针对刘某的股权激励方案。美国PD公司聘用刘某担任美国PD公司中国业务的董事总经理一职，聘用条件为在实现100%年度业务计划的情况下，最高目标年薪是200,000美元，其中140,000美元将作为基本薪资两周支付一次，另外60,000美元则是基于每年业务目标实现情况而颁发的浮动薪资。2010年12月17日，美国公司给予刘某10,000股限制性股票作为奖励。2011年12月17日，美国公司解禁了其中的5000股，授予刘某。2012年11月30日，美国公司通知刘某解除雇佣关系，并于同日取消了刘某的剩余5000股股权。

我们注意到，美国PD公司给予刘某10,000股限制性股票作为奖励时，明确约定"于2011年12月17日解禁5000股、于2012年12月17日解禁5000股，如果在此期间双方终止雇佣关系，未解禁的限制性股票取消授予"。因此，在刘某与美国PD公司的雇佣关系被终止后，其剩余未解锁的5000股被取消授予，并无不妥。

股权激励—风险预防

本案中，刘某一审、二审均败诉的结果，不得不引起激励人员的重视。在《股权激励方案》的设计中，笔者归纳以下风险预防，仅供参考：

高管经常有一个误解：激励股权授予自己后，就是自己的！

殊不知，一不小心，激励股权就鸡飞蛋打一场空了！

对于激励高管而言，需要首先读懂《股权激励方案》中的法律风险，特别是“退出机制”中隐藏的法律风险，需要引起激励高管的重视。

就限制性股票而言，激励高管得到的限制性股票，无论是折扣购股型限制性股票，还是业绩奖励或者赠与型限制性股票，无论是定向增发还是二级市场购买后授予，激励对象得到的都是一种实股，而非虚拟性股票。但是，限制性股票只有经过禁售期后，激励高管才有权把股票解锁出来。而在限制性股票解锁之前，激励高管往往忽视的一个风险就是，未解锁的限制性股票如果触发“退出机制”中的特定条款，则可以被公司取消授予。

而限制性股票“退出机制”的设计中，较为常见的就是将“终止劳动关系”和“解锁”进行挂钩，即高管一旦与公司终止劳动关系，则“未解锁”的限制性股票到期不得解锁，由公司全部收回。

典型案例

2007年12月21日，美国PD系统公司（以下简称“美国公司”）向刘某发出聘用书：双方就刘某担任美国公司中国业务的董事总经理一职进一步商谈，聘用条件为在实现100%年度业务计划的情况下，最高目标年薪是200,000美元，其中140,000美元将作为基本薪资两周支付一次，另外60,000美元则是基于每年业务目标实现情况而颁发的浮动薪资。美国公司每月提供不超过2,000美元的住房补贴，通过实报实销的方式支付。美国公司向公司董事会的薪资委员会建议提供给刘某3000股公司限制性股票的股权激励，一旦得到配准，将在3年内阶段性逐步解禁。聘用书同时明确："虽然我们之间的关系是积极的，但是应当适当提示您，美国公司是一个'自由'雇主，并且雇佣不是建立在固定期限上的。您或者公司可以在任何时间并且基于任何原因终止雇佣关系。这封信函中的表述或者我们之间会面过程中的任何表述都不应当以任何方式被解读为一份有固定期限或者有特定的条款和条件的合同，而有悖于自由的关系。"刘某于2008年1月7日签署了该聘用书。2010年12月17日，美国公司给予刘某10,000股限制性股票作为奖励。2011年12月17日，美国公司解禁了其中的5000股授予刘某。2012年11月30日，美国公司通知刘某解除雇佣关系，并于同日取消了刘某的剩余5000股股权。因刘某与美国公司、美国公司上海代表处之间纠纷一直未能达成和解协议，刘某再次诉诸原审法院，请求判令美国公司、美国公司上海代表处：一、赔偿因单方面解除劳务关系造成的经济损失人民币625,000元及保险费用损失人民币20,790元；二、支付股权折价款人民币60,795元；三、支付税务代理费用人民币47,250元。

原审法院经审理后认为，民事法律行为从成立时起具有法律约束力。行为人非依法律规定或者取得对方同意，不得擅自变更或者解除。首先，刘某签署聘用书系其自己的真实意思表示，该聘用书对其与美国公司均具有法律约束力，该聘用书能证实：一、刘某受雇于美国公司；二、刘某或者美国公司可以在任何时间并且基于任何原因终止雇佣关系。美国公司于2012年11月30日通知刘某解除雇佣关系，系行使聘用书赋予的单方解除权，并无不妥。刘某要求美国公司赔偿因单方面解除与刘某的劳务关系造成的经济损失人民币625,000元及保险费用损失人民币20,790元的诉讼请求，缺乏依据，法院不予支持。其次，关于股权折价款，美国公司、美国公司上海代表处提供的证据能证实美国公司于2010年12月17日给予刘某10,000股限制性股票作为奖励，明确约定于2011年12月17日解禁5000股、于2012年12月17日解禁5000股，如果在此期间双方终止雇佣关系，未解禁的限制性股票取消授予。刘某仅对其签名予以确认，否认美国公司、美国公司上海代表处出示过相关附件，对此，刘某负有举证责任，在刘某未提供证据的情况下，法院对刘某的陈述难以采信。而且，从美国公司将股权授予及部分解禁的过程来看，刘某对该股权属于限制性股票的性质是完全明知的。美国公司于解除聘用关系同时取消刘某的股权，亦无不妥。刘某要求美国公司支付股权折价款人民币60,795元的诉讼请求，法院不予支持。再次，刘某要求美国公司支付税务代理费用人民币47,250元，但未能提供与美国公司的相关约定或者美国公司同意支付的相关承诺等证据，对刘某此项请求，法院亦不予支持。基于刘某受雇于美国公司负责中国业务的情况，美国公司上海代表处虽为刘某办理了外国人就业证，但不能导致刘某与美国公司上海代表处形成劳务关系。鉴于刘某与美国公司上海代表处不存在劳务关系，刘某主张美国公司上海代表处赔偿经济损失、保险费用损失、支付股权折价款及税务代理费用的诉讼请求，缺乏依据，法院均不予支持。作出判决：对刘某的各项诉讼请求均不予支持。

原审判决后，上诉人刘某不服，向本院提起上诉。

本院认为，依法成立的合同，对当事人具有法律约束力。本案系劳务合同之诉，上诉人上诉主张两位被上诉人均为其雇主，并据此要求美国公司上海代表处在本案中一并承担民事责任，因上诉人是与美国公司签订聘用合同，且美国公司上海代表处仅系美国公司在中国境内的常驻代表机构，只从事与隶属企业有关的非营利性业务活动，并非是与上诉人建立劳务关系的主体，故上诉人的该项主张缺乏事实及法律依据，本院不予采信。上诉人还上诉主张被上诉人单方面解除聘用合同、取消股权激励且迟延出具《离职证明》的行为存在过错，致其遭受重大经济损失，对此，基于讼争双方的举证结果及自认陈述，原审经综合审查判断后，认定本案涉及的聘用合同系讼争双方的真实意思表示、上诉人明知本案所涉股权的性质，且讼争双方对税务代理费用的承担并无明确约定，原审据此判决对上诉人的索赔诉请均不予支持，经核，与法不悖，并无不当，本院认可原审阐明的理由。综上所述，原审认定事实清楚，判决并无不当。上诉人的上诉请求，理由不成立，本院不予支持。据此，依照《中华人民共和国民事诉讼法》第一百七十条第一款第（一）项之规定，判决如下：

驳回上诉，维持原判。[①]

① 本部分来源于相关判决书主文，限于篇幅，有所删减，读者可自行查阅判决书全文，以全面了解案情。案件若有后续上一级法院生效判决，则以最终的生效判决为准。

第七章

股权激励协议该和谁签

员工和创始股东签订的股权激励协议有效吗

股权激励—争议焦点

本案的焦点在于：股权激励方案并未经公司以公章盖章确认，肖某和创始股东个人签订的股权激励协议有效吗？

案例来源

上海市第一中级人民法院 肖某诉上海市某广告有限公司公司盈余分配纠纷一案二审民事判决书

法院观点解读

【上海市第一中级人民法院】认为：关于第二个争议，股权激励方案上没有相互广告公司的盖章确认，肖某主张李某作为公司的大股东及实际控制人在股权激励方案中的签字，即代表相互广告公司。对此，本院认为，首先，股权及股权红利的拥有者和有权处分者是公司的股东而非公司，因此本院无法推断出股权激励方案是以公司名义形成的；其次，在股权激励方案中关于李某的身份是明确的，李某是作为相互广告公司创始人股东参与的，并非以公司名义参与的；再次，股权激励方案的概述亦明确该方案经肖某等参与激励人员与创始人股东李某签字确认，即可作为各自所签订的股权转让协议的补充文件，对股权转让协议存争议之处起解释作用。由此可见，此方案约束的是股东对股权或股权红利的处置行为，而不是公司的行为。

股权激励—败诉原因

本案中，激励员工肖某一审、二审均败诉。肖某依据其与广告公司创始人签订的股权激励方案向广告公司主张分红及相应利息，没有获得一审、二审法院支持，其败诉原因简要分析如下：

首先，我们先来回顾一下本案股权激励方案的主要内容：

（1）包含肖某以内的每个激励人员可享有 2011 年至 2012 年两个会计年度内 5% 公司股权对应的分红权。根据两个会计年度内获得的股权红利总额来认购公司 5% 的股权，红利总额大于所认购股权价格的，多出红利退还激励人员，反之，激励人员出资补足。

（2）经协商一致，公司股权总价人民币 100 万元，激励人员的出资额按其个人所能认购的股权比例计算。激励人员可自主决定是否将个人每个会计年度结束后所获得的股权红利用于认购公司股权，如决定不认购公司股权的，则将股权红利退还给激励人员。

（3）激励人员发生下列情况之一的，丧失当年分红权资格及后续认购公司股权的权利：未经公司批准，利用职务的便利，自己经营或为他人经营与本公司同类的业务。

（4）股权激励所涉的股权转让实施，直接通过股权转让协议的方式具体落实，不另行变更公司工商登记信息。

（5）公司章程、公司股东名册或公司登记机关登记的内容，与基于本激励方案所签订的股东协议内容有冲突或不一致的，以股东协议的约定为准。

（6）激励人员完成对公司股权的认购后，正式成为公司股东，享有股东权利。

而肖某之所以败诉，源于其对本案的《股权激励方案》产生了如下误解：

误解一，肖某误以为，和创始人个人签订《股权激励方案》足矣。

本案《股权激励方案》的一大痛点，就是股权激励方案的签约者是广告公司的创始人，《股权激励方案》是肖某和公司创始股东李某个人签订。但因为股权激励方案上并没有广告公司的盖章，激励方案的签订并非是以公司名义所形成。所以，肖某与创始人个人签订的股权激励协议，只能在肖某和创始人李某之间有效，并不能得到公司的认可。

误解二，肖某误以为签订了该份《股权激励方案》后，自己就是公司的股东。

肖某之所以依据其与广告公司创始人签订的股权激励方案向广告公司主张分红及相应利息，原因在于肖某认为自己是广告公司的股东。然而，肖某的这个认识大错特错！按照肖某与广告公司签订的股权激励方案中明确约定，肖某可将股权红利用于认购公司股权，即肖某只有在认购公司股权后才能成为公司股东。而肖某在成为公司股东之前，并无权直接向公司要求进行分红。因此，肖某依据一份《股权激励方案》并不能直接成为广告公司的股东，更不能直接要求公司分红。

股权激励—风险预防

本案中，激励人员肖某以一份《股权激励方案》直接将公司告上法庭，不得不引起企业家们的重视。在《股权激励方案》的设计中，笔者归纳以下风险预防，仅供参考：

1. 企业应重视《股权激励方案》的宣讲

笔者在为企业设计《股权激励方案》时，经常建议企业在股权激励方案初步定型后，要向激励人员进行详细的宣讲。宣讲的目的主要在于使得激励人员能够充分理解股权激励方案的具体内容，对自己能够得到的激励股权有一个清晰的了解，从而起到一个更好的激励效果。

2. 切忌在“小黑屋”里签订股权激励协议

实践中，不乏部分企业采用“小黑屋”模式与激励员工签订《股权激励协议》，整个过程只有短短几分钟。激励员工甚至还没有将整个股权激励协议完整看上一遍，就被催促着快速签字。以此模式签约，激励员工对自己的权益可谓是一知半解，从而为后期的纠纷埋下了伏笔。可以说，“小黑屋”式的签约方式会在员工心中留下疑惑和不解，如此一来，激励效果就会大打折扣。

典型案例

原审法院经审理查明：某广告公司（以下简称“广告公司”）于2009年7月9日成立，股东为李某与贾某，分别享有90%和10%的股权。

2011年3月3日，广东某律师事务所指派林C、吴D对肖某与某广告公司股东李某及案外人周某、白某签订过程进行了见证。在见证书上载明，律师分别核对了四方当事人身份，并询问了四方对《上海市某广告有限公司股权激励方案》（以下简称《股权激励方案》）内容理解情况，四方均表示已明确理解，并为各自真实意思表示；2011年6月16日，李某、肖某、周某、白某在广东律师事务所签订了股权激励方案。股权激励方案载明：……三、本激励方案自2011年1月1日开始实施。

四、本股权激励方案相关人员包括创始人李某，首批激励人员：肖某及周某、白某。五、每个激励人员可享有2011年至2012年两个会计年度内5%公司股权对应的分红权。根据两个会计年度内获得的股权红利总额来认购公司5%的股权，红利总额大于所认购股权价格的，多出红利退还激励人员，反之，激励人员出资补足。六、经协商一致，公司股权总价人民币（以下币种均为人民币）100万元，激励人员的出资额按其个人所能认购的股权比例计算。七、激励人员可自主决定是否将个人每个会计年度结束后所获得的股权红利用于认购公司股权，如决定不认购公司股权的，则将股权红利退还给激励人员。八、激励人员发生下列情况之一的，丧失当年分红权资格及后续认购公司股权的权利：未经公司批准，利用职务的便利，自己经营或为他人经营与本公司同类的业务。九、股权激励所涉的股权转让实施，直接通过股权转让协议的方式具体落实，不另行变更公司工商登记信息。十、公司章程、公司股东名册或公司登记机关登记的内容，与基于本激励方案所签订的股东协议内容有冲突或不一致的，以股东协议的约定为准。十一、激励人员完成对公司股权的认购后，正式成为公司股东，享有股东权利……十三、本激励方案实施之日起，李某、贾某、肖某、周某、白某等人员为首届董事会成员，其中李某任董事长。股权激励方案还对其他相关事项进行了约定。

另查明，2013年3月14日，经黄浦区劳动人事争议仲裁委员会调解，肖某与广告公司达成协议：广告公司支付肖某30,926元（税后），肖某放弃其他仲裁请求，双方无其他劳动争议。双方间劳动关系解除。

肖某于2014年3月12日诉至原审法院，请求判令：一、广告公司支付肖某2011年会计年度内5%股权对应的分红10万元及其3年来未分红产生的利息73，800元；二、广告公司支付肖某2012年会计年度内红利15万元及其两年来产生的利息73,800元；三、广告公司支付肖某2013年会计年度内应分红利20万元。审理中，肖某明确，2011年分红额根据2012年1月18日董事会决议为100万元，另留存65万元作为发展基金，各方股东还口头协议分配35万元给隐名股东，故分红额合计为200万元，肖某5%股权对应10万元分红；2012年及2013年的分红额根据广告公司之前利润情况及公司营业发展、利润逐年递增比例推算。

原审法院认为，有限责任公司股东有权按实缴的出资比例分取红利，分红由董事会制定利润分配方案，并经股东会审议通过。本案中，肖某依据其与广告公司股东签订的股权激励方案向广告公司主张分红及相应利息，该主张依据明显不足，理由如下：一、股权激励方案的相对方是否为广告公司，原审法院难以确定。因股权激励方案并无广告公司签章，虽有广告公司股东李某签字，但未有证据证明李某得到广告公司的授权，在广告公司另一股东贯某未追认的情况下，股权激励方案对广告公司不具有约束力；二、即便股权激励方案对广告公司具有约束力，按方案的约定，肖某所享有的也是向广告公司主张虚拟股权对应公司利润的现金奖励，双方间应属劳动关系争议，但双方间劳动争议已经黄浦区劳动人事争议仲裁委员会调处后，无其他争议，肖某也丧失主张的权利；三、分红权系股东的专属权利，即便股权激励方案合法有效，也不能证明肖某已取得广告公司的股东资格；四、主张公司分红，首先公司应按法律规定在补亏，缴足法定公积金后还有红利可分，其次需经董事会提议，得到股东会审议批准。但肖某对上述分红要件均无证据证明。故肖某的诉讼请求，原审法院不予支持。基于广告公司已明确否认系争股权激励方案对其具有拘束力，作为签约一方的广告公司股东李某应承担相应责任，肖某可另循其他法律途径向李某主张权利。据此，原审依据《中华人民共和国公司法》第三十四条、第三十七条第一款第（六）项、第四十六条第（五）项的规定，判决如下：驳回肖某的全部诉讼请求。案件受理费9776元，减半收取4888元，由肖某负担。

原审判决后，肖某不服，向本院提起上诉称：一、股权激励方案是在律师见证下由肖某、李某、周某与白某等共同签署的，是各方当事人的真实意思表示，具有法律效力，对各方当事人均有约束力。在签订股权激励方案时，李某持有相互广告公司90%股权，是公司实际控制人，李某的妻子尹某是广告公司的法定代表人，因此，广告公司实际上是李某的个人公司，公司财务由李某控制，股权激励方案的签订行为可以认定为李某代表公司的表见代理行为，该由广告公司承担相应的民事责任。而贾某持有广告公司10%股权，对公司事务无决定权，在公司决定给予激励人员股权分红事项中，贾某是知道的，但是在签订股权激励方案时，贾某已因个人原因离开公司，其并未参与该股权激励方案的签订，在她离开公司时，还一再明确表示要将自己个人拥有的股权无偿转让给肖某，贾某对于此次股权激励方案并没有机会予以追认。原审法院认定相互广告公司并没有得到贾某的追认是错误的。虽然相互广告公司未在股权激励方案上盖章，但只能说明此形式要件上存在瑕疵，仅此瑕疵并不能推翻股权激励方案的客观要件和全部真实的内容。股权激励方案对广告公司具有约束力。二、其提供的名片、劳动合同、众多员工提供的证明及公司股东会议决议文件等证据能证明其在广告公司的股东身份和资格。2012年1月18日广告公司曾召开会议并形成董事会《关于第一届第三次会议的决议》对分红作出约定，原审法院否认该决议存在，属事实认定不清。广告公司提供没有盈利的财务报表，欺骗中小股东，侵犯股东的知情权、分红权，故请求法院对相互广告公司的财务进行审计，查明事实真相，以维护其合法权益。三、股权分红与解除劳动关系是两个不同的法律关系，在劳动争议仲裁过程中，其从未表示过放弃股权分红权利的意思表示。综上，肖某上诉请求二审法院依法撤销原判，依法改判相互广告公司向其支付2011年和2012年两个会计年度内5%股权对应的分红款20万元及其利息。

广告公司答辩称：一、股权激励方案既没有股东贾某的签订，也没有公司的签章，该方案是不成立的。即使被认定成立，也因肖某违反该方案中关于不得从事与公司相同经营范围的行业而丧失股权激励权利。二、肖某提供的2012年1月18日相互广告公司形成董事会《关于第一届第三次会议的决议》，因肖某无法提供原件，故对真实性不予认可。三、公司是专门做房地产广告，房地产行业不景气，公司的业务受到很大影响，基本没有盈利。因此，请求二审法院驳回上诉，维持原判。

肖某为证明其上诉意见向本院提交如下证据：证据1.深圳市律师协会投诉案件立案调查通知书；证据2.邮箱的截图、广告公司网站上的照片及公司总经理姚某在会议时的询问；证据3.肖某与张某的短信及电话录音整理；证据4.对贾某的询问调查笔录。广告公司认为证据1并未得到深圳市律师协会的确认；对其余证据的真实性均不予认可。本院认为，肖某提供的上述证据1仅能证明肖某曾对参与见证的律师工作进行过投诉，对于股权激励方案的效力不具有证明力；证据2、3均形成于一审立案前，其在一审中并未提供，且该些证据也无法直接证明肖某的股东身份，故证据2、3均不属于二审新证据；对于证据4虽是在原审判决后所形成的，鉴于贾某并未到庭接受法庭质询，该证据不符合证据的要件形式，故本院无法采信。

广告公司并未在二审审理期间提交新证据。

经审理查明，原审法院查明的事实均属实，本院予以确认。

本院认为，本案二审的争议在于：一、肖某是否具备广告公司的股东身份，享有公司盈余分配权；二、股权激励方案是否能代表广告公司的真实意思表示。

关于第一个争议，本院认为，公司盈余分配请求权是具有公司股东资格和地位的股东依法享有请求公司按照自己的持股比例向其分配红利的权利。肖思宇在原审中是以其作为相互广告公司的股东身份提起本案诉讼的，但本院注意到，股权激励方案对于肖某如何才具备股东身份是有明确约定的，即股权激励方案关于股权认购计划中第 7 条及第 11 条，也就是说，肖某对于 2011 年及 2012 年度内获得的股权红利有两种选择，第一种即以该股权红利认购股权后成为公司股东，第二种是不认购股权而直接领取红利。在二审庭审中，肖某已明确其选择的是第二种方式，由此说明肖某自始就不具备广告公司的股东身份，而本案显然也并非公司法意义上的公司盈余分配纠纷，因此，肖某以其作为广告公司的股东主张公司盈余分配，本院不予支持。

关于第二个争议，股权激励方案上没有广告公司的盖章确认，肖某主张李某作为公司的大股东及实际控制人在股权激励方案中的签字即代表广告公司，因此，该股权激励方案对广告公司有约束力。对此，本院认为，首先，股权激励方案中涉及的是广告公司的股权及股权红利，而股权及股权红利的拥有者和有权处分者是公司的股东而非公司，因此，本院无法推断出股权激励方案是以公司名义形成的；其次，在股权激励方案中关于李某的身份是明确的，李某是作为广告公司创始人股东参与的，并非以公司名义参与的；再次，股权激励方案的概述亦明确该方案经肖某等参与激励人员与创始人股东李某签字确认，即可作为各自所签订的股权转让协议的补充文件，对股权转让协议存争议之处起解释作用。由此可见，此方案约束的是股东对股权或股权红利的处置行为，而不是公司的行为。原审法院对此认定并无不当，本院依法予以维持。当然，本院也不应否认股权激励方案签订各方当事人的真实意思表示，肖某可依股权激励方案的约定向相关人员主张权利。

综上，肖某的上诉理由缺乏事实与法律依据，本院不予支持。原审判决认定事实清楚，适用法律正确，程序合法，本院依法予以维持。据此，依照《中华人民共和国民事诉讼法》第一百七十条第一款第（一）项、第一百七十五条、第一百一十八条第一款之规定，判决如下：

驳回上诉，维持原判。①

① 本部分来源于相关判决书主文，限于篇幅，有所删减，读者可自行查阅判决书全文，以全面了解案情。案件若有后续上一级法院生效判决，则以最终的生效判决为准。

公司是否可以向激励对象授予自身的股权

股权激励—争议焦点

本案的焦点在于：软件公司通知迟某将获得公司合资变更完成时1.20%比例的股权（当前公司市值1350万美金），如此一来，迟某能否直接取得激励股权？

案例来源

上海市第一中级人民法院 迟某与上海甲软件有限公司股东资格确认纠纷一案二审民事判决书

法院观点解读

【上海市第一中级人民法院】认为：本案的焦点在于迟某能否取得甲软件公司的股权？迟某认为福利待遇通知书明确约定，其可以取得甲软件公司相应的股权作为公司给其的股权奖励。本院认为，甲软件公司的股权属于公司的股东所享有的权利，甲软件公司本身没有股权可言，故不可能给予迟某股权。迟某非甲软件公司的原始股东，只能通过股权的转让、股权赠与或公司增资扩股等方式取得甲软件公司的股东资格，但迟某并未提供相应的证据证明其赖以取得股权的事实存在，故其不能当然地成为甲软件公司的股东，从而取得甲软件公司的股权。

股权激励—败诉原因

本案中，迟某一审、二审均败诉，未能取得软件公司的激励股权。其败诉原因简要分析如下：

我们先来看一下软件公司给予迟某的股权激励方案。软件公司在与迟某签订《劳务协议》的同日向迟某发出福利待遇通知书，向迟某告知年薪、奖金等待遇，同时载明“股权待遇”：

（1）您将获得2008年4月公司合资变更完成时1.20%比例的股权（当前公司市值1350万美金），分四年每年实施其中的25%的股权，并在加入公司后3个月内实施，如在每次实施股权后一年内离职，则公司有权收回当年所转让的股权。

（2）根据公司股东同管理层的相关约定，在2008年4月起的年度，如公司完成约定业绩，则会得到5%–10%的股权奖励，你作为公司的管理层，有权根据所做贡献参与上述股权奖励的分配。

迟某之所以一审、二审均败诉，主要原因在于软件公司给予迟某的“股权待遇”中的所谓1.2%的“激励股权”，并未明确是由原股东进行转让、股权赠与或者以增资方式获得激励股权，也就是对于激励股权的来源没有予以明确。迟某对软件公司从未出资，也未签订股权受让协议，软件公司在本案中更无权将公司股东的股权赠与迟某，因此，迟某不能取得软件公司的股权。

股权激励—风险预防

本案中，激励对象股东一纸诉状将软件公司告上法庭，激励不成反成冤家。这样的案例数不胜数，不得不引起企业家们的重视。在《股权激励方案》的设计中，笔者归纳以下风险预防，仅供参考：

我们需要重视激励股权来源不明确引发的法律风险。

本案是典型的因“激励股权来源”问题而引发的纠纷，其深刻的教训在于：在《股权激励方案》的设计中，必须重视“激励股权来源”的设计，否则可能会面临激励方案无效或者无法实施的后果，最终导致“激励不成，反成冤家”的结局。

“激励股权”从哪里来？目前实践中主要有以下几种途径：

（1）原股东转让

由原股东将自身持有的公司股份转让给激励对象，视具体的股权激励方案而定可以是有偿转让，也可以是无偿赠与，一般需要签订《股权转让协议》以明确各方权益。

（2）增资扩股方式

由激励对象以增资的方式获得激励股权，从而使企业的资本额得到增加。需要注意的是，增资须符合公司法关于增资的法律规定。因为增资扩股的方式会稀释原股东的股权比例，所以需谨慎考虑原股东的意愿。

（3）预留的激励池

有限责任公司在设立之初，就可以考虑预留出一部分股权作为股权激励池。股份公司也可预留一部分股份作为股权激励之需。

综上，公司在设计《股权激励方案》中，必须明确“激励股权的来源”，以免因激励股权的来源问题与激励对象对簿公堂，导致寒了所有激励员工的心。

典型案例

2008年3月24日，迟某为乙方、案外人上海市乙有限公司（以下简称“乙公司”）为甲方签订《劳动合同》，该合同载明鉴于用工单位需要使用乙方，委托甲方办理录用手续，经协商一致签订劳动合同，合同固定劳动期限自2008年3月24日起至2010年3月23日止。同日，迟某与甲软件公司签订《劳务协议》，约定根据与乙公司的劳动合同，迟某被派遣至甲软件公司工作，迟某除享受劳动合同和派遣协议书规定的工资待遇外，还享受甲软件公司福利待遇通知书承诺的其他福利待遇和甲方将来所制定的相关福利待遇。甲软件公司并于同日向迟某发出福利待遇通知书，向迟某告知年薪、奖金等待遇，同时载明“股权待遇：一、您将获得2008年4月公司合资变更完成时1.20%比例的股权（当前公司市值1350万美金），分四年每年实施其中的25%的股权，并在加入公司后三个月内实施，如在每次实施股权后一年内离职，则公司有权收回当年所转让的股权。二、根据公司股东同管理层的相关约定，在2008年4月起的年度，如公司完成约定业绩，则会得到5%–10%的股权奖励，你作为公司的管理层，有权根据所作贡献参与上述股权奖励的分配”。2010年1月27日，迟某再次与乙公司签订《劳动合同》，约定固定劳动期限自2010年3月24日起至2012年3月23日止。2010年11月1日迟某向甲软件公司提出辞职申请，2010年11月10日，迟某与甲软件公司办妥工件交接手续。2011年6月10日，迟某诉至原审法院，请求判令确认其持有甲软件公司0.6%的股权。原审审理中，迟某变更诉讼请求，要求判令甲软件公司支付相当于该公司0.60%的股权价值的款项人民币（以下币种同）182,609.30元。

原审法院认为，从甲软件公司向迟某发出的福利待遇通知书内容显示，本案论争的股权并非是甲软件公司承诺给公司高管的奖励股权（通知书中另有奖励的约定），对于如何取得争议股权，迟某认为取得股权系迟某的福利待遇，属非现金方式的劳动报酬，如迟某所述属实，本案中确认其持有股权，系支持其变相的以劳务出资，违反我国现《公司登记管理条例》的规定，而对于迟某提出变更要求甲软件公司支付等价货币的诉讼请求，诚如甲软件公司所辩，与本案中迟某起诉时主张的股权确认不属同一法律关系，迟某应以恰当方式另行主张。据此，原审法院依照《最高人民法院关于民事诉讼证据的若干规定》第二条之规定，判决如下：驳回迟某的诉讼请求。一审案件受理费 3952 元，由迟某负担。

一审判决后迟某不服，向本院提起上诉称：一、迟某在甲软件公司任人事行政总监，福利待遇通知书约定公司给予其股权是对公司高管的激励，实质是采用更有利于公司治理的给高管发报酬的方式；二、本案是股权奖励，不是协议出资，公司的股权是确定的，非增资扩股，不存在劳务出资的问题，原审将劳务出资与劳动报酬的出资相混淆；三、股权奖励是体现劳动报酬的价值，即使迟某持有甲软件公司的股权，若公司不予配合登记，亦可以折价赔偿；四、福利待遇通知系双方真实意思的表示，均应按约履行，且具备履行的条件。综上，迟某认为原审判决错误，请求本院撤销原审判决，改判支持迟某的原审诉讼请求。

甲软件公司辩称：一、以劳务作为出资是违反《公司登记管理条例》的，若是作为劳动报酬则与本案的审理范围不符，本案不是劳动纠纷；二、迟某对甲软件公司从未出资，也未签订股权转让协议，甲软件公司亦不可能将公司股东的股权赠与迟某；三、甲软件公司的资产状况与迟某是否享有甲软件公司的股东资格并无关联。综上，甲软件公司认为原审判决正确，请求本院驳回上诉，维持原判。

本院二审期间，迟某和甲软件公司均未提交新的证据材料。

本院经审理查明，原审法院查明的事实属实，本院予以确认。

本院认为，本案的焦点在于迟某能否取得甲软件公司的股权？迟某认为福利待遇通知书明确约定，其可以取得甲软件公司相应的股权作为公司给其的股权奖励。本院认为，甲软件公司的股权属于公司的股东所享有的权利，甲软件公司本身没有股权可言，故不可能给予迟某股权。迟某非甲软件公司的原始股东，只能通过股权的转让、股权赠与或公司增资扩股等方式取得甲软件公司的股东资格，但迟某并未提供相应的证据证明其赖以取得股权的事实存在，故其不能当然地成为甲软件公司的股东，从而取得甲软件公司的股权。本院二审庭审中，迟某陈述甲软件公司为实现对公司高管的股权激励专门设立了上海甲投资管理有限公司（以下简称“甲投资公司”），其实际上应受让甲软件公司在甲投资公司中的股权。对此本院认为，若迟某自认应持有甲投资公司的股权，那么，其本案诉请更无依据。综上，迟某的上诉请求缺乏事实和法律依据，原审所作判决并无不当，本院依法予以维持。依据，《中华人民共和国民事诉讼法》第一百五十三条第（一）款、第一百五十八条、第一百零七条之规定，判决如下：

驳回上诉，维持原判。

本判决为终审判决。[①]

① 本部分来源于相关判决书主文，限于篇幅，有所删减，读者可自行查阅判决书全文，以全面了解案情。案件若有后续上一级法院生效判决，则以最终的生效判决为准。

以公司名义与激励对象签署的认股协议是否有效

股权激励—争议焦点

本案的焦点在于：甲公司并非股份公司，却提供部分股票供激励对象进行“技术股认股”，该股权激励协议是否有效？

案例来源

上海市第一中级人民法院 王某与甲光电技术（上海）有限公司股权转让纠纷一案二审民事判决书

法院观点解读

【上海市第一中级人民法院】认为：关于系争协议的效力，本院认为系争协议系当事人真实意思的表示，依法有效成立。该份协议并不存在违反《中华人民共和国合同法》第五十二条规定的无效情形，未违反法律、行政法规的强制性规定，应为有效。上诉人王某以境内个人无法成为外资公司股东、有限责任公司无法发行股票为由主张该份协议无效的主张缺乏事实和法律依据，本院依法不予支持。

股权激励—败诉原因

本案中，王某一审、二审均败诉，导致未能获得公司的股权。其败诉原因可谓一言难尽。

我们先来看一下公司的股权激励方案。甲公司同意提供其部分股票供王某进行认购，认购条件：一、甲方同意提供本公司技术股票总数 150,000 股股票供乙方认购或配发，时程依乙方到职日 2007 年 4 月 1 日起于甲方服务年资（未满两年无认购或配发），满二年得以认购或配发总数之百分之十五计 22,500 股；满三年得以认购或配发总数之百分之三十五计 52,500 股；满四年得以认购或配发总数之百分之五十五计 82,500 股；满五年得以认购或配发总数之百分之一百计 150,000 股。二、乙方得经甲方同意后将上述乙方已取得之股票依面值或净值换算为等值之现金或其他有价证券。三、……协议书并对股票转让等事宜进行了约定。协议签订后，甲公司在 2009 年、2010 年均给予了王某一定的奖金分红。

王某之所以一审、二审均未胜诉，主要在于其对于上述股权激励方案具有误解，而王某的误解又为他带来方向性的错误，最终以败诉告终。

误解一，王某误以为技术股的认购就是股权激励的授予。

技术股认购≠激励股权授予

通过分析本案股权激励方案，不难看出，本案实际上属于一种认股权的激励方式。王某需要在约定的年限期满时分批认购公司的股份，即王某只有在认购公司股份之后才有可能获得激励股权。

误解二，王某误以为《技术股认股协议书》实际为股权赠与或股权转让协议。

王某认为，公司的法定代表人熊某某在技术股认股协议书上签字，协议约定的股票转让行为实质上是熊某某与王某之间进行，所以《技术股认股协议书》其实是自己和熊某某个人之间的股权赠与或股权转让协议。

王某的这一误解，实属大错特错。《技术股认股协议书》的签约主体是王某和甲公司，熊某某在该协议上以甲公司负责人名义而非以本人名义签字。

误解三，王某误以为《技术股认股协议书》是一份无效协议。

实际上，对于公司和王某之间签订的《技术股认股协议书》的效力，二审法院已经给出了明确的答案，《技术股认股协议书》是当事人真实意思的表示，依法有效成立。

股权激励—风险预防

本案中，因为股权激励协议的性质不明，从而导致激励员工和公司对簿公堂，我们不禁要思考：在《股权激励方案》的设计中，需要预防哪些法律风险?

接下来，我们不妨从本案股权激励方案的几个“痛点”入手。

痛点一，有限公司认股协议中约定了股数，却没有明确持股比例。

笔者注意到，本案虽约定“甲方同意提供本公司技术股票总数150,000股股票供乙方认购或配发”，但对于总股数和持股比例却没有进行约定。随之带来的风险在于，因为没有明确的总股数进行计算持股比例，将导致股权激励协议难以履行的风险。

痛点二，公司系有限公司，而非股东公司，根本不存在所谓的股票。

股票仅存在于股份公司，这是一个基本常识，然而，本案的股权激励方案中却通篇出现“股票”的字样，导致一审中法院认为，因为公司的性质不存在技术股股票的配发，因此技术股认股协议书属于无效协议。

“致公司之治者在人才，揽人才之心者在激励。”如果公司为了成本的节约，随便找了一个所谓的“股权激励模板”，甚至傻傻地连“股权”和“股票”都难以分清，则可能面临股权激励协议无效、激励协议无法履行或激励效果趋于零的风险。

典型案例

2007 年 4 月 1 日，王某作为乙方、甲公司作为甲方签订技术股认股协议书 1 份，约定为激励王某并谋王某长期利益与甲公司业务发展相结合，甲公司同意提供其部分股票供王某认购，认购条件："一、甲方同意提供本公司技术股票总数 150,000 股股票供乙方认购或配发，时程依乙方到职日 2007 年 4 月 1 日起于甲方服务年资（未满两年无认购或配发），满二年得以认购或配发总数之百分之十五计 22,500 股；满三年得以认购或配发总数之百分之三十五计 52,500 股；满四年得以认购或配发总数之百分之五十五计 82,500 股；满五年得以认购或配发总数之百分之一百计 150,000 股。二、乙方得经甲方同意后将上述乙方已取得之股票依面值或净值换算为等值之现金或其他有价证券。三、……"协议书并对股票转让等事宜进行了约定。协议签订后，甲公司在 2009 年、2010 年均给予了王某一定的奖金分红。

原审法院另查明，甲公司注册成立于 2007 年 1 月 8 日，投资人为熊某某（台湾人），性质为外商独资的有限责任公司，注册资本为 15 万美元。后经增资，现工商登记的注册资本为 161.2383 万美元，性质为台港澳与外国投资者合资的有限责任公司，股东为熊某某、黄某某等人。王某自 2007 年 3 月起在甲公司处工作，2011 年 9 月 6 日解除劳动关系。

原审法院认为，当事人行使权利、履行义务应当遵循诚实信用原则。本案中，王某、甲公司虽然都在技术股认股协议书上签字盖章，但双方对于合同的理解存在分歧。王某认为该协议系股权激励协议或股权转让协议，甲公司认为系公司内部的奖金分配依据。原审法院认为，王某、甲公司签订的协议书的抬头为"技术股认股协议书"，根据协议书的字面意思理解，甲公司应提供其部分技术股票供王某认购或配发。但事实上，甲公司系有限责任公司，而非股份有限公司，并不存在所谓的技术股票，且协议书中约定甲公司提供技术股票总数15万股股票供王某认购或配发，但协议书并未明确每股股票所对应的金额，也未明确王某的占股比例。因此，原审法院认为无法根据协议书的内容推断出协议书的真实意思表示。由此可见，王某、甲公司双方并没有就协议书达成合意，该协议书并未成立，自然无效。退一步讲，即使如王某所述，技术股认股协议书成立，系股权激励协议或股权转让协议，其是通过公司配发的形式获得股票的，该协议书也是无效的。理由如下：首先，如前所述，甲公司的公司性质决定其不可能有股票用以配发；其次，甲公司系外商投资企业，所有的股权转让或增资行为必须经过政府审批生效，而王某作为境内自然人不可能成为外商投资企业的股东，故协议书必然无法通过政府审批而归于无效。合同无效后，因该合同取得的财产，应当予以返还。现甲公司明确表示不要求王某返还已获得的款项，原审法院予以准许。王某认为，甲公司对于合同无效存在过错，应当赔偿王某所受到的损失。原审法院认为，因为无效合同的处理以恢复原状为原则，故因合同无效而受到的损失，应以实际已经发生的损失为限，不应当赔偿期待利益，现王某主张的损失并非实际发生的损失，故原审法院不予支持。综上，原审法院依照《中华人民共和国合同法》第三条、第五十二条第（五）项、第五十八条、《中华人民共和国外资企业法》第二条的规定，判决如下：一、确认王某与甲公司于2007年4月1日签订的《甲光电技术（上海）有限公司技术股认股协议书》无效；二、驳回王某的其他诉讼请求。一审案件受理费人民币18,977元，减半收取人民币9,488.50元，由王某负担（已付）。

一审判决后王某不服，向本院提起上诉称：一、原审程序违法。甲公司的法定代表人熊某某在系争技术股认股协议书上签字，协议约定的股票转让行为实质上是熊某某与王某之间进行，故熊某某应是真正的责任人，但是在一审中王某要将熊某其作为被告而一审法院违法不予立案，属于程序违法。二、关于损失的计算。由于系争协议无效，甲公司应当向王某赔偿技术股的现金价值及应分红而尚未分红部分。综上，上诉人王某认为原审判决显失公平，故要求本院撤销原审判决，改判支持其原审提出的诉讼请求，本案一、二审案件受理费由甲公司负担。

被上诉人甲公司辩称：不同意王某的上诉请求。系争协议的签约主体是王某和甲公司，熊某某在该协议上以甲公司负责人名义而非以本人名义签字，故熊某某不是本案适格被告，一审程序并不违法。系争协议主要是甲公司向员工发放奖金的依据，不是股权赠与或股权转让协议。

上诉人王某在二审期间向本院提交出院小结、照片、吴某和马某出具的证人证言、民事起诉状作为二审新证据。

被上诉人甲公司在二审期间未提交证据材料。

本院经审理查明，原审判决认定事实正确，本院予以确认。

本院认为，本案争议的焦点在于：一、本案所涉协议的性质和效力如何界定？二、甲公司是否应当赔偿王某主张的损失？三、原审程序是否违法，熊某某是否应作为本案被告？

关于系争技术股认股协议的性质，双方当事人存在争议。上诉人王某认为该份协议系股权转让或者股权赠与协议，而被上诉人甲公司则认为该份协议主要是公司为员工发放奖金的依据，如果甲公司上市后，王某可以认购这些股票。本院认为，首先，系争协议约定上诉人王某在满足特定条件下可认购和配发的是股票而非股权，且该份协议系甲公司与王某之间签署，如果系股权赠与或者股权转让协议，应是由甲公司的股东熊某某与王某之间签订，由熊某某将其在甲公司的股权转让给王某，故该协议并非上诉人所主张的股权转让或者股权赠与协议，王某不能依据该协议成为甲公司的股东；其次，双方当事人在签订本案所涉协议时，甲公司系有限责任公司，根据现行法律之规定是无法发行股票的，王某作为公司的高级管理人员对此应是明知的，故应当探寻当事人真正的缔约目的；再次，从协议的缔约目的来看，甲公司作为有限责任公司无法发行股票，该协议的签约目的应是为了对高级管理人员的激励措施，而将公司所拥有的资产虚化为股票，从2009年和2010年甲公司对王某的奖金分红中也可以看出王某所拥有的技术股的数量是甲公司对员工进行激励的一个重要的考量因素；最后，本院注意到，未有证据证明在系争协议签订后至王某向原审法院起诉前，王某曾向甲公司或者甲公司的股东要求确认其股东身份。结合上述几点，本院认为本案所涉协议并非是股权转让协议或者股权赠与协议，双方当事人签署该份协议的真正目的在于甲公司在满足特定条件下给予王某一定的激励，王某不享有股权而只享有一定的经济利益。上诉人王某认为该份协议是股权转让协议或者股权赠与协议的主张缺乏事实和法律依据，本院不予采信。

关于系争协议的效力，本院认为系争协议系当事人真实意思的表示，依法有效成立。该份协议并不存在违反《中华人民共和国合同法》第五十二条规定的无效情形，未违反法律、行政法规的强制性规定，应为有效。上诉人王某以境内个人无法成为外资公司股东、有限责任公司无法发行股票为由主张该份协议无效的主张缺乏事实和法律依据，本院依法不予支持。

关于上诉人王某主张的损失，本院认为，系争协议系有效协议，不存在无效的情形，王某以合同无效为由主张相应的损失于法无据，本院不予支持。如前所述，所涉协议并非股权赠与协议或者股权转让协议，王某不能依此成为甲公司的股东，即便甲公司依法发行股票，该股票亦需王某以认购或配发的方式有偿获得而非无偿获得，故上诉人王某无权依据该份协议主张技术股的现金价值。关于上诉人王某主张的其余损失系公司对员工给予一定的奖励性质，属于劳动争议的范畴，不在本案审理范围内，其可以通过其他的法律途径予以救济。

关于上诉人王某主张的原审程序违法的问题。本院认为，上诉人王某并未提供证据证明王某将熊某某作为本案被告而原审法院不予立案的情形，况且本案所涉协议的签约主体系王某和甲公司，熊某某只是以甲公司负责人的身份签字。上诉人主张的原审程序违法缺乏相应事实予以佐证，本院亦难以支持。

综上，上诉人王某的上诉请求无事实和法律依据，本院不予支持。原审判决对系争协议效力认定有误，本院依法予以纠正。依据《中华人民共和国民事诉讼法》第一百五十三条第一款第（二）项、第一百五十八条、第一百零七条之规定，判决如下：

一、撤销上海市松江区人民法院（201×）松民×（商）初字第××××号民事判决；

二、驳回上诉人王某原审全部诉讼请求。

本判决为终审判决。①

① 本部分来源于相关判决书主文，限于篇幅，有所删减，读者可自行查阅判决书全文，以全面了解案情。案件若有后续上一级法院生效判决，则以最终的生效判决为准。

下　篇

股权激励概念篇

为了读者在研习“股权激励案例篇”时能结合常见股权激励模式进行理解，经再三斟酌，笔者增设了本篇内容，以供读者查阅基本概念。另外，鉴于市场上已有诸多解析股权激励模式的书籍，本篇仅对于股权激励模式及实操做一个简要介绍，读者亦可自行参考其他书籍对于股权激励模式和实操的不同解读。

第八章

常见股权激励的模式

一、虚拟股权激励

股权激励中的虚拟股权是指公司授予激励对象一种“虚拟”的股权，并非公司的实股，也不做工商变更登记，激励对象可以依据虚拟股权的数量享受一定的公司分红权和增值收益权。

虚拟股权主要有以下几个特点：

第一，股权虚拟化的特点。虚拟股权和《公司法》意义上的股权是两个完全不一样的概念，虚拟股权是针对公司的实股而言，一般采用无偿派发的形式，激励对象被授予虚拟股权后，可以按照虚拟股的比例享受公司税后利润的分配。

第二，不享有所有权和表决权的特点。虚拟股票的最大特征就是将股份的所有权和收益权进行分离。激励对象持有虚拟股权后，只享有分红等收益权，但不享有公司股权的所有权和表决权等一些实股股东才能享有的权利。因此，持有虚拟股权的激励对象一般更倾向于关注公司的盈利情况。

第三，工商无须登记的特点。有别于实股的股权激励需要进行工商变更登记的流程，虚拟股权激励不需要到工商部门进行登记，程序上更为简便。

经典案例

上海YG公司作为一家正在蜕变为全国性连锁化的集团公司，希望笔者能为其设计一套针对销售高管的股权激励方案。了解到公司打算进行股权激励的骨干高管是新加入公司，在对他们的销售能力和价值观等未能充分了解的情况下，笔者建议公司第一步先实施为期两年的虚拟股权激励，待两年后，视激励对象的能力和业绩表现，再进一步考虑实股的股权激励。方案要点如下：

公司作为一家股份有限公司，注册资本为3000万元，股本总额为3000万股，公司增发800万股作为虚拟股权无偿授予10个激励对象，每个激励对象持有的虚拟股权数作为激励对象分红的依据。在股权激励计划实施一年后，公司进行了虚拟股权激励对象的分红兑现。当年可用于分红的净利润一共2500万元，每个激励对象按照其享有的虚拟股权相应的分红比例进行分红。另外，对于激励对象中途离职的，约定离职者不享有当年度的分红权益。而对于销售骨干的销售业绩，在业绩考核中将其业绩和虚拟股权的分红进行挂钩。

律师点评

虚拟股权激励一般采取无偿派发的方式，无须员工出资购买。当然，实践中也不乏一些企业采用员工购买的方式授予虚拟股权，激励对象在出资购买虚拟股份后才能获得相应的分红权。笔者认为，是采用无偿赠与的方式，还是员工出资购买虚拟股权的方式，需要视公司的具体情况而设计，不能一概而论。

但是，需要企业家引起重视的是，虚拟股权激励因为过于重视分红，且一般多采用现金分红的方式，容易导致企业的现金支付压力增大，现金流不充裕的企业需谨慎考虑。另外，就激励效果而言，虽然虚拟股权激励的短期效果非常好，但长期激励效果并不明显，企业需要将虚拟股权激励和其他模式的股权激励联合实施，以达到激励最大化的效果。

二、股权增值权

股权增值权实则是一种权利，激励对象被授予股权增值权后，在股权激励计划约定的期限或者条件内，公司股权价值上升所带来的收益，由激励对象按照一定比例享有。

需要注意区分的是，股权增值权是针对非上市公司而言。股票增值权则一般运用于已上市的股份公司，激励对象不用购买股票和支付行权价，就可以享有行权价与行权日二级市场股价之间的差价。交通银行和中国联通成功在香港上市之后，均以股票增值权作为公司股权激励的主要模式。

值得注意的是，股权增值权并非一种股权，而只是一种特定的权利（right），一种在未来某一个时间节点可以享有资本增值收益的权利。激励对象拥有的股权增值权不会影响现有股东的股权比例，对于公司的控制权也不会形成冲击。因此股票增值权作为很多上市公司的首选，而有限公司的公允价值难以确定，所以有限公司实施“股权增值权”的股权激励方案的较少。

三、账面增值权

账面增值权是股权增值权的衍生方式，指以公司净资产增值部分来激励公司的高管、核心高管和董事等。

账面增值权不是真正意义上的股权，无须考虑公司的整体资本增值情况，而只需与公司的净资产挂钩，以净资产的增加值来激励公司高管、核心技术人员等，较为适合非上市的中小企业。例如，公司 CEO 作为激励对象被授予 50 万股的账面增值权，公司的净资产在激励股权被授予时是 10 元每股，如果 1 年之后公司的净资产增至 15 元每股，那么，我们可以计算出以现金方式支付的话，公司 CEO 可以获得的账面增值为 50 万 ×（15 − 10）= 250 万元现金。

经典案例

上海 QY 食品公司是一家专注提供速冻食品的生产型企业，公司总裁王总是一个女强人，生产销售一把抓，但是随着公司业务的逐渐壮大，王总逐渐觉得力不从心，打算从其他公司挖一个销售总监过来，负责公司的销售部门。笔者经过与王总的沟通后发现，新来的销售总监在过去十年里频频跳槽，引发诸多与老东家的诉讼纠纷。笔者建议王总第一步以账面增值权的方式作为激励方式，后期看销售总监的表现再调整。方案要点如下：

公司的净资产在 2016 年 1 月 1 日为 5000 万元，公司销售总监李先生作为公司激励计划确定的对象，被授予 250 万股（占当时公司股本的 5%）的账面增值权。这意味着，如果公司经过两年的发展，净资产得到增值的话，则净资产超过 5000 万元这部分的 5% 就是李先生的激励所得。李先生觉得自己既不用出资购买公司的股份，也不用承担公司亏损的风险，对于这样的激励方式非常满意。公司的“账面增值权”股权激励计划实施后，李先生带着销售团队干得热火朝天，公司的销售业绩得到飞速发展。两年后，公司的净资产已经增加到 7000 万元，李先生由此获得的账面增值是 100 万元。双方皆大欢喜。

律师点评

企业在实施账面增值权的时候，需要注意的一点是，账面增值权一般分成两个类型：一个是购买型的账面增值权，另一个是虚拟性的账面增值权。购买型指激励员工在期初以公司每股净资产值为依据购买一定比例的股份，期末时，公司以每股净资产值为依据回购；虚拟型则先将公司股份进行“虚拟化”，授予激励员工一定的虚拟股份，再根据公司每股净资产的增加值来计算激励对象虚拟股份对应的收益，此处的虚拟股份仅是一种计算方式，而非真正的股份。

当然，账面增值权的股权激励，因为对于现金流的要求较高，一般比较适用于现金流量充裕的公司。现金流并不充裕的企业应谨慎使用账面增值权的激励方式。

四、期权股权激励

期权是一种预期可能获得的股权，激励对象被公司赋予可购买公司股权的选择权，达到一定的行权条件后，有权在规定的时间以一定的价格购买公司股权，激励对象也可以放弃购买股权的权利。当然，期权股权一般是对于非上市有限公司而言；股份公司则称之为“股票期权”。

期权股权激励的特点主要有以下几个：

1. 对于激励对象而言，期权是激励对象的一种选择权，激励对象可以选择行权，也可以放弃行权。

2. 期权的行权价格会在股权激励协议中予以明确，一般激励对象会在公司价值高于授予时进行行权。而当行权期限到来，激励对象发现公司价值低于授予节点时的价值，则通常会放弃行权。

3. 激励对象须达到一定的条件才能行权，最为常见的是将行权和员工考核进行挂钩，当员工达到规定的考核条件时才能行权，否则无权进行行权。

经典案例

伊利集团作为国内乳业龙头企业，于2006年率先实施了股权激励。根据伊利公布的股权激励方案，激励对象主要为公司高管及核心员工，采用股票期权的激励模式，共授予激励对象5000万份股票期权，占当时公司股本的9.681%，其中董事长潘某被授予股票期权1500万份。伊利的股权计划授予的股票期权，拥有在授权日起8年内的可行权日，以行权价格和行权条件购买公司股票的权利。

伊利的股权激励方案确定的行权价格为13.33元每股，后调整为12.05元每股。而行权条件则采用与业绩进行挂钩的方式，在激励对象第一次行权时，公司上一年度的净利润增长率必须不低于17%，且公司上一年度主营业务收入增长率须高于20%；并且在首期行权之后，对主营业务收入的复合增长率也做了相应要求，即伊利上一年度的主营业务收入与2005年相比复合增长率不低于15%。2007年12月28日，有64,480股行权。在2008年1月31日，伊利发布预亏公告。2008年3月，伊利公布年报。2008年4月29日，伊利公布修改后的股份支付的会计处理，改变股权激励成本的摊销方法。①

① 数据来源于百度文库等网络资源。

律师点评

在期权激励方案的设计中，必须重视“行权条件”的设置！

外界之所以将伊利的这份股权激励计划评价为“变相给高层发奖金”，最主要的一个原因是行权条件过于宽松。在首期行权时，公司高管完全有可能故意降低上一年度的业绩来保障首期行权的顺利实施。而更为宽松的是，首期行权之后，只要求上一年度的主营业务收入与2005年相比复合增长率不低于15%，而主营业务收入年增长15%，甚至低于整个乳业的平均数据。

如此宽松的行权条件，等同于变相给高层发放福利，有可能会直接导致公司内部因收入严重不均匀，而爆发高管和普通员工之间的矛盾，最终使股权激励的效果大打折扣。

因此，在进行期权激励的设计时，须预防“行权条件”过于宽松带来的风险，尽量避免把行权条件设置成单一的业绩考核，而应采用业绩与净利润等财务指标相结合的方式作为行权条件。

五、限制性股权

限制性股权，是指公司按照股权激励计划规定的条件，授予激励对象一定数量的激励股权，激励对象只有在符合股权激励计划条件时，才能出售激励股权。① 当然，限制性股权一般是相对非上市有限公司而言；上市公司则

① 本定义系参考《上市公司股权激励管理办法》第二十二条的规定：“本办法所称限制性股票是指激励对象按照股权激励计划规定的条件，获得的转让等部分权利受到限制的本公司股票。限制性股票在解除限售前不得转让、用于担保或偿还债务。”

称之为“限制性股票”。

限制性股权的主要特点有以下几点：

1. 限制性股权一般是公司以无偿或者优惠的价格授予激励对象。

2. 限制性股权一般都会对业绩条件、禁售期、限售期、服务年限等方面做出限制性安排。在约定的业绩条件或服务年限等达到要求时，激励对象才能出售股权。另外，在解除限售前，激励股权不得被转让、担保或偿还债务。

3. 激励对象相对“容易”的获得激励股权，但是在出售股权时会有所限制，适合长期锁定人才。

就限制性股票而言，根据《上市公司股权激励管理办法》，上市公司在授予激励对象限制性股票时，应当确定授予价格或授予价格的确定方法。授予价格不得低于股票票面金额，且原则上不得低于下列价格较高者：

1. 股权激励计划草案公布前 1 个交易日的公司股票交易均价的 50%；

2. 股权激励计划草案公布前 20 个交易日、60 个交易日或者 120 个交易日的公司股票交易均价之一的 50%。上市公司采用其他方法确定限制性股票授予价格的，应当在股权激励计划中对定价依据及定价方式作出说明。

但是，非上市的中小企业在对限制性股权进行定价时，无须受限于《上市公司股权激励管理办法》，企业可以按照公司的资产情况、运营状况等来灵活确定股权价格。

经典案例

上海 HT 食品公司为了留住跟随大股东多年的高管和核心员工，将高管和业务骨干的利益和公司员工的发展进行捆绑，大股东李总找到笔者，希望笔者能为公司设计一套股权激励方案。笔者经过与李总的初步访谈得知，公司计划给予激励股权的对象主要是跟随李总多年的老员工，在公司创立之时就跟着李总打拼。公司目前属于业务上升期，但因公司设立时间不久，根基不稳，每年的利润额并不高，因此，公司高管和核心骨干的工资收入处于行业一般水平。了解到这些情况后，笔者多次和李总进行沟通，决定先实施限制性股权，设计方案要点如下：

公司授予激励对象激励股权的数量一共为1000万股，占公司总股本的15%。鉴于公司高管和核心骨干对公司以往的贡献值等具体情况，最后确定的激励对象股权数量如表8–1。

表8–1 激励股权数量表

激励对象	授予数量	占比	授予价格
总经理	150万股	15%	1.0元/股
销售部总监	100万股	10%	1.0元/股
技术总监	100万股	10%	1.0元/股
业务骨干13名	各50万股	65%	1.0元/股

对于激励股权的授予时间，则分成三次授予：第一次授予时间为本次股权激励计划通过后的15天内；第二次授予时间为2016年1月10日至1月17日期间；第三次授予时间为2017年1月10日至1月17日期间。并对每期限制性股权的授予均进行了授予条件的限制，具体如表8–2。

表8–2 股权激励授予时间表

分期授予	授予时间	比例	授予条件
第一次授予	本次股权激励计划通过后的15天内	30%	上一年度考核合格
第二次授予	2016年1月10日至1月17日期间	40%	上一年度考核合格且符合激励计划的业绩要求
第三次授予	2017年1月10日至1月17日期间	30%	上一年度考核合格且符合激励计划的业绩要求

锁定期安排为：自授予之日起24个月为限制性股权的锁定期。在解锁之前，激励股权不得被转让、担保或偿还债务。激励股权的具体解锁安排如表8-3。

表8-3 股权激励解锁安排表

分期解锁	解锁时间	解锁比例
第一次解锁	首次激励股权授予之日起24个月解锁	30%
第二次解锁	第二次激励股权授予之日起24个月解锁	40%
第三次解锁	第三次激励股权授予之日起24个月解锁	30%

律师点评

限制性股权的限制主要体现在两个方面：一个方面是授予条件的限制；另一个方面是出售条件的限制。因此，我们在设计限制性股权的激励方案时，需要着重于授予条件和出售条件的设置。

另外，需要注意变更终止环节的风险防范。如果在实施股权激励计划的过程中，对于激励股权的变更终止未设置预防措施，则容易在员工离职、退休、丧失行为能力、违反规章制度等环节发生纠纷，可能导致股权激励变成股权纠纷，得不偿失。

六、业绩股

业绩股的股权激励是指以企业事先制定的一个业绩目标为衡量标准，如果激励对象在期限内达到企业股权激励计划规定的业绩目标，则企业授予激励对象一定的激励股权，或者奖励给激励对象与业绩相对应的奖金来购买激励股权。

经典案例

上海WQ公司是一家从事装修材料的有限公司，大股东王总的持股比例是86%。王总打算对公司高层和核心销售骨干实施股权激励。笔者在对公司做了初步的尽职调查之后，发现公司业务较为稳定，正处于成长期。而公司高层和核心骨干并不是很热衷于自己花钱购买激励股权，但对公司未来的业绩却充满信心。在和王总充分沟通后，笔者最后决定先采用业绩股的股权激励方式，具体方案如下：

大股东将自己持有的公司股权中的20%用于公司股权激励，在2016、2017年的两个会计年度内，若激励对象每年的业绩要求达到要求的100%，则王总向激励对象以上年度公司净资产的1%转让公司1%的股份，并同比例赠送1%的股权；若激励对象每年的业绩要求达到要求的90%，则王总向激励对象以上年度公司净资产的1%转让公司0.9%的股份，并同比例赠送0.9%的股权；若激励对象每年的业绩要求达到要求的80%，则王总向激励对象以上年度公司净资产的1%转让公司0.8%的股份，并同比例赠送0.8%的股权；如果业绩低于股权激励计划的80%，则激励对象不能参与本次股权激励计划。

而在行权期的设计上，则给予激励对象3个月的行权期，即在激励对象达到股权激励计划规定的业绩要求的3个月内，激励对象有权选择行权或者放弃行权。在行权之后，激励股权将随之办理工商变更登记。

锁定期则安排如下：自授予之日起36个月为限制性股权的锁定期。在解锁之前，激励股权不得被转让、担保或偿还债务。如果激励对象在变更股权登记之后，如果激励对象违反锁定期条款，那么，激励对象需要向大股东支付违约金，违约金额为授予激励股份对应的净资产的两倍。

律师点评

业绩股的股权激励方案实施起来较为方便，适合现金流比较充裕、业绩稳定且处于成熟期的公司。将业绩和激励股权进行挂钩之后，激励对象能够清楚看到自己的付出即将得到怎样的回报，因而工作积极性会大为提高，激励效果比较明显。

需要注意的是，在业绩股的方案设计中，锁定期的设置需要针对公司的具体情况进行调整，并不是每一个业绩股的股权激励都需要设计锁定期。而锁定期的长短也没有一个固定的标准，实务中12-36个月比较容易为激励对象所接受。

七、延期支付

延期支付实际上是一种薪酬收入计划，薪酬的一部分为股权激励收入，但这部分股权激励的收入当年并不发放，而是按照股价折算成股票或者股权的数量，存入专门的延期支付账户。

八、员工持股计划

员工持股计划（Employee Stock Option Plan，简称ESOP），指员工通过持有公司的期权或者其他激励股权而获得激励收入的激励方法。员工持股计划一般需要由激励对象出资购买公司股权或者股票，也有公司采用无偿赠与激励股权的方式。一般通过员工持股平台管理激励对象的股权。

九、期股

期股和期权一字之差，所代表的意义却完全不一样。期股指公司按照股权激励计划授予激励对象一定的激励股权，激励对象通过部分首付、分期支付而最终取得激励股权的所有权。

期股的激励方式可以解决激励对象一次性支付股权款压力过大的问题。实践中较为多用的变通方式是大股东借款给激励对象用于购买激励股份，在未还清借款之前激励对象只有分红权，没有所有权；激励对象将借款还清之时才能获得完整的股权所有权。另外一个常用的方式就是每年的分期付款部分通过股份分红的方式予以弥补。

经典案例

上海FG公司是一家从事婴童用品的公司，主要高管和核心骨干都是跟着创始人一路打拼至今，大股东计划3-5年内进军新三板，因而想请笔者为其设计一个股权激励方案。考虑到公司的本次股权激励对象限定为公司高管，且公司已经有明确的上市计划，经过和公司多次协商之后，笔者最后确定实施期股的股权激励，具体方案如下（以公司高管王某为例）：

公司增发10%的股份用于期股的股权激励计划，激励股权的定价为1元每股。高管王某作为股权激励对象之一，共授予激励股权200万股，占公司总股本的3%，其中实股为50万股，其余150万股为期股（期股按照出资额的3倍授予），分3年转成实股。

高管王某对于50万实股须以自有资金出资或者向公司借款的方式出资；而150万期股，则以每年的分红优先抵补股权款，不足部分用自有资金补足。如果第一年50万股实股和150万股期股的分红超过50万元，则王某持有的150万股期股中的50万期股就转为实股。而第二年时，如果100万实股和100万期股的分红超过50万元，则王某持有100万期股中的50万股期股就可以转为实股。以此类推。

表8–4　期股分期时间表

时间	期股数量	出资方式	占比
第一年	50万期股转实股	分红款＋自有资金补足	33.333%
第二年	50万期股转实股	分红款＋自有资金补足	33.333%
第二年	50万期股转实股	分红款＋自有资金补足	33.333%

律师点评

在实施期股的股权激励模式时，激励股权的价格一般是按照授予期权时的净资产为基础确定一个优惠的价格，且价格一旦确定，无论以后公司净资产是否增减，激励员工都按照授予时的价格进行购买。当然，在实践中，很多公司实行期股的激励时，选择部分购买＋部分赠送的方式。

需要注意的是，在期股的激励模式下，激励员工只有在支付完所有的期股的款项之后，才能取得全部期股的所有权；在未支付全额股权款之前，激励员工持有的期股只有分红权，没有所有权。

十、在职分红

在职分红实则是一种薪酬计划，指公司以净利润的增长值作为计算标准，对于符合一定条件的高管进行激励的方法。在职分红主要适用于在职高管，且离职后就无权享受。

第九章

股权激励“十定法则”

步骤一：定目标

股权激励的第一步，首先是要确定企业股权激励的目标，也就是股权激励的目的。只有确定了这个前提，才能进一步进行股权激励方案的设计。

笔者在为企业设计股权激励方案时，通常和企业家首先谈论的是“公司为什么决定要实施股权激励”，以及“您实施股权激励计划想要达到的目标是什么”。

步骤二：定人员

在确定股权激励的目标之后，接下来，需要确定的就是激励对象，也就是通过一定的条件筛选本次股权激励计划的直接激励对象。

步骤三：定模式

定模式是公司实施股权激励计划最重要的一个环节，需要围绕公司实施股权激励的目标，针对不同的激励对象设计不同的激励模式。

步骤四：定数量

确定好股权激励的模式之后，下一步需要考虑的就是股权激励的数量，也就是公司拟用于股权激励计划的股权数额，包括股权激励的股权总量和个量。股权总量指股权激励计划的股权数量总和，在期权激励时还包含了未行权的期权，当然，也须包括预留激励池的数量。个量是指每一个激励对象拟被授予的股权数量。

步骤五：定来源

股权激励中的“激励股权”从哪里来？目前，实践中主要有以下几种途径：

1. 原股东转让

由原股东将自身持有的公司股份转让给激励对象，视具体的股权激励方案而定可以是有偿转让，也可以是无偿赠与，一般需要签订《股权转让协议》以明确各方权益。

2. 增资扩股方式

由激励对象以增资的方式获得激励股权，从而使企业的资本额得到增加。需要注意的是，增资须符合公司法关于增资的法律规定。因为增资扩股的方式会稀释原股东的股权比例，所以需谨慎考虑原股东的意愿。

3. 预留的激励池

有限责任公司在设立之初，就可以考虑预留出一部分股权作为股权激励池。股份公司也可预留一部分股份作为股权激励之需。

因此，公司在设计《股权激励方案》中，必须明确“激励股权的来源”，以免因激励股权的来源问题与激励对象对簿公堂。

步骤六：定价格

确定激励股权的价格，是股权激励中一个核心的步骤。如果股权价格过高，激励对象则会考虑自身承受能力而最终放弃激励股权；股权价格过低，则会出现员工“躺在股权上睡大觉”的现象，使得股权激励不能达到预期的效果。因此，企业在确定激励股权的价格时，需要慎之又慎。

步骤七：定时间

股权激励步骤中的“定时间”，不仅包括了股权激励计划规定的开始时间和终止时间，还包括行权期、锁定期等期限。

步骤八：定载体

确定股权激励的持股载体，指在股权激励计划中明确激励对象的持股方式，常见的持股方式主要包括激励对象直接持有公司股份、通过持股平台间接持有激励股权，或者通过信托计划等方式。

步骤九：定规则

股权激励的规则确定可以说是整个股权激励方案设计中最重要的一环，主要包括进入机制、退出机制、考核机制等规则。

第十章
股权激励的持股平台

一、激励对象直接持股的方式隐藏风险

在股权激励中，激励对象“直接持股”的方式，也称之为“实股”的持股方式。有必要先行讨论的是，在“实股”的股权激励计划下，隐藏着怎样的风险？

公司在企业发展中，考虑到公司的长足发展以及留住高端人才的目的，许多公司采用了“实股”的股权激励计划，以期让被激励对象有强烈的归属感，与企业一同发展。但是，在设计“实股”的股权激励计划时，相应的风险却不得不考虑。

在非上市公司的股权激励中，实股形式的股权激励是指既有分红资格，又有公司决策权的股份，公司直接以该公司在工商部门登记的股权作为激励标的。也就是说，股权激励中的实股激励后的员工，就成为公司的股东，并且在工商部门进行变更登记。

相比较分红股及持股平台的股权激励方式，“实股”的股权激励方式的缺点主要有以下几个：

1. 实股激励下，公司股权变动频繁

在进行“实股”的股权激励计划时，因为被激励对象的股份需要去工商局变更登记。当公司每增加一名被激励对象，就需要进行工商的登记。其中又主要分为两种变更的方式：一种是被激励股权采用股权转让的方式时的变

更，另外一种是被激励股权采用增资方式时的工商变更。

举个简单的例子，如果公司的股权激励计划中一共有 25 个人，则这 25 个人都需要单个去工商做登记变更，由此一来，带来的弊端就是公司的股权变动频繁，不胜烦琐。

2. 实股激励下，控股股东的控制权面临的风险

对于股权激励对象而言，员工或者核心人员拥有了股份就是公司的合法股东，依法享有公司法规定的权利和义务，其股东权益依法受到法律的保护。

举个简单的例子，公司控股股东原有的股份为 67%，为绝对控股的地位。在公司实施直接持股的股权激励计划之后，控股股东的股份就从 67% 降到 60%，控股股东对公司的控制权就从绝对控股降低为相对控股了。

另外需要控股股东关注的是，"实股"的股权激励员工持有的股份，其作为公司的股东，依法享有下列法律规定的权利（限于篇幅，仅进行少数几项权利的介绍）：

3. "实股"激励股东可以查阅公司财务报告等材料

作为"实股"激励股东，可以依法查阅有限公司章程、股东名册、股东会议记录、财务会计报告等。

作为"实股"激励股东，可以依法请求查阅、复制公司会计账簿。

作为"实股"激励股东，可以以公司为被告提起诉讼，请求行使知情权。

4. "实股"激励股东可以请求法院按照分配利润决议进行分红

《公司法解释四》第十四条规定，股东提交载明具体分配方案的股东会或者股东大会的有效决议，请求公司分配利润，公司拒绝分配利润且其关于无法执行决议的抗辩理由不成立的，人民法院应当判决公司按照决议载明的具体分配方案向股东分配利润。

5. "实股"激励股东在公司其他股东向外转让公司股份时享有优先购买权

按照《公司法》的规定，当股东对外转让股份时，其他股东享有优先购买权。如此一来，当公司股东欲对外转让股份时，需要考虑到员工持有的

“实股”对自己对外转让股份时的影响力。

6. 当被激励员工违约时，收回股份操作难度大

当公司进行股权激励时，一般都会约定员工违约或者离职或出现约定的情况时，被激励股份由股东回购。然而，在实践操作中，因为持有“实股”的员工已经是公司的合法股东，当触发回购条款时，员工不予配合的情况下，股份收回的道路长而曲折，这样就会造成公司股份不稳定的状况。

但是，不可否认的是，采取“实股”的股权激励时，被激励员工的归属感较强，更有利于激发被激励员工的工作热情，正是基于这一点的考虑，也有一些公司在进行股权激励时，采用了“实股”的股权激励方案。

总而言之，公司在进行股权激励的方案设计时，对于拟进行“实股”方式的股权激励时，需要综合考虑多方面的风险和因素，制定适合自己的方案。

二、设立有限公司作为持股平台

具体操作为：先成立一家由大股东实际控制的有限公司作为持股平台，然后由持股平台通过股权转让或者增资等方式获得公司的激励股权，持股平台就成为直接持有公司股份的股东，最终激励对象通过持有持股平台的股份，而间接持有公司股权。

三、设立有限合伙作为持股平台

具体操作为：先成立一家由大股东实际控制的有限合伙作为持股平台，然后由持股平台通过股权转让或者增资等方式获得公司的激励股权，持股平台就成为直接持有公司股份的股东，之后安排激励对象进入持股平台，激励对象通过成为有限合伙的合伙人，进而间接持有公司股份。

第十一章
股权激励实施流程

第一步：与公司决策者进行访谈

在股权激励的过程中，与公司决策者或者实际控制人的访谈是非常重要的一个步骤。主办律师通过与决策者的访谈，了解公司的实施股权激励的动因和目标，并进一步了解公司对股权激励的初步设想和基本方案。

第二步：对公司的整体情况进行尽职调查

主办律师将尽职调查发送给公司具体负责人员，主要包括公司设立批准文件、营业执照、公司章程及章程修正案、股东会决议、公司合并及分立情况、公司的主营业务发展情况、公司的主要产品及各项知识产权情况、公司的投融资情况、股权架构、劳动合同等。在尽职调查结束之后，主办律师出具详细的尽职调查报告给公司。

第三步：确定股权激励对象

确定激励对象的工作主要由公司股东会或者董事会讨论确定，首先由公司人事部门根据股权激励的进入条件进行筛选，一般主要根据员工的考核成绩、历史贡献等指标进行确定。

第四步：设计股权激励方案并起草股权激励协议

主办律师根据与公司决策者商谈的一致结果，进行股权激励方案的设计并形成书面文件，并起草相应的股权激励协议及配套文件。通常情况下，股权激励协议文件一式三份为宜，在需要工商登记的场合则再增加一份即可。

第五步：搭建持股平台

在设计通过持股平台间接持有公司股权的方案下，需要先行搭建持股平台，然后由持股平台通过股权转让或者增资等方式获得公司的激励股权。

第六步：与激励对象签订股权激励协议

主办律师根据企业选择的股权激励的模式进行个性化设计，逐一准备需要和激励对象签署的一系列文件。常见的股权激励文件见表 11–1：

表 11–1　股权激励协议文件一览表

序号	协议名称
1	《公司股权激励协议》
2	《股权激励承诺书》
3	《高管竞业禁止协议》
4	《员工保密协议》
5	《股权转让协议》
6	《公司增资协议》
7	《合伙协议》
8	《公司章程》

第七步：激励对象履行出资义务并进行工商变更

在股权激励协议文件签订之后，激励对象需要按照激励协议的约定履行出资义务，当然，激励股权无偿赠与的除外。如果员工在激励协议约定的期限之内没有缴纳出资，应当视为员工放弃激励股权。另外，在分期缴纳的场合，应事先明确每一期的出资金额和出资期限，必要时须设置专门的股权激励出资账户。

附　录

相关法律法规

中华人民共和国合伙企业法（2006 修订）

发文机关：全国人大常委会

文　　号：主席令第 55 号

发文日期：2006 年 08 月 27 日

施行日期：2007 年 06 月 01 日

目 录

中华人民共和国主席令

（第 55 号）

《中华人民共和国合伙企业法》已由中华人民共和国第十届全国人民代表大会常务委员会第二十三次会议于 2006 年 8 月 27 日修订通过，现将修订后的《中华人民共和国合伙企业法》公布，自 2007 年 6 月 1 日起施行。

中华人民共和国主席　胡锦涛

2006 年 8 月 27 日

第一章　总则

第一条　为了规范合伙企业的行为，保护合伙企业及其合伙人、债权人的合法权益，维护社会经济秩序，促进社会主义市场经济的发展，制定本法。

第二条　本法所称合伙企业，是指自然人、法人和其他组织依照本法在中国境内设立的普通合伙企业和有限合伙企业。

普通合伙企业由普通合伙人组成，合伙人对合伙企业债务承担无限连带责任。本法对普通合伙人承担责任的形式有特别规定的，从其规定。

有限合伙企业由普通合伙人和有限合伙人组成，普通合伙人对合伙企业债务承担无限连带责任，有限合伙人以其认缴的出资额为限对合伙企业债务承担责任。

第三条　国有独资公司、国有企业、上市公司以及公益性的事业单位、社会团体不得成为普通合伙人。

第四条 合伙协议依法由全体合伙人协商一致、以书面形式订立。

第五条 订立合伙协议、设立合伙企业，应当遵循自愿、平等、公平、诚实信用原则。

第六条 合伙企业的生产经营所得和其他所得，按照国家有关税收规定，由合伙人分别缴纳所得税。

第七条 合伙企业及其合伙人必须遵守法律、行政法规，遵守社会公德、商业道德，承担社会责任。

第八条 合伙企业及其合伙人的合法财产及其权益受法律保护。

第九条 申请设立合伙企业，应当向企业登记机关提交登记申请书、合伙协议书、合伙人身份证明等文件。

合伙企业的经营范围中有属于法律、行政法规规定在登记前须经批准的项目的，该项经营业务应当依法经过批准，并在登记时提交批准文件。

第十条 申请人提交的登记申请材料齐全、符合法定形式，企业登记机关能够当场登记的，应予当场登记，发给营业执照。

除前款规定情形外，企业登记机关应当自受理申请之日起二十日内，作出是否登记的决定。予以登记的，发给营业执照；不予登记的，应当给予书面答复，并说明理由。

第十一条 合伙企业的营业执照签发日期，为合伙企业成立日期。

合伙企业领取营业执照前，合伙人不得以合伙企业名义从事合伙业务。

第十二条 合伙企业设立分支机构，应当向分支机构所在地的企业登记机关申请登记，领取营业执照。

第十三条 合伙企业登记事项发生变更的，执行合伙事务的合伙人应当自作出变更决定或者发生变更事由之日起十五日内，向企业登记机关申请办理变更登记。

第二章　普通合伙企业

第一节　合伙企业设立

第十四条　设立合伙企业，应当具备下列条件：

（一）有二个以上合伙人。合伙人为自然人的，应当具有完全民事行为能力；

（二）有书面合伙协议；

（三）有合伙人认缴或者实际缴付的出资；

（四）有合伙企业的名称和生产经营场所；

（五）法律、行政法规规定的其他条件。

第十五条　合伙企业名称中应当标明“普通合伙”字样。

第十六条　合伙人可以用货币、实物、知识产权、土地使用权或者其他财产权利出资，也可以用劳务出资。

合伙人以实物、知识产权、土地使用权或者其他财产权利出资，需要评估作价的，可以由全体合伙人协商确定，也可以由全体合伙人委托法定评估机构评估。

合伙人以劳务出资的，其评估办法由全体合伙人协商确定，并在合伙协议中载明。

第十七条　合伙人应当按照合伙协议约定的出资方式、数额和缴付期限，履行出资义务。

以非货币财产出资的，依照法律、行政法规的规定，需要办理财产权转移手续的，应当依法办理。

第十八条　合伙协议应当载明下列事项：

（一）合伙企业的名称和主要经营场所的地点；

（二）合伙目的和合伙经营范围；

（三）合伙人的姓名或者名称、住所；

（四）合伙人的出资方式、数额和缴付期限；

（五）利润分配、亏损分担方式；

（六）合伙事务的执行；

（七）入伙与退伙；

（八）争议解决办法；

（九）合伙企业的解散与清算；

（十）违约责任。

第十九条 合伙协议经全体合伙人签名、盖章后生效。合伙人按照合伙协议享有权利，履行义务。

修改或者补充合伙协议，应当经全体合伙人一致同意；但是，合伙协议另有约定的除外。

合伙协议未约定或者约定不明确的事项，由合伙人协商决定；协商不成的，依照本法和其他有关法律、行政法规的规定处理。

第二节 合伙企业财产

第二十条 合伙人的出资、以合伙企业名义取得的收益和依法取得的其他财产，均为合伙企业的财产。

第二十一条 合伙人在合伙企业清算前，不得请求分割合伙企业的财产；但是，本法另有规定的除外。

合伙人在合伙企业清算前私自转移或者处分合伙企业财产的，合伙企业不得以此对抗善意第三人。

第二十二条 除合伙协议另有约定外，合伙人向合伙人以外的人转让其在合伙企业中的全部或者部分财产份额时，须经其他合伙人一致同意。

合伙人之间转让在合伙企业中的全部或者部分财产份额时，应当通知其他合伙人。

第二十三条 合伙人向合伙人以外的人转让其在合伙企业中的财产份额的，在同等条件下，其他合伙人有优先购买权；但是，合伙协议另有约定的除外。

第二十四条 合伙人以外的人依法受让合伙人在合伙企业中的财产份额的，经修改合伙协议即成为合伙企业的合伙人，依照本法和修改后的合伙协议享有权利，履行义务。

第二十五条 合伙人以其在合伙企业中的财产份额出质的，须经其他合伙人一致同意；未经其他合伙人一致同意，其行为无效，由此给善意第三人造成损失的，由行为人依法承担赔偿责任。

第三节 合伙事务执行

第二十六条 合伙人对执行合伙事务享有同等的权利。

按照合伙协议的约定或者经全体合伙人决定，可以委托一个或者数个合伙人对外代表合伙企业，执行合伙事务。

作为合伙人的法人、其他组织执行合伙事务的，由其委派的代表执行。

第二十七条 依照本法第二十六条第二款规定委托一个或者数个合伙人执行合伙事务的，其他合伙人不再执行合伙事务。

不执行合伙事务的合伙人有权监督执行事务合伙人执行合伙事务的情况。

第二十八条 由一个或者数个合伙人执行合伙事务的，执行事务合伙人应当定期向其他合伙人报告事务执行情况以及合伙企业的经营和财务状况，其执行合伙事务所产生的收益归合伙企业，所产生的费用和亏损由合伙企业承担。

合伙人为了解合伙企业的经营状况和财务状况，有权查阅合伙企业会计账簿等财务资料。

第二十九条 合伙人分别执行合伙事务的，执行事务合伙人可以对其他合伙人执行的事务提出异议。提出异议时，应当暂停该项事务的执行。如果发生争议，依照本法第三十条规定作出决定。

受委托执行合伙事务的合伙人不按照合伙协议或者全体合伙人的决定执行事务的，其他合伙人可以决定撤销该委托。

第三十条 合伙人对合伙企业有关事项作出决议，按照合伙协议约定的表决办法办理。合伙协议未约定或者约定不明确的，实行合伙人一人一票并经全体合伙人过半数通过的表决办法。

本法对合伙企业的表决办法另有规定的，从其规定。

第三十一条 除合伙协议另有约定外，合伙企业的下列事项应当经全体合伙人一致同意：

（一）改变合伙企业的名称；

（二）改变合伙企业的经营范围、主要经营场所的地点；

（三）处分合伙企业的不动产；

（四）转让或者处分合伙企业的知识产权和其他财产权利；

（五）以合伙企业名义为他人提供担保；

（六）聘任合伙人以外的人担任合伙企业的经营管理人员。

第三十二条 合伙人不得自营或者同他人合作经营与本合伙企业相竞争的业务。

除合伙协议另有约定或者经全体合伙人一致同意外，合伙人不得同本合伙企业进行交易。

合伙人不得从事损害本合伙企业利益的活动。

第三十三条 合伙企业的利润分配、亏损分担，按照合伙协议的约定办理；合伙协议未约定或者约定不明确的，由合伙人协商决定；协商不成的，由合伙人按照实缴出资比例分配、分担；无法确定出资比例的，由合伙人平均分配、分担。

合伙协议不得约定将全部利润分配给部分合伙人或者由部分合伙人承担全部亏损。

第三十四条 合伙人按照合伙协议的约定或者经全体合伙人决定，可以增加或者减少对合伙企业的出资。

第三十五条 被聘任的合伙企业的经营管理人员应当在合伙企业授权范围内履行职务。

被聘任的合伙企业的经营管理人员，超越合伙企业授权范围履行职务，或者在履行职务过程中因故意或者重大过失给合伙企业造成损失的，依法承担赔偿责任。

第三十六条 合伙企业应当依照法律、行政法规的规定建立企业财务、会计制度。

第四节 合伙企业与第三人关系

第三十七条 合伙企业对合伙人执行合伙事务以及对外代表合伙企业权利的限制，不得对抗善意第三人。

第三十八条 合伙企业对其债务，应先以其全部财产进行清偿。

第三十九条 合伙企业不能清偿到期债务的，合伙人承担无限连带责任。

第四十条 合伙人由于承担无限连带责任，清偿数额超过本法第三十三条第一款规定的其亏损分担比例的，有权向其他合伙人追偿。

第四十一条 合伙人发生与合伙企业无关的债务，相关债权人不得以其债权抵销其对合伙企业的债务；也不得代位行使合伙人在合伙企业中的权利。

第四十二条 合伙人的自有财产不足清偿其与合伙企业无关的债务的，该合伙人可以以其从合伙企业中分取的收益用于清偿；债权人也可以依法请求人民法院强制执行该合伙人在合伙企业中的财产份额用于清偿。

人民法院强制执行合伙人的财产份额时，应当通知全体合伙人，其他合伙人有优先购买权；其他合伙人未购买，又不同意将该财产份额转让给他人的，依照本法第五十一条的规定为该合伙人办理退伙结算，或者办理削减该合伙人相应财产份额的结算。

第五节　入伙、退伙

第四十三条　新合伙人入伙，除合伙协议另有约定外，应当经全体合伙人一致同意，并依法订立书面入伙协议。

订立入伙协议时，原合伙人应当向新合伙人如实告知原合伙企业的经营状况和财务状况。

第四十四条　入伙的新合伙人与原合伙人享有同等权利，承担同等责任。入伙协议另有约定的，从其约定。

新合伙人对入伙前合伙企业的债务承担无限连带责任。

第四十五条　合伙协议约定合伙期限的，在合伙企业存续期间，有下列情形之一的，合伙人可以退伙：

（一）合伙协议约定的退伙事由出现；

（二）经全体合伙人一致同意；

（三）发生合伙人难以继续参加合伙的事由；

（四）其他合伙人严重违反合伙协议约定的义务。

第四十六条　合伙协议未约定合伙期限的，合伙人在不给合伙企业事务执行造成不利影响的情况下，可以退伙，但应当提前三十日通知其他合伙人。

第四十七条　合伙人违反本法第四十五条、第四十六条的规定退伙的，应当赔偿由此给合伙企业造成的损失。

第四十八条　合伙人有下列情形之一的，当然退伙：

（一）作为合伙人的自然人死亡或者被依法宣告死亡；

（二）个人丧失偿债能力；

（三）作为合伙人的法人或者其他组织依法被吊销营业执照、责令关闭、撤销，或者被宣告破产；

（四）法律规定或者合伙协议约定合伙人必须具有相关资格而丧失该资格；

（五）合伙人在合伙企业中的全部财产份额被人民法院强制执行。

合伙人被依法认定为无民事行为能力人或者限制民事行为能力人的，经其他合伙人一致同意，可以依法转为有限合伙人，普通合伙企业依法转为有限合伙企业。其他合伙人未能一致同意的，该无民事行为能力或者限制民事行为能力的合伙人退伙。

退伙事由实际发生之日为退伙生效日。

第四十九条 合伙人有下列情形之一的，经其他合伙人一致同意，可以决议将其除名：

（一）未履行出资义务；

（二）因故意或者重大过失给合伙企业造成损失；

（三）执行合伙事务时有不正当行为；

（四）发生合伙协议约定的事由。

对合伙人的除名决议应当书面通知被除名人。被除名人接到除名通知之日，除名生效，被除名人退伙。

被除名人对除名决议有异议的，可以自接到除名通知之日起三十日内，向人民法院起诉。

第五十条 合伙人死亡或者被依法宣告死亡的，对该合伙人在合伙企业中的财产份额享有合法继承权的继承人，按照合伙协议的约定或者经全体合伙人一致同意，从继承开始之日起，取得该合伙企业的合伙人资格。

有下列情形之一的，合伙企业应当向合伙人的继承人退还被继承合伙人的财产份额：

（一）继承人不愿意成为合伙人；

（二）法律规定或者合伙协议约定合伙人必须具有相关资格，而该继承人未取得该资格；

（三）合伙协议约定不能成为合伙人的其他情形。

合伙人的继承人为无民事行为能力人或者限制民事行为能力人的，经全体合伙人一致同意，可以依法成为有限合伙人，普通合伙企业依法转为有限合伙企业。全体合伙人未能一致同意的，合伙企业应当将被继承合伙人的财产份额退还该继承人。

第五十一条 合伙人退伙，其他合伙人应当与该退伙人按照退伙时的合伙企业财产状况进行结算，退还退伙人的财产份额。退伙人对给合伙企业造成的损失负有赔偿责任的，相应扣减其应当赔偿的数额。

退伙时有未了结的合伙企业事务的，待该事务了结后进行结算。

第五十二条 退伙人在合伙企业中财产份额的退还办法，由合伙协议约定或者由全体合伙人决定，可以退还货币，也可以退还实物。

第五十三条 退伙人对基于其退伙前的原因发生的合伙企业债务，承担无限连带责任。

第五十四条 合伙人退伙时，合伙企业财产少于合伙企业债务的，退伙人应当依照本法第三十三条第一款的规定分担亏损。

第六节 特殊的普通合伙企业

第五十五条 以专业知识和专门技能为客户提供有偿服务的专业服务机构，可以设立为特殊的普通合伙企业。

特殊的普通合伙企业是指合伙人依照本法第五十七条的规定承担责任的普通合伙企业。

特殊的普通合伙企业适用本节规定；本节未作规定的，适用本章第一节至第五节的规定。

第五十六条 特殊的普通合伙企业名称中应当标明“特殊普通合伙”字样。

第五十七条 一个合伙人或者数个合伙人在执业活动中因故意或者重大

过失造成合伙企业债务的，应当承担无限责任或者无限连带责任，其他合伙人以其在合伙企业中的财产份额为限承担责任。

合伙人在执业活动中非因故意或者重大过失造成的合伙企业债务以及合伙企业的其他债务，由全体合伙人承担无限连带责任。

第五十八条 合伙人执业活动中因故意或者重大过失造成的合伙企业债务，以合伙企业财产对外承担责任后，该合伙人应当按照合伙协议的约定对给合伙企业造成的损失承担赔偿责任。

第五十九条 特殊的普通合伙企业应当建立执业风险基金、办理职业保险。

执业风险基金用于偿付合伙人执业活动造成的债务。执业风险基金应当单独立户管理。具体管理办法由国务院规定。

第三章　有限合伙企业

第六十条 有限合伙企业及其合伙人适用本章规定；本章未作规定的，适用本法第二章第一节至第五节关于普通合伙企业及其合伙人的规定。

第六十一条 有限合伙企业由二个以上五十个以下合伙人设立；但是，法律另有规定的除外。

有限合伙企业至少应当有一个普通合伙人。

第六十二条 有限合伙企业名称中应当标明“有限合伙”字样。

第六十三条 合伙协议除符合本法第十八条的规定外，还应当载明下列事项：

（一）普通合伙人和有限合伙人的姓名或者名称、住所；

（二）执行事务合伙人应具备的条件和选择程序；

（三）执行事务合伙人权限与违约处理办法；

（四）执行事务合伙人的除名条件和更换程序；

（五）有限合伙人入伙、退伙的条件、程序以及相关责任；

（六）有限合伙人和普通合伙人相互转变程序。

第六十四条 有限合伙人可以用货币、实物、知识产权、土地使用权或者其他财产权利作价出资。

有限合伙人不得以劳务出资。

第六十五条 有限合伙人应当按照合伙协议的约定按期足额缴纳出资；未按期足额缴纳的，应当承担补缴义务，并对其他合伙人承担违约责任。

第六十六条 有限合伙企业登记事项中应当载明有限合伙人的姓名或者名称及认缴的出资数额。

第六十七条 有限合伙企业由普通合伙人执行合伙事务。执行事务合伙人可以要求在合伙协议中确定执行事务的报酬及报酬提取方式。

第六十八条 有限合伙人不执行合伙事务，不得对外代表有限合伙企业。

有限合伙人的下列行为，不视为执行合伙事务：

（一）参与决定普通合伙人入伙、退伙；

（二）对企业的经营管理提出建议；

（三）参与选择承办有限合伙企业审计业务的会计师事务所；

（四）获取经审计的有限合伙企业财务会计报告；

（五）对涉及自身利益的情况，查阅有限合伙企业财务会计账簿等财务资料；

（六）在有限合伙企业中的利益受到侵害时，向有责任的合伙人主张权利或者提起诉讼；

（七）执行事务合伙人怠于行使权利时，督促其行使权利或者为了本企业的利益以自己的名义提起诉讼；

（八）依法为本企业提供担保。

第六十九条 有限合伙企业不得将全部利润分配给部分合伙人；但是，合伙协议另有约定的除外。

第七十条 有限合伙人可以同本有限合伙企业进行交易；但是，合伙协议另有约定的除外。

第七十一条 有限合伙人可以自营或者同他人合作经营与本有限合伙企业相竞争的业务；但是，合伙协议另有约定的除外。

第七十二条 有限合伙人可以将其在有限合伙企业中的财产份额出质；但是，合伙协议另有约定的除外。

第七十三条 有限合伙人可以按照合伙协议的约定向合伙人以外的人转让其在有限合伙企业中的财产份额，但应当提前三十日通知其他合伙人。

第七十四条 有限合伙人的自有财产不足清偿其与合伙企业无关的债务的，该合伙人可以以其从有限合伙企业中分取的收益用于清偿；债权人也可以依法请求人民法院强制执行该合伙人在有限合伙企业中的财产份额用于清偿。

人民法院强制执行有限合伙人的财产份额时，应当通知全体合伙人。在同等条件下，其他合伙人有优先购买权。

第七十五条 有限合伙企业仅剩有限合伙人的，应当解散；有限合伙企业仅剩普通合伙人的，转为普通合伙企业。

第七十六条 第三人有理由相信有限合伙人为普通合伙人并与其交易的，该有限合伙人对该笔交易承担与普通合伙人同样的责任。

有限合伙人未经授权以有限合伙企业名义与他人进行交易，给有限合伙企业或者其他合伙人造成损失的，该有限合伙人应当承担赔偿责任。

第七十七条 新入伙的有限合伙人对入伙前有限合伙企业的债务，以其认缴的出资额为限承担责任。

第七十八条 有限合伙人有本法第四十八条第一款第一项、第三项至第五项所列情形之一的，当然退伙。

第七十九条 作为有限合伙人的自然人在有限合伙企业存续期间丧失民事行为能力的，其他合伙人不得因此要求其退伙。

第八十条　作为有限合伙人的自然人死亡、被依法宣告死亡或者作为有限合伙人的法人及其他组织终止时，其继承人或者权利承受人可以依法取得该有限合伙人在有限合伙企业中的资格。

第八十一条　有限合伙人退伙后，对基于其退伙前的原因发生的有限合伙企业债务，以其退伙时从有限合伙企业中取回的财产承担责任。

第八十二条　除合伙协议另有约定外，普通合伙人转变为有限合伙人，或者有限合伙人转变为普通合伙人，应当经全体合伙人一致同意。

第八十三条　有限合伙人转变为普通合伙人的，对其作为有限合伙人期间有限合伙企业发生的债务承担无限连带责任。

第八十四条　普通合伙人转变为有限合伙人的，对其作为普通合伙人期间合伙企业发生的债务承担无限连带责任。

第四章　合伙企业解散、清算

第八十五条　合伙企业有下列情形之一的，应当解散：

（一）合伙期限届满，合伙人决定不再经营；

（二）合伙协议约定的解散事由出现；

（三）全体合伙人决定解散；

（四）合伙人已不具备法定人数满三十天；

（五）合伙协议约定的合伙目的已经实现或者无法实现；

（六）依法被吊销营业执照、责令关闭或者被撤销；

（七）法律、行政法规规定的其他原因。

第八十六条　合伙企业解散，应当由清算人进行清算。

清算人由全体合伙人担任；经全体合伙人过半数同意，可以自合伙企业解散事由出现后十五日内指定一个或者数个合伙人，或者委托第三人，担任清算人。

自合伙企业解散事由出现之日起十五日内未确定清算人的，合伙人或者其他利害关系人可以申请人民法院指定清算人。

第八十七条 清算人在清算期间执行下列事务：

（一）清理合伙企业财产，分别编制资产负债表和财产清单；

（二）处理与清算有关的合伙企业未了结事务；

（三）清缴所欠税款；

（四）清理债权、债务；

（五）处理合伙企业清偿债务后的剩余财产；

（六）代表合伙企业参加诉讼或者仲裁活动。

第八十八条 清算人自被确定之日起十日内将合伙企业解散事项通知债权人，并于六十日内在报纸上公告。债权人应当自接到通知书之日起三十日内，未接到通知书的自公告之日起四十五日内，向清算人申报债权。

债权人申报债权，应当说明债权的有关事项，并提供证明材料。清算人应当对债权进行登记。

清算期间，合伙企业存续，但不得开展与清算无关的经营活动。

第八十九条 合伙企业财产在支付清算费用和职工工资、社会保险费用、法定补偿金以及缴纳所欠税款、清偿债务后的剩余财产，依照本法第三十三条第一款的规定进行分配。

第九十条 清算结束，清算人应当编制清算报告，经全体合伙人签名、盖章后，在十五日内向企业登记机关报送清算报告，申请办理合伙企业注销登记。

第九十一条 合伙企业注销后，原普通合伙人对合伙企业存续期间的债务仍应承担无限连带责任。

第九十二条 合伙企业不能清偿到期债务的，债权人可以依法向人民法院提出破产清算申请，也可以要求普通合伙人清偿。

合伙企业依法被宣告破产的，普通合伙人对合伙企业债务仍应承担无限连带责任。

第五章　法律责任

第九十三条　违反本法规定，提交虚假文件或者采取其他欺骗手段，取得合伙企业登记的，由企业登记机关责令改正，处以五千元以上五万元以下的罚款；情节严重的，撤销企业登记，并处以五万元以上二十万元以下的罚款。

第九十四条　违反本法规定，合伙企业未在其名称中标明“普通合伙”、“特殊普通合伙”或者“有限合伙”字样的，由企业登记机关责令限期改正，处以二千元以上一万元以下的罚款。

第九十五条　违反本法规定，未领取营业执照，而以合伙企业或者合伙企业分支机构名义从事合伙业务的，由企业登记机关责令停止，处以五千元以上五万元以下的罚款。

合伙企业登记事项发生变更时，未依照本法规定办理变更登记的，由企业登记机关责令限期登记；逾期不登记的，处以二千元以上二万元以下的罚款。

合伙企业登记事项发生变更，执行合伙事务的合伙人未按期申请办理变更登记的，应当赔偿由此给合伙企业、其他合伙人或者善意第三人造成的损失。

第九十六条　合伙人执行合伙事务，或者合伙企业从业人员利用职务上的便利，将应当归合伙企业的利益据为己有的，或者采取其他手段侵占合伙企业财产的，应当将该利益和财产退还合伙企业；给合伙企业或者其他合伙人造成损失的，依法承担赔偿责任。

第九十七条　合伙人对本法规定或者合伙协议约定必须经全体合伙人一致同意始得执行的事务擅自处理，给合伙企业或者其他合伙人造成损失的，依法承担赔偿责任。

第九十八条 不具有事务执行权的合伙人擅自执行合伙事务，给合伙企业或者其他合伙人造成损失的，依法承担赔偿责任。

第九十九条 合伙人违反本法规定或者合伙协议的约定，从事与本合伙企业相竞争的业务或者与本合伙企业进行交易的，该收益归合伙企业所有；给合伙企业或者其他合伙人造成损失的，依法承担赔偿责任。

第一百条 清算人未依照本法规定向企业登记机关报送清算报告，或者报送清算报告隐瞒重要事实，或者有重大遗漏的，由企业登记机关责令改正。由此产生的费用和损失，由清算人承担和赔偿。

第一百零一条 清算人执行清算事务，牟取非法收入或者侵占合伙企业财产的，应当将该收入和侵占的财产退还合伙企业；给合伙企业或者其他合伙人造成损失的，依法承担赔偿责任。

第一百零二条 清算人违反本法规定，隐匿、转移合伙企业财产，对资产负债表或者财产清单作虚假记载，或者在未清偿债务前分配财产，损害债权人利益的，依法承担赔偿责任。

第一百零三条 合伙人违反合伙协议的，应当依法承担违约责任。

合伙人履行合伙协议发生争议的，合伙人可以通过协商或者调解解决。不愿通过协商、调解解决或者协商、调解不成的，可以按照合伙协议约定的仲裁条款或者事后达成的书面仲裁协议，向仲裁机构申请仲裁。合伙协议中未订立仲裁条款，事后又没有达成书面仲裁协议的，可以向人民法院起诉。

第一百零四条 有关行政管理机关的工作人员违反本法规定，滥用职权、徇私舞弊、收受贿赂、侵害合伙企业合法权益的，依法给予行政处分。

第一百零五条 违反本法规定，构成犯罪的，依法追究刑事责任。

第一百零六条 违反本法规定，应当承担民事赔偿责任和缴纳罚款、罚金，其财产不足以同时支付的，先承担民事赔偿责任。

第六章　附则

第一百零七条　非企业专业服务机构依据有关法律采取合伙制的，其合伙人承担责任的形式可以适用本法关于特殊的普通合伙企业合伙人承担责任的规定。

第一百零八条　外国企业或者个人在中国境内设立合伙企业的管理办法由国务院规定。

第一百零九条　本法自 2007 年 6 月 1 日起施行。

财政部、国家税务总局关于完善股权激励和技术入股有关所得税政策的通知

发文机关：财政部，国家税务总局

文　　号：财税〔2016〕101号

发文日期：2016年09月20日

施行日期：2016年09月01日

各省、自治区、直辖市、计划单列市财政厅（局）、国家税务局、地方税务局，新疆生产建设兵团财务局：

为支持国家大众创业、万众创新战略的实施，促进我国经济结构转型升级，经国务院批准，现就完善股权激励和技术入股有关所得税政策通知如下：

一、对符合条件的非上市公司股票期权、股权期权、限制性股票和股权奖励实行递延纳税政策

（一）非上市公司授予本公司员工的股票期权、股权期权、限制性股票和股权奖励，符合规定条件的，经向主管税务机关备案，可实行递延纳税政策，即员工在取得股权激励时可暂不纳税，递延至转让该股权时纳税；股权转让时，按照股权转让收入减除股权取得成本以及合理税费后的差额，适用“财产转让所得”项目，按照20%的税率计算缴纳个人所得税。

股权转让时，股票（权）期权取得成本按行权价确定，限制性股票取得成本按实际出资额确定，股权奖励取得成本为零。

（二）享受递延纳税政策的非上市公司股权激励（包括股票期权、股权期权、限制性股票和股权奖励，下同）须同时满足以下条件：

1. 属于境内居民企业的股权激励计划。

2. 股权激励计划经公司董事会、股东（大）会审议通过。未设股东（大）会的国有单位，经上级主管部门审核批准。股权激励计划应列明激励目的、对象、标的、有效期、各类价格的确定方法、激励对象获取权益的条件、程序等。

3. 激励标的应为境内居民企业的本公司股权。股权奖励的标的可以是技术成果投资入股到其他境内居民企业所取得的股权。激励标的股票（权）包括通过增发、大股东直接让渡以及法律法规允许的其他合理方式授予激励对象的股票（权）。

4. 激励对象应为公司董事会或股东（大）会决定的技术骨干和高级管理人员，激励对象人数累计不得超过本公司最近 6 个月在职职工平均人数的 30%。

5. 股票（权）期权自授予日起应持有满 3 年，且自行权日起持有满 1 年；限制性股票自授予日起应持有满 3 年，且解禁后持有满 1 年；股权奖励自获得奖励之日起应持有满 3 年。上述时间条件须在股权激励计划中列明。

6. 股票（权）期权自授予日至行权日的时间不得超过 10 年。

7. 实施股权奖励的公司及其奖励股权标的公司所属行业均不属于《股权奖励税收优惠政策限制性行业目录》范围（见附件）。公司所属行业按公司上一纳税年度主营业务收入占比最高的行业确定。

（三）本通知所称股票（权）期权是指公司给予激励对象在一定期限内以事先约定的价格购买本公司股票（权）的权利；所称限制性股票是指公司按照预先确定的条件授予激励对象一定数量的本公司股权，激励对象只有工作年限或业绩目标符合股权激励计划规定条件的才可以处置该股权；所称股权奖励是指企业无偿授予激励对象一定份额的股权或一定数量的股份。

（四）股权激励计划所列内容不同时满足第一条第（二）款规定的全部条件，或递延纳税期间公司情况发生变化，不再符合第一条第（二）款第 4 至 6 项条件的，不得享受递延纳税优惠，应按规定计算缴纳个人所得税。

二、对上市公司股票期权、限制性股票和股权奖励适当延长纳税期限

（一）上市公司授予个人的股票期权、限制性股票和股权奖励，经向主管税务机关备案，个人可自股票期权行权、限制性股票解禁或取得股权奖励之日起，在不超过 12 个月的期限内缴纳个人所得税。《财政部国家税务总局关于上市公司高管人员股票期权所得缴纳个人所得税有关问题的通知》（财税〔2009〕40 号）自本通知施行之日起废止。

（二）上市公司股票期权、限制性股票应纳税款的计算，继续按照《财政部国家税务总局关于个人股票期权所得征收个人所得税问题的通知》（财税〔2005〕35 号）、《财政部国家税务总局关于股票增值权所得和限制性股票所得征收个人所得税有关问题的通知》（财税〔2009〕5 号）、《国家税务总局关于股权激励有关个人所得税问题的通知》（国税函〔2009〕461 号）等相关规定执行。股权奖励应纳税款的计算比照上述规定执行。

三、对技术成果投资入股实施选择性税收优惠政策

（一）企业或个人以技术成果投资入股到境内居民企业，被投资企业支付的对价全部为股票（权）的，企业或个人可选择继续按现行有关税收政策执行，也可选择适用递延纳税优惠政策。

选择技术成果投资入股递延纳税政策的，经向主管税务机关备案，投资入股当期可暂不纳税，允许递延至转让股权时，按股权转让收入减去技术成果原值和合理税费后的差额计算缴纳所得税。

（二）企业或个人选择适用上述任一项政策，均允许被投资企业按技术成

果投资入股时的评估值入账并在企业所得税前摊销扣除。

（三）技术成果是指专利技术（含国防专利）、计算机软件著作权、集成电路布图设计专有权、植物新品种权、生物医药新品种，以及科技部、财政部、国家税务总局确定的其他技术成果。

（四）技术成果投资入股，是指纳税人将技术成果所有权让渡给被投资企业、取得该企业股票（权）的行为。

四、相关政策

（一）个人从任职受雇企业以低于公平市场价格取得股票（权）的，凡不符合递延纳税条件，应在获得股票（权）时，对实际出资额低于公平市场价格的差额，按照“工资、薪金所得”项目，参照《财政部国家税务总局关于个人股票期权所得征收个人所得税问题的通知》（财税〔2005〕35号）有关规定计算缴纳个人所得税。

（二）个人因股权激励、技术成果投资入股取得股权后，非上市公司在境内上市的，处置递延纳税的股权时，按照现行限售股有关征税规定执行。

（三）个人转让股权时，视同享受递延纳税优惠政策的股权优先转让。递延纳税的股权成本按照加权平均法计算，不与其他方式取得的股权成本合并计算。

（四）持有递延纳税的股权期间，因该股权产生的转增股本收入，以及以该递延纳税的股权再进行非货币性资产投资的，应在当期缴纳税款。

（五）全国中小企业股份转让系统挂牌公司按照本通知第一条规定执行。

适用本通知第二条规定的上市公司是指其股票在上海证券交易所、深圳证券交易所上市交易的股份有限公司。

五、配套管理措施

（一）对股权激励或技术成果投资入股选择适用递延纳税政策的，企业应在规定期限内到主管税务机关办理备案手续。未办理备案手续的，不得享受本通知规定的递延纳税优惠政策。

（二）企业实施股权激励或个人以技术成果投资入股，以实施股权激励或取得技术成果的企业为个人所得税扣缴义务人。递延纳税期间，扣缴义务人应在每个纳税年度终了后向主管税务机关报告递延纳税有关情况。

（三）工商部门应将企业股权变更信息及时与税务部门共享，暂不具备联网实时共享信息条件的，工商部门应在股权变更登记3个工作日内将信息与税务部门共享。

六、本通知自2016年9月1日起施行。

中关村国家自主创新示范区2016年1月1日至8月31日之间发生的尚未纳税的股权奖励事项，符合本通知规定的相关条件的，可按本通知有关政策执行。

财政部 国家税务总局

2016年9月20日

附件

股权奖励税收优惠政策限制性行业目录

门类代码	类别名称
A（农、林、牧、渔业）	（1）03 畜牧业（科学研究、籽种繁育性质项目除外） （2）04 渔业（科学研究、籽种繁育性质项目除外）
B（采矿业）	（3）采矿业（除第 11 类开采辅助活动）
C（制造业）	（4）16 烟草制品业 （5）17 纺织业（除第 178 类非家用纺织制成品制造） （6）19 皮革、毛皮、羽毛及其制品和制鞋业 （7）20 木材加工和木、竹、藤、棕、草制品业 （8）22 造纸和纸制品业（除第 223 类纸制品制造） （9）31 黑色金属冶炼和压延加工业（除第 314 类钢压延加工）
F（批发和零售业）	（10）批发和零售业
G（交通运输、仓储和邮政业）	（11）交通运输、仓储和邮政业
H（住宿和餐饮业）	（12）住宿和餐饮业
J（金融业）	（13）66 货币金融服务 （14）68 保险业
K（房地产业）	（15）房地产业
L（租赁和商务服务业）	（16）租赁和商务服务业
O（居民服务、修理和其他服务业）	（17）79 居民服务业
Q（卫生和社会工作）	（18）84 社会工作
R（文化、体育和娱乐业）	（19）88 体育 （20）89 娱乐业
S（公共管理、社会保障和社会组织）	（21）公共管理、社会保障和社会组织（除第 9421 类专业性团体和 9422 类行业性团体）
T（国际组织）	（22）国际组织

说明：以上目录按照《国民经济行业分类》（GB/T 4754-2011）编制。

国家税务总局关于股权激励和技术入股所得税征管问题的公告

发文机关： 国家税务总局

文　　号： 国家税务总局公告 2016 年第 62 号

发文日期： 2016 年 09 月 28 日

施行日期： 2016 年 09 月 28 日

国家税务总局公告

2016 年第 62 号

为贯彻落实《财政部国家税务总局关于完善股权激励和技术入股有关所得税政策的通知》（财税〔2016〕101 号，以下简称《通知》），现就股权激励和技术入股有关所得税征管问题公告如下：

一、关于个人所得税征管问题

（一）非上市公司实施符合条件的股权激励，本公司最近 6 个月在职职工平均人数，按照股票（权）期权行权、限制性股票解禁、股权奖励获得之上月起前 6 个月“工资薪金所得”项目全员全额扣缴明细申报的平均人数确定。

（二）递延纳税期间，非上市公司情况发生变化，不再同时符合《通知》第一条第（二）款第 4 至 6 项条件的，应于情况发生变化之次月 15 日内，按

《通知》第四条第（一）款规定计算缴纳个人所得税。

（三）员工以在一个公历月份中取得的股票（权）形式工资薪金所得为一次。员工取得符合条件、实行递延纳税政策的股权激励，与不符合递延纳税条件的股权激励分别计算。

员工在一个纳税年度中多次取得不符合递延纳税条件的股票（权）形式工资薪金所得的，参照《国家税务总局关于个人股票期权所得缴纳个人所得税有关问题的补充通知》（国税函〔2006〕902 号）第七条规定执行。

（四）《通知》所称公平市场价格按以下方法确定：

1. 上市公司股票的公平市场价格，按照取得股票当日的收盘价确定。取得股票当日为非交易日的，按照上一个交易日收盘价确定。

2. 非上市公司股票（权）的公平市场价格，依次按照净资产法、类比法和其他合理方法确定。净资产法按照取得股票（权）的上年末净资产确定。

（五）企业备案具体按以下规定执行：

1. 非上市公司实施符合条件的股权激励，个人选择递延纳税的，非上市公司应于股票（权）期权行权、限制性股票解禁、股权奖励获得之次月 15 日内，向主管税务机关报送《非上市公司股权激励个人所得税递延纳税备案表》（附件 1）、股权激励计划、董事会或股东大会决议、激励对象任职或从事技术工作情况说明等。实施股权奖励的企业同时报送本企业及其奖励股权标的企业上一纳税年度主营业务收入构成情况说明。

2. 上市公司实施股权激励，个人选择在不超过 12 个月期限内缴税的，上市公司应自股票期权行权、限制性股票解禁、股权奖励获得之次月 15 日内，向主管税务机关报送《上市公司股权激励个人所得税延期纳税备案表》（附件 2）。上市公司初次办理股权激励备案时，还应一并向主管税务机关报送股权激励计划、董事会或股东大会决议。

3. 个人以技术成果投资入股境内公司并选择递延纳税的，被投资公司应于取得技术成果并支付股权之次月 15 日内，向主管税务机关报送《技术成果投资入股个人所得税递延纳税备案表》(附件3)、技术成果相关证书或证明材料、技术成果投资入股协议、技术成果评估报告等资料。

(六)个人因非上市公司实施股权激励或以技术成果投资入股取得的股票(权),实行递延纳税期间,扣缴义务人应于每个纳税年度终了后30日内,向主管税务机关报送《个人所得税递延纳税情况年度报告表》(附件4)。

(七)递延纳税股票(权)转让、办理纳税申报时,扣缴义务人、个人应向主管税务机关一并报送能够证明股票(权)转让价格、递延纳税股票(权)原值、合理税费的有关资料,具体包括转让协议、评估报告和相关票据等。资料不全或无法充分证明有关情况,造成计税依据偏低,又无正当理由的,主管税务机关可依据税收征管法有关规定进行核定。

二、关于企业所得税征管问题

(一)选择适用《通知》中递延纳税政策的,应当为实行查账征收的居民企业以技术成果所有权投资。

(二)企业适用递延纳税政策的,应在投资完成后首次预缴申报时,将相关内容填入《技术成果投资入股企业所得税递延纳税备案表》(附件5)。

(三)企业接受技术成果投资入股,技术成果评估值明显不合理的,主管税务机关有权进行调整。

三、实施时间

本公告自2016年9月1日起实施。中关村国家自主创新示范区2016年1月1日至8月31日之间发生的尚未纳税的股权奖励事项,按《通知》有关政策执行的,可按本公告有关规定办理相关税收事宜。《国家税务总局关于3项个人所得税事项取消审批实施后续管理的公告》(国家税务总局公告2016年第5号)第二条第(一)项同时废止。

特此公告。

上市公司股权激励管理办法（2018 修正）

（2016 年 5 月 4 日中国证券监督管理委员会 2016 年第 6 次主席办公会议审议通过　根据 2018 年 8 月 15 日中国证券监督管理委员会《关于修改〈上市公司股权激励管理办法〉的决定》修正）

发文机关：中国证券监督管理委员会

文　　号：中国证券监督管理委员会令第 148 号

发文日期：2018 年 08 月 15 日

施行日期：2018 年 09 月 15 日

目　录

第一章　总则

第一条　为进一步促进上市公司建立健全激励与约束机制，依据《中华人民共和国公司法》(以下简称《公司法》)、《中华人民共和国证券法》(以下简称《证券法》)及其他法律、行政法规的规定，制定本办法。

第二条　本办法所称股权激励是指上市公司以本公司股票为标的，对其董事、高级管理人员及其他员工进行的长期性激励。

上市公司以限制性股票、股票期权实行股权激励的，适用本办法；以法律、行政法规允许的其他方式实行股权激励的，参照本办法有关规定执行。

第三条　上市公司实行股权激励，应当符合法律、行政法规、本办法和公司章程的规定，有利于上市公司的持续发展，不得损害上市公司利益。

上市公司的董事、监事和高级管理人员在实行股权激励中应当诚实守信，勤勉尽责，维护公司和全体股东的利益。

第四条　上市公司实行股权激励，应当严格按照本办法和其他相关规定的要求履行信息披露义务。

第五条　为上市公司股权激励计划出具意见的证券中介机构和人员，应当诚实守信、勤勉尽责，保证所出具的文件真实、准确、完整。

第六条　任何人不得利用股权激励进行内幕交易、操纵证券市场等违法活动。

第二章　一般规定

第七条　上市公司具有下列情形之一的，不得实行股权激励：

（一）最近一个会计年度财务会计报告被注册会计师出具否定意见或者无法表示意见的审计报告；

（二）最近一个会计年度财务报告内部控制被注册会计师出具否定意见或无法表示意见的审计报告；

（三）上市后最近 36 个月内出现过未按法律法规、公司章程、公开承诺进行利润分配的情形；

（四）法律法规规定不得实行股权激励的；

（五）中国证监会认定的其他情形。

第八条　激励对象可以包括上市公司的董事、高级管理人员、核心技术人员或者核心业务人员，以及公司认为应当激励的对公司经营业绩和未来发展有直接影响的其他员工，但不应当包括独立董事和监事。外籍员工任职上市公司董事、高级管理人员、核心技术人员或者核心业务人员的，可以成为激励对象。

单独或合计持有上市公司 5% 以上股份的股东或实际控制人及其配偶、父母、子女，不得成为激励对象。下列人员也不得成为激励对象：

（一）最近 12 个月内被证券交易所认定为不适当人选；

（二）最近 12 个月内被中国证监会及其派出机构认定为不适当人选；

（三）最近 12 个月内因重大违法违规行为被中国证监会及其派出机构行政处罚或者采取市场禁入措施；

（四）具有《公司法》规定的不得担任公司董事、高级管理人员情形的；

（五）法律法规规定不得参与上市公司股权激励的；

（六）中国证监会认定的其他情形。

第九条　上市公司依照本办法制定股权激励计划的，应当在股权激励计划中载明下列事项：

（一）股权激励的目的；

（二）激励对象的确定依据和范围；

（三）拟授出的权益数量，拟授出权益涉及的标的股票种类、来源、数量及占上市公司股本总额的百分比；分次授出的，每次拟授出的权益数量、涉及的标的股票数量及占股权激励计划涉及的标的股票总额的百分比、占上市公司股本总额的百分比；设置预留权益的，拟预留权益的数量、涉及标的股票数量及占股权激励计划的标的股票总额的百分比；

（四）激励对象为董事、高级管理人员的，其各自可获授的权益数量、占股权激励计划拟授出权益总量的百分比；其他激励对象（各自或者按适当分类）的姓名、职务、可获授的权益数量及占股权激励计划拟授出权益总量的百分比；

（五）股权激励计划的有效期，限制性股票的授予日、限售期和解除限售安排，股票期权的授权日、可行权日、行权有效期和行权安排；

（六）限制性股票的授予价格或者授予价格的确定方法，股票期权的行权价格或者行权价格的确定方法；

（七）激励对象获授权益、行使权益的条件；

（八）上市公司授出权益、激励对象行使权益的程序；

（九）调整权益数量、标的股票数量、授予价格或者行权价格的方法和程序；

（十）股权激励会计处理方法、限制性股票或股票期权公允价值的确定方法、涉及估值模型重要参数取值合理性、实施股权激励应当计提费用及对上市公司经营业绩的影响；

（十一）股权激励计划的变更、终止；

（十二）上市公司发生控制权变更、合并、分立以及激励对象发生职务变更、离职、死亡等事项时股权激励计划的执行；

（十三）上市公司与激励对象之间相关纠纷或争端解决机制；

（十四）上市公司与激励对象的其他权利义务。

第十条　上市公司应当设立激励对象获授权益、行使权益的条件。拟分次授出权益的，应当就每次激励对象获授权益分别设立条件；分期行权的，应当就每次激励对象行使权益分别设立条件。

激励对象为董事、高级管理人员的，上市公司应当设立绩效考核指标作为激励对象行使权益的条件。

第十一条　绩效考核指标应当包括公司业绩指标和激励对象个人绩效指标。相关指标应当客观公开、清晰透明，符合公司的实际情况，有利于促进公司竞争力的提升。

上市公司可以公司历史业绩或同行业可比公司相关指标作为公司业绩指标对照依据，公司选取的业绩指标可以包括净资产收益率、每股收益、每股分红等能够反映股东回报和公司价值创造的综合性指标，以及净利润增长率、主营业务收入增长率等能够反映公司盈利能力和市场价值的成长性指标。以同行业可比公司相关指标作为对照依据的，选取的对照公司不少于3家。

激励对象个人绩效指标由上市公司自行确定。

上市公司应当在公告股权激励计划草案的同时披露所设定指标的科学性和合理性。

第十二条　拟实行股权激励的上市公司，可以下列方式作为标的股票来源：

（一）向激励对象发行股份；

（二）回购本公司股份；

（三）法律、行政法规允许的其他方式。

第十三条　股权激励计划的有效期从首次授予权益日起不得超过10年。

第十四条　上市公司可以同时实行多期股权激励计划。同时实行多期股权激励计划的，各期激励计划设立的公司业绩指标应当保持可比性，后期激励计划的公司业绩指标低于前期激励计划的，上市公司应当充分说明其原因与合理性。

上市公司全部在有效期内的股权激励计划所涉及的标的股票总数累计不

得超过公司股本总额的10%。非经股东大会特别决议批准，任何一名激励对象通过全部在有效期内的股权激励计划获授的本公司股票，累计不得超过公司股本总额的1%。

本条第二款所称股本总额是指股东大会批准最近一次股权激励计划时公司已发行的股本总额。

第十五条 上市公司在推出股权激励计划时，可以设置预留权益，预留比例不得超过本次股权激励计划拟授予权益数量的20%。

上市公司应当在股权激励计划经股东大会审议通过后12个月内明确预留权益的授予对象；超过12个月未明确激励对象的，预留权益失效。

第十六条 相关法律、行政法规、部门规章对上市公司董事、高级管理人员买卖本公司股票的期间有限制的，上市公司不得在相关限制期间内向激励对象授出限制性股票，激励对象也不得行使权益。

第十七条 上市公司启动及实施增发新股、并购重组、资产注入、发行可转债、发行公司债券等重大事项期间，可以实行股权激励计划。

第十八条 上市公司发生本办法第七条规定的情形之一的，应当终止实施股权激励计划，不得向激励对象继续授予新的权益，激励对象根据股权激励计划已获授但尚未行使的权益应当终止行使。

在股权激励计划实施过程中，出现本办法第八条规定的不得成为激励对象情形的，上市公司不得继续授予其权益，其已获授但尚未行使的权益应当终止行使。

第十九条 激励对象在获授限制性股票或者对获授的股票期权行使权益前后买卖股票的行为，应当遵守《证券法》《公司法》等相关规定。

上市公司应当在本办法第二十条规定的协议中，就前述义务向激励对象作出特别提示。

第二十条 上市公司应当与激励对象签订协议，确认股权激励计划的内容，并依照本办法约定双方的其他权利义务。

上市公司应当承诺，股权激励计划相关信息披露文件不存在虚假记载、误导性陈述或者重大遗漏。

所有激励对象应当承诺，上市公司因信息披露文件中有虚假记载、误导性陈述或者重大遗漏，导致不符合授予权益或行使权益安排的，激励对象应当自相关信息披露文件被确认存在虚假记载、误导性陈述或者重大遗漏后，将由股权激励计划所获得的全部利益返还公司。

第二十一条　激励对象参与股权激励计划的资金来源应当合法合规，不得违反法律、行政法规及中国证监会的相关规定。

上市公司不得为激励对象依股权激励计划获取有关权益提供贷款以及其他任何形式的财务资助，包括为其贷款提供担保。

第三章　限制性股票

第二十二条　本办法所称限制性股票是指激励对象按照股权激励计划规定的条件，获得的转让等部分权利受到限制的本公司股票。

限制性股票在解除限售前不得转让、用于担保或偿还债务。

第二十三条　上市公司在授予激励对象限制性股票时，应当确定授予价格或授予价格的确定方法。授予价格不得低于股票票面金额，且原则上不得低于下列价格较高者：

（一）股权激励计划草案公布前 1 个交易日的公司股票交易均价的 50%；

（二）股权激励计划草案公布前 20 个交易日、60 个交易日或者 120 个交易日的公司股票交易均价之一的 50%。

上市公司采用其他方法确定限制性股票授予价格的，应当在股权激励计划中对定价依据及定价方式作出说明。

第二十四条　限制性股票授予日与首次解除限售日之间的间隔不得少于 12 个月。

第二十五条 在限制性股票有效期内，上市公司应当规定分期解除限售，每期时限不得少于12个月，各期解除限售的比例不得超过激励对象获授限制性股票总额的50%。

当期解除限售的条件未成就的，限制性股票不得解除限售或递延至下期解除限售，应当按照本办法第二十六条规定处理。

第二十六条 出现本办法第十八条、第二十五条规定情形，或者其他终止实施股权激励计划的情形或激励对象未达到解除限售条件的，上市公司应当回购尚未解除限售的限制性股票，并按照《公司法》的规定进行处理。

对出现本办法第十八条第一款情形负有个人责任的，或出现本办法第十八条第二款情形的，回购价格不得高于授予价格；出现其他情形的，回购价格不得高于授予价格加上银行同期存款利息之和。

第二十七条 上市公司应当在本办法第二十六条规定的情形出现后及时召开董事会审议回购股份方案，并依法将回购股份方案提交股东大会批准。回购股份方案包括但不限于以下内容：

（一）回购股份的原因；

（二）回购股份的价格及定价依据；

（三）拟回购股份的种类、数量及占股权激励计划所涉及的标的股票的比例、占总股本的比例；

（四）拟用于回购的资金总额及资金来源；

（五）回购后公司股本结构的变动情况及对公司业绩的影响。

律师事务所应当就回购股份方案是否符合法律、行政法规、本办法的规定和股权激励计划的安排出具专业意见。

第四章　股票期权

第二十八条 本办法所称股票期权是指上市公司授予激励对象在未来一

定期限内以预先确定的条件购买本公司一定数量股份的权利。

激励对象获授的股票期权不得转让、用于担保或偿还债务。

第二十九条 上市公司在授予激励对象股票期权时，应当确定行权价格或者行权价格的确定方法。行权价格不得低于股票票面金额，且原则上不得低于下列价格较高者：

（一）股权激励计划草案公布前1个交易日的公司股票交易均价；

（二）股权激励计划草案公布前20个交易日、60个交易日或者120个交易日的公司股票交易均价之一。

上市公司采用其他方法确定行权价格的，应当在股权激励计划中对定价依据及定价方式作出说明。

第三十条 股票期权授权日与获授股票期权首次可行权日之间的间隔不得少于12个月。

第三十一条 在股票期权有效期内，上市公司应当规定激励对象分期行权，每期时限不得少于12个月，后一行权期的起算日不得早于前一行权期的届满日。每期可行权的股票期权比例不得超过激励对象获授股票期权总额的50%。

当期行权条件未成就的，股票期权不得行权或递延至下期行权，并应当按照本办法第三十二条第二款规定处理。

第三十二条 股票期权各行权期结束后，激励对象未行权的当期股票期权应当终止行权，上市公司应当及时注销。

出现本办法第十八条、第三十一条规定情形，或者其他终止实施股权激励计划的情形或激励对象不符合行权条件的，上市公司应当注销对应的股票期权。

第五章　实施程序

第三十三条　上市公司董事会下设的薪酬与考核委员会负责拟订股权激励计划草案。

第三十四条　上市公司实行股权激励，董事会应当依法对股权激励计划草案作出决议，拟作为激励对象的董事或与其存在关联关系的董事应当回避表决。

董事会审议本办法第四十六条、第四十七条、第四十八条、第四十九条、第五十条、第五十一条规定中有关股权激励计划实施的事项时，拟作为激励对象的董事或与其存在关联关系的董事应当回避表决。

董事会应当在依照本办法第三十七条、第五十四条的规定履行公示、公告程序后，将股权激励计划提交股东大会审议。

第三十五条　独立董事及监事会应当就股权激励计划草案是否有利于上市公司的持续发展，是否存在明显损害上市公司及全体股东利益的情形发表意见。

独立董事或监事会认为有必要的，可以建议上市公司聘请独立财务顾问，对股权激励计划的可行性、是否有利于上市公司的持续发展、是否损害上市公司利益以及对股东利益的影响发表专业意见。上市公司未按照建议聘请独立财务顾问的，应当就此事项作特别说明。

第三十六条　上市公司未按照本办法第二十三条、第二十九条定价原则，而采用其他方法确定限制性股票授予价格或股票期权行权价格的，应当聘请独立财务顾问，对股权激励计划的可行性、是否有利于上市公司的持续发展、相关定价依据和定价方法的合理性、是否损害上市公司利益以及对股东利益的影响发表专业意见。

第三十七条　上市公司应当在召开股东大会前，通过公司网站或者其他途径，在公司内部公示激励对象的姓名和职务，公示期不少于10天。

监事会应当对股权激励名单进行审核，充分听取公示意见。上市公司应当在股东大会审议股权激励计划前5日披露监事会对激励名单审核及公示情况的说明。

第三十八条　上市公司应当对内幕信息知情人在股权激励计划草案公告前6个月内买卖本公司股票及其衍生品种的情况进行自查，说明是否存在内幕交易行为。

知悉内幕信息而买卖本公司股票的，不得成为激励对象，法律、行政法规及相关司法解释规定不属于内幕交易的情形除外。

泄露内幕信息而导致内幕交易发生的，不得成为激励对象。

第三十九条　上市公司应当聘请律师事务所对股权激励计划出具法律意见书，至少对以下事项发表专业意见：

（一）上市公司是否符合本办法规定的实行股权激励的条件；

（二）股权激励计划的内容是否符合本办法的规定；

（三）股权激励计划的拟订、审议、公示等程序是否符合本办法的规定；

（四）股权激励对象的确定是否符合本办法及相关法律法规的规定；

（五）上市公司是否已按照中国证监会的相关要求履行信息披露义务；

（六）上市公司是否为激励对象提供财务资助；

（七）股权激励计划是否存在明显损害上市公司及全体股东利益和违反有关法律、行政法规的情形；

（八）拟作为激励对象的董事或与其存在关联关系的董事是否根据本办法的规定进行了回避；

（九）其他应当说明的事项。

第四十条　上市公司召开股东大会审议股权激励计划时，独立董事应当就股权激励计划向所有的股东征集委托投票权。

第四十一条 股东大会应当对本办法第九条规定的股权激励计划内容进行表决，并经出席会议的股东所持表决权的2/3以上通过。除上市公司董事、监事、高级管理人员、单独或合计持有上市公司5%以上股份的股东以外，其他股东的投票情况应当单独统计并予以披露。

上市公司股东大会审议股权激励计划时，拟为激励对象的股东或者与激励对象存在关联关系的股东，应当回避表决。

第四十二条 上市公司董事会应当根据股东大会决议，负责实施限制性股票的授予、解除限售和回购以及股票期权的授权、行权和注销。

上市公司监事会应当对限制性股票授予日及期权授予日激励对象名单进行核实并发表意见。

第四十三条 上市公司授予权益与回购限制性股票、激励对象行使权益前，上市公司应当向证券交易所提出申请，经证券交易所确认后，由证券登记结算机构办理登记结算事宜。

第四十四条 股权激励计划经股东大会审议通过后，上市公司应当在60日内授予权益并完成公告、登记；有获授权益条件的，应当在条件成就后60日内授出权益并完成公告、登记。上市公司未能在60日内完成上述工作的，应当及时披露未完成的原因，并宣告终止实施股权激励，自公告之日起3个月内不得再次审议股权激励计划。根据本办法规定上市公司不得授出权益的期间不计算在60日内。

第四十五条 上市公司应当按照证券登记结算机构的业务规则，在证券登记结算机构开设证券账户，用于股权激励的实施。

激励对象为外籍员工的，可以向证券登记结算机构申请开立证券账户。

尚未行权的股票期权，以及不得转让的标的股票，应当予以锁定。

第四十六条 上市公司在向激励对象授出权益前，董事会应当就股权激励计划设定的激励对象获授权益的条件是否成就进行审议，独立董事及监事会应当同时发表明确意见。律师事务所应当对激励对象获授权益的条件是否成就出具法律意见。

上市公司向激励对象授出权益与股权激励计划的安排存在差异时，独立董事、监事会（当激励对象发生变化时）、律师事务所、独立财务顾问（如有）应当同时发表明确意见。

第四十七条 激励对象在行使权益前，董事会应当就股权激励计划设定的激励对象行使权益的条件是否成就进行审议，独立董事及监事会应当同时发表明确意见。律师事务所应当对激励对象行使权益的条件是否成就出具法律意见。

第四十八条 因标的股票除权、除息或者其他原因需要调整权益价格或者数量的，上市公司董事会应当按照股权激励计划规定的原则、方式和程序进行调整。

律师事务所应当就上述调整是否符合本办法、公司章程的规定和股权激励计划的安排出具专业意见。

第四十九条 分次授出权益的，在每次授出权益前，上市公司应当召开董事会，按照股权激励计划的内容及首次授出权益时确定的原则，决定授出的权益价格、行使权益安排等内容。

当次授予权益的条件未成就时，上市公司不得向激励对象授予权益，未授予的权益也不得递延下期授予。

第五十条 上市公司在股东大会审议通过股权激励方案之前可对其进行变更。变更需经董事会审议通过。

上市公司对已通过股东大会审议的股权激励方案进行变更的，应当及时公告并提交股东大会审议，且不得包括下列情形：

（一）导致加速行权或提前解除限售的情形；

（二）降低行权价格或授予价格的情形。

独立董事、监事会应当就变更后的方案是否有利于上市公司的持续发展，是否存在明显损害上市公司及全体股东利益的情形发表独立意见。律师事务所应当就变更后的方案是否符合本办法及相关法律法规的规定、是否存在明显损害上市公司及全体股东利益的情形发表专业意见。

第五十一条 上市公司在股东大会审议股权激励计划之前拟终止实施股权激励的，需经董事会审议通过。

上市公司在股东大会审议通过股权激励计划之后终止实施股权激励的，应当由股东大会审议决定。

律师事务所应当就上市公司终止实施激励是否符合本办法及相关法律法规的规定、是否存在明显损害上市公司及全体股东利益的情形发表专业意见。

第五十二条 上市公司股东大会或董事会审议通过终止实施股权激励计划决议，或者股东大会审议未通过股权激励计划的，自决议公告之日起3个月内，上市公司不得再次审议股权激励计划。

第六章 信息披露

第五十三条 上市公司实行股权激励，应当真实、准确、完整、及时、公平地披露或者提供信息，不得有虚假记载、误导性陈述或者重大遗漏。

第五十四条 上市公司应当在董事会审议通过股权激励计划草案后，及时公告董事会决议、股权激励计划草案、独立董事意见及监事会意见。

上市公司实行股权激励计划依照规定需要取得有关部门批准的，应当在取得有关批复文件后的2个交易日内进行公告。

第五十五条 股东大会审议股权激励计划前，上市公司拟对股权激励方案进行变更的，变更议案经董事会审议通过后，上市公司应当及时披露董事会决议公告，同时披露变更原因、变更内容及独立董事、监事会、律师事务所意见。

第五十六条 上市公司在发出召开股东大会审议股权激励计划的通知

时，应当同时公告法律意见书；聘请独立财务顾问的，还应当同时公告独立财务顾问报告。

第五十七条　股东大会审议通过股权激励计划及相关议案后，上市公司应当及时披露股东大会决议公告、经股东大会审议通过的股权激励计划、以及内幕信息知情人买卖本公司股票情况的自查报告。股东大会决议公告中应当包括中小投资者单独计票结果。

第五十八条　上市公司分次授出权益的，分次授出权益的议案经董事会审议通过后，上市公司应当及时披露董事会决议公告，对拟授出的权益价格、行使权益安排、是否符合股权激励计划的安排等内容进行说明。

第五十九条　因标的股票除权、除息或者其他原因调整权益价格或者数量的，调整议案经董事会审议通过后，上市公司应当及时披露董事会决议公告，同时公告律师事务所意见。

第六十条　上市公司董事会应当在授予权益及股票期权行权登记完成后、限制性股票解除限售前，及时披露相关实施情况的公告。

第六十一条　上市公司向激励对象授出权益时，应当按照本办法第四十四条规定履行信息披露义务，并再次披露股权激励会计处理方法、公允价值确定方法、涉及估值模型重要参数取值的合理性、实施股权激励应当计提的费用及对上市公司业绩的影响。

第六十二条　上市公司董事会按照本办法第四十六条、第四十七条规定对激励对象获授权益、行使权益的条件是否成就进行审议的，上市公司应当及时披露董事会决议公告，同时公告独立董事、监事会、律师事务所意见以及独立财务顾问意见（如有）。

第六十三条　上市公司董事会按照本办法第二十七条规定审议限制性股票回购方案的，应当及时公告回购股份方案及律师事务所意见。回购股份方案经股东大会批准后，上市公司应当及时公告股东大会决议。

第六十四条　上市公司终止实施股权激励的，终止实施议案经股东大会或董事会审议通过后，上市公司应当及时披露股东大会决议公告或董事会决议公告，并对终止实施股权激励的原因、股权激励已筹划及实施进展、终止实施股权激励对上市公司的可能影响等作出说明，并披露律师事务所意见。

第六十五条 上市公司应当在定期报告中披露报告期内股权激励的实施情况，包括：

（一）报告期内激励对象的范围；

（二）报告期内授出、行使和失效的权益总额；

（三）至报告期末累计已授出但尚未行使的权益总额；

（四）报告期内权益价格、权益数量历次调整的情况以及经调整后的最新权益价格与权益数量；

（五）董事、高级管理人员各自的姓名、职务以及在报告期内历次获授、行使权益的情况和失效的权益数量；

（六）因激励对象行使权益所引起的股本变动情况；

（七）股权激励的会计处理方法及股权激励费用对公司业绩的影响；

（八）报告期内激励对象获授权益、行使权益的条件是否成就的说明；

（九）报告期内终止实施股权激励的情况及原因。

第七章 监督管理

第六十六条 上市公司股权激励不符合法律、行政法规和本办法规定，或者上市公司未按照本办法、股权激励计划的规定实施股权激励的，上市公司应当终止实施股权激励，中国证监会及其派出机构责令改正，并书面通报证券交易所和证券登记结算机构。

第六十七条 上市公司未按照本办法及其他相关规定披露股权激励相关信息或者所披露的信息有虚假记载、误导性陈述或者重大遗漏的，中国证监会及其派出机构对公司及相关责任人员采取责令改正、监管谈话、出具警示函等监管措施；情节严重的，依照《证券法》予以处罚；涉嫌犯罪的，依法移交司法机关追究刑事责任。

第六十八条　上市公司因信息披露文件有虚假记载、误导性陈述或者重大遗漏，导致不符合授予权益或行使权益安排的，未行使权益应当统一回购注销，已经行使权益的，所有激励对象应当返还已获授权益。对上述事宜不负有责任的激励对象因返还已获授权益而遭受损失的，可按照股权激励计划相关安排，向上市公司或负有责任的对象进行追偿。

董事会应当按照前款规定和股权激励计划相关安排收回激励对象所得收益。

第六十九条　上市公司实施股权激励过程中，上市公司独立董事及监事未按照本办法及相关规定履行勤勉尽责义务的，中国证监会及其派出机构采取责令改正、监管谈话、出具警示函、认定为不适当人选等措施；情节严重的，依照《证券法》予以处罚；涉嫌犯罪的，依法移交司法机关追究刑事责任。

第七十条　利用股权激励进行内幕交易或者操纵证券市场的，中国证监会及其派出机构依照《证券法》予以处罚；情节严重的，对相关责任人员实施市场禁入等措施；涉嫌犯罪的，依法移交司法机关追究刑事责任。

第七十一条　为上市公司股权激励计划出具专业意见的证券服务机构和人员未履行勤勉尽责义务，所发表的专业意见存在虚假记载、误导性陈述或者重大遗漏的，中国证监会及其派出机构对相关机构及签字人员采取责令改正、监管谈话、出具警示函等措施；情节严重的，依照《证券法》予以处罚；涉嫌犯罪的，依法移交司法机关追究刑事责任。

第八章　附则

第七十二条　本办法下列用语具有如下含义：

标的股票：指根据股权激励计划，激励对象有权获授或者购买的上市公司股票。

权益：指激励对象根据股权激励计划获得的上市公司股票、股票期权。

授出权益（授予权益、授权）：指上市公司根据股权激励计划的安排，授予激励对象限制性股票、股票期权的行为。

行使权益（行权）：指激励对象根据股权激励计划的规定，解除限制性股票的限售、行使股票期权购买上市公司股份的行为。

分次授出权益（分次授权）：指上市公司根据股权激励计划的安排，向已确定的激励对象分次授予限制性股票、股票期权的行为。

分期行使权益（分期行权）：指根据股权激励计划的安排，激励对象已获授的限制性股票分期解除限售、已获授的股票期权分期行权的行为。

预留权益：指股权激励计划推出时未明确激励对象、股权激励计划实施过程中确定激励对象的权益。

授予日或者授权日：指上市公司向激励对象授予限制性股票、股票期权的日期。授予日、授权日必须为交易日。

限售期：指股权激励计划设定的激励对象行使权益的条件尚未成就，限制性股票不得转让、用于担保或偿还债务的期间，自激励对象获授限制性股票完成登记之日起算。

可行权日：指激励对象可以开始行权的日期。可行权日必须为交易日。

授予价格：上市公司向激励对象授予限制性股票时所确定的、激励对象获得上市公司股份的价格。

行权价格：上市公司向激励对象授予股票期权时所确定的、激励对象购买上市公司股份的价格。

标的股票交易均价：标的股票交易总额/标的股票交易总量。

本办法所称的“以上”“以下”含本数，“超过”“低于”“少于”不含本数。

第七十三条　国有控股上市公司实施股权激励，国家有关部门对其有特别规定的，应当同时遵守其规定。

第七十四条　本办法适用于股票在上海、深圳证券交易所上市的公司。

第七十五条　本办法自2016年8月13日起施行。原《上市公司股权激励管理办法（试行）》（证监公司字〔2005〕151号）及相关配套制度同时废止。

致　谢

本书付梓之际，首先要感谢家人，年迈的父母几十年如一日默默支持我，激励我大步前行。家人的支持和鼓励，是我坚持完成写作的动力源泉，感谢你们！

终稿完成的这一天，正是我们伟大的祖国 70 周年华诞，到处洋溢着热烈的节日气氛。祖国开始了新的历程，借此机会，祝愿所有一直给予我帮助的师长和亲友们，亦开启新的精彩人生！

郑雪莲

2019.10.17